公共关系学新形态系列教材

公共关系学原理

（第三版）

蒋 楠 主编

科学出版社

北 京

内 容 简 介

本书以成熟的公共关系学理论体系为纲，系统阐述公共关系学的精髓与基本内容，吸纳国内外前沿观点和思想，扎根中国国情，引入最新案例，凝练长期教学研究成果，对接中科云教育平台与中国大学慕课平台，配置视频课程辅助解读理论内容。本书贴近教学一线，有利于学生进行课前预习思考、课中学习理解和课下延伸探究练习，同时方便教师教学研究和课堂教学活动的开展，有利于政府、企业、事业单位等各类组织相关人员的学习与研究。

本书适合作为高等学校公共关系学、市场营销、新闻学、传播学等专业的教材，也适合作为政府、企业、事业单位等各类组织中的相关人员的参考读物。

图书在版编目（CIP）数据

公共关系学原理/蒋楠主编. —3版. —北京：科学出版社，2022.3
公共关系学新形态系列教材
ISBN 978-7-03-070651-5

Ⅰ.①公… Ⅱ.①蒋… Ⅲ.①公共关系学-高等学校-教材
Ⅳ.①C912.3

中国版本图书馆 CIP 数据核字（2021）第 230169 号

责任编辑：王京苏 / 责任校对：樊雅琼
责任印制：赵 博 / 封面设计：蓝正设计

科学出版社 出版
北京东黄城根北街16号
邮政编码：100717
http://www.sciencep.com

三河市骏杰印刷有限公司印刷
科学出版社发行 各地新华书店经销

*

2011年11月第 一 版 开本：787×1092 1/16
2016年 6 月第 二 版 印张：15 1/2
2022年 3 月第 三 版 字数：368 000
2025年1月第二十次印刷
定价：45.00元
（如有印装质量问题，我社负责调换）

本书编写人员名单

主　编　蒋　楠
副主编　方改娥　焦树民　敬　坤
参　编　戴瑞姣　吴　丽　霍荣棉

前　言

《公共关系学原理（第三版）》与读者见面了，作为主编，心中颇有感慨。回顾自本书第一版出版的 11 年来走过的历程，心中有话想说。

2011 年，笔者与六位教师同仁合作，共同完成了《公共关系原理与实务》（即本书的第一版）教材的编写，初衷是要编写一本针对本科院校学子的好用的教材：教材的特点一要理论严谨，二要尽量务实，三是努力实现学生好学、教师好教的目标，既尊重公共关系学的理论框架，又要有中国特色、有自己的特色！经过努力，我们做到了！教材出版后，被几十所高校选用，教材不断被加印。2016 年，我们又顺利地出版了《公共关系学原理（第二版）》，并与《公关策划学》《公共关系实务》《公共关系礼仪》一起组成了公关关系学新形态系列教材。在这本教材的支持下，"公共关系学原理" 课程也在 2019 年被评为 "浙江省省级精品在线开放课程"（省级一流课程），次年课程在 "中科云教育""中国大学 MOOC"平台上线，对社会开放。

历经 10 余年，本书正日臻完善。在本书中，我们增加了一些十分重要的内容：首先，第一章 "公共关系学概述" 中，依据国内出版的最新译著，增加了国外有关公共关系学概念的解读，同时梳理了国内公共关系学领域学者的最新研究成果，并进行了中外比较，让读者洞见理论前沿，触摸到最新公共关系学的思想发展脉络；其次，为更好地体现公共关系在中国的发展基础与历史，我们把原来第二章第五节的 "公共关系在中国" 扩充为一章，设为第三章 "中国公共关系的成长与发展"，以便充分体现公共关系在中国的发展全貌。在该章中，我们增加了 "近现代中国共产党人的公共关系自觉" 与 "'一带一路'国家公共关系" 两项内容，以此分别探究 20 世纪上半叶公共关系在中国的发展轨迹，以及现代公共关系经过约 40 年的发展在国际舞台上所发挥的重要作用。在第五章 "公共关系手段——传播及媒介" 中，我们增加了 "公共关系传播中的公众舆论引导" 的内容，对公共关系手段的影响力进行了详细阐释，对近年来各类组织在互联网的环境下，利用舆论开展公共关系的做法进行了理论分析与实践总结。不仅如此，在本书中，我们对全书的文字表述、案例选用、资料链接及章后作业等均进行了重新筛选与绝大多数的更新，力图保证文字经得起推敲、案例独特典型、引文卓有价值、作业练习接地气，以最大限度地起到辅助理解、拓展知识领域、提高专业素质的作用。

2020 年初，世界经历了前所未有的新冠疫情的考验，疫情蔓延迅速，不断反复。在此过程中，中国在自身取得抗疫决定性成果的情况下，以迅捷透明的信息传播、主动积极的国际沟通、快速坚决的抗疫物资支持参与到与各国人民共同抗疫的战斗中，中国的表现赢得了国际社会的高度赞誉，并在疫情不断反复的严峻形势下成功地于

2022年2月4日至20日、3月4日至13日举办了第24届冬季奥运会和第13届冬季残奥会。这届冬奥会被国际奥委会主席巴赫盛赞为一届真正无与伦比的冬奥会。中国以精妙绝伦的开幕、闭幕式创意表演、一流的软硬件设备支持、先进传播技术的应用、周到热情的志愿者和工作人员服务、极高水准的抗疫防护措施等赢得了各国运动员、新闻媒体记者与其他来访者的高度称赞。2022年的北京冬奥会无疑让世界见识到了什么是强大的中国，国际奥委会主席巴赫向中国人民颁发了奥林匹克奖杯。这也无可争辩地证明，中国在本届冬奥会上取得了最佳的公共关系效果。2021年是中国共产党诞辰100周年的重大庆典之年，经过百年来的发展，中国人民愿意在中国共产党领导下，满怀信心地走向美好未来。2022年1月18日，全球知名公关咨询公司爱德曼发布《2022年度爱德曼信任晴雨表》报告。该报告指出，2021年中国民众对政府信任度高达91%，蝉联全球第一；国家综合信任指数位列全球首位。中国公共关系（特别是政府公共关系）正在与国家的飞速发展同步前进，对于长期从事公共关系学研究的我们，感到特别自豪与骄傲。

  本次教材的编写人员略有变化，具体情况如下（依章节顺序）：中国计量大学的蒋楠负责第一章到第五章内容，中国计量大学的霍荣棉负责第六章一至二节内容，中国计量大学的戴瑞姣负责第六章第三至六节和第七章内容，衢州学院的敬坤负责第八章内容，太原理工大学的方改娥与中国计量大学的焦树民共同负责第九至十章内容，中国计量大学的吴丽负责第十一章内容。蒋楠负责全书的总纂和审定。

  11年来，感谢尊敬的王京苏编辑团队，一直不离不弃与我们相伴同行，帮助教材的修改完善、斟酌把控，倾力支持视频课程的建设，这其中的甘苦也只有他们心里知道，岂是一声道谢了得！成就一本好教材，可以说千难万难，没有优秀出版社的一路扶持，好教材从何而来？！

蒋 楠
2022.3.18 于杭州

目 录

第一章
公共关系学概述 ················ 1
第一节　公共关系学的含义 ················ 1
第二节　公共关系的要素与特征 ················ 12
第三节　公共关系的职能 ················ 18

第二章
公共关系的发展历程 ················ 23
第一节　公共关系职业的诞生 ················ 23
第二节　公共关系的科学化演进过程 ················ 30
第三节　公共关系管理程序的形成 ················ 33
第四节　卓越公共关系理论的崛起 ················ 36

第三章
中国公共关系的成长与发展 ················ 43
第一节　中国古代的公共关系 ················ 43
第二节　近现代中国共产党人的公共关系自觉 ················ 46
第三节　改革开放以来公共关系的兴起 ················ 51
第四节　"一带一路"国家公共关系 ················ 58

第四章
公共关系主体——组织 ················ 67
第一节　组织中的公共关系机构——公共关系部 ················ 67
第二节　专业公共关系机构——公共关系公司 ················ 73
第三节　公共关系活动的操作者——公共关系从业人员 ················ 77

第五章
公共关系手段——传播及媒介 ················ 90
第一节　公共关系传播理论 ················ 90
第二节　公共关系传播媒介 ················ 97
第三节　公共关系活动中的人际沟通 ················ 105

第四节 公共关系传播中的公众舆论引导 ·· 109

第六章 公共关系对象——公众 ·· 117
第一节 公众概述 ·· 117
第二节 公众心理 ·· 121
第三节 内部公众 ·· 127
第四节 顾客公众 ·· 133
第五节 媒介公众 ·· 135
第六节 其他公众 ·· 137

第七章 公共关系调查 ·· 142
第一节 公共关系调查的含义与特点 ·· 142
第二节 公共关系调查的原则与程序 ·· 144
第三节 公共关系调查的内容 ·· 147
第四节 公共关系调查的方法 ·· 149
第五节 公共关系调查报告 ·· 155

第八章 公共关系策划 ·· 158
第一节 公共关系策划的原则和步骤 ·· 158
第二节 公共关系策划的创造性思维 ·· 163
第三节 公共关系策划的类型 ·· 169
第四节 公共关系策划文案 ·· 177

第九章 公共关系活动实施 ·· 180
第一节 公共关系活动实施的原则与过程 ·· 180
第二节 公共关系策划活动的实施 ·· 186
第三节 公共关系危机管理 ·· 192
第四节 影响公共关系的因素 ·· 200

第十章 公共关系效果评估 ·· 206
第一节 公共关系评估的内容和程序 ·· 206
第二节 公共关系评估的标准与方法 ·· 210

第三节　公共关系评估报告……………………………………………213

第十一章

组织公共关系举要……………………………………………217
第一节　企业公共关系……………………………………………217
第二节　政府公共关系……………………………………………226
第三节　医院、学校等组织的公共关系…………………………230

第一章 公共关系学概述

【带着问题预习】
1. 公共关系与社会上的"拉关系"有什么本质区别？
2. 为什么说沟通是公共关系学的核心概念？

【课堂学习目标】
1. 了解公共关系的定义。
2. 明确公共关系的要素与特征。

第一节 公共关系学的含义

一、公共关系释义

"公共关系"一词是舶来品，英文叫"public relations"。从字面意思上理解，公共关系是指一种共同的、公共的关系。但"关系"一词，本身就具有相互性、私人性及排他性。因此，按其英文本意理解，应该翻译成"公众关系"更为准确，即组织针对公众所建立、开展的一种关系。因为公共关系的叫法在中国已经约定俗成，所以就不再称公众关系了。现实中，公共关系常被简称为"公关"。

我们可以从以下几个方面来理解公共关系。

1. 公共关系研究的是一种社会关系

公共关系学研究社会中与组织有密切依存性的周边公众，聚焦于其存在、表现倾向及变化的过程。一个组织在成长过程中，必须注意研究公众的心理与行为表现，妥善处理与公众的关系，通过自身的恰当表现与公众建立良好的关系，从而赢得公众的关注与认可，实现组织的发展目标。因此，就组织角度来说，公共关系学不是泛泛地研究全社会的人群，而是有针对性地研究与该组织有密切相关性的那部分公众。

2. 公共关系表现出一种公开关系

公共关系与个人关系相对。与个人关系的隐私性不同，公共关系具有公开性或开放性。组织在有限的时间里，希望同时与大多数的人获得相互了解与认知，因而倾向使用大众传播媒介，以公开、开放的姿态与公众对话、沟通。公共关系是一项阳光下的工程，拒绝组织中的成员与工作对象之间开展私下的商业交易或隐秘性活动，倡导内部民主与信息开放。虽然公共关系活动中会包括大量个人间的交流活动，但其出发点与表现方式都是代表组织、体现集体利益的。组织针对公众开展的公共关系活动越公开越好。

3. 公共关系代表的是一种集体关系

从发出公共关系活动的角度来说，公共关系是一种以集体的名义来处理公众关系的行为。它的运作、实现过程与成果体现，均体现了集体意志，代表了整个组织；从接受公共关系活动的一方，即公共关系的对象——公众来说，他们是具有某种共同利益的集体或人群，有时他们会以个体的形式表现出来，如个别顾客、乘客或某个客户等，但实际上，与他们同类的人往往难以计数。如果某个组织不慎得罪了公众中的一员，可能就意味着对公众所在群体造成伤害，那么它有可能遭遇灭顶之灾，所以处理好公共关系对组织来说意义重大。

正因为如此，公共关系从其诞生时起，就受到了众多组织的关注，近年来，其以全新的面貌和独特的作用，令人刮目相看。

观点链接

做正确的事

如果简单给公共关系下一个定义，所谓公共关系就是"做正确的事"，更好地表现自己，并将这种外在表现的本质精神传递给公众。在过去的30年时间里，公共关系的业务数量获得了迅猛增长，并赢得了更为广泛的社会尊重，如今公共关系显然已经发展为一个成长型的产业。

资料来源：费雷泽·P. 西泰尔. 2004. 公共关系实务. 原书第8版. 梁淡洁，罗惟正，江林，译. 北京：机械工业出版社：4

二、对公共关系的多种解释

自公共关系产生以来，对公共关系的理解就仁者见仁、智者见智，纵使是较为权威的定义，也多得令人莫衷一是。这并不是说公共关系是一个不成形的大杂烩，而恰恰反映了公共关系在多领域与多功能方面的适用性。

关于公共关系的定义，有代表性的主要有以下九种。

（1）被称为"公共关系之父"的美国公共关系职业创始人艾维·李（Ivy Lee）认为，公共关系是一种公开的新闻宣传活动[1]，是"关于一种观念或一个机构的完整表达，当然包括那些已经在行动中表达出来的政策和观念"[2]。

（2）被认为是公共关系理论创始人的爱德华·伯内斯（Edward L.Bernays）认为，公共关系是向公众提供信息，在公众的指引下调整组织的态度与行动，努力使组织的态度和行动与组织内部的人或所服务的公众的利益相吻合。[3]

（3）卡特里普（Cutlip）、森特（Center）和布鲁姆（Bloom）在《有效的公共关系

---

[1] 转引自卡特里普，森特，布鲁姆. 2002. 有效的公共关系. 8版. 明安香，译. 北京：华夏出版社：100, 101.

[2] 转引自赫伯特. 2013. 取悦公众：公关之父艾维·李和美国公关发展史. 胡百精，顾鹏程，周卷施，等，译. 北京：中国传媒大学出版社：110.

[3] 西泰尔. 2008. 公共关系实务. 10版. 潘艳丽，等，译. 北京：清华大学出版社：3.

（第八版）》一书中，提出公共关系的定义，"公共关系是这样一种管理功能，它能建立和维持组织与公众之间互利互惠关系，而一个组织的成功或失败取决于公众"[①]。

（4）美国资深公关专家兼学者弗雷泽·P. 西泰尔（Fraser P.Seitel）认为，"公共关系是一个有计划的过程，立足于双方都满意的双向沟通，通过可靠的文字和适当的表现来影响公众的看法"[②]。

（5）当代美国公关界的代表人物詹姆斯·格鲁尼格（James E.Grunig）等在其研究成果《卓越公共关系与传播管理》中提出，公共关系是"一个组织与其公众之间的传播管理"，其目的是建立一种与这些公众相互信任的关系。[③]

（6）美国公关学者伦纳德·萨菲尔（Leonard Saffir）在《强势公关》中提出，"公共关系已经成为一门有影响力而且系统完备的成熟学科，能够通过强大而温和的手段影响人们的观念"，"如果使用得当，公关能发挥双向作用，即提供反馈信息，预测公众舆论，同时制订计划，影响和引导舆论"。[④]

（7）肖默利和于斯曼在《公共关系》中提出，"公共关系是一种氛围而不具有物质的实在性，是一种精神状态而不是一项客观内容，是一种才智和暗中的说服，而不是可以具体计算的产品"[⑤]。

（8）美国公关业界著名人物菲利普·莱斯礼在《公关圣经》中认为，公共关系可以"协助一个组织和公众相互适应"[⑥]。

（9）近年出版的美国公共关系学著作《公关！公共传播的革命》的作者认为，公共关系是指"从组织机构本身的利益角度出发所进行的对于竞争和冲突的战略管理，并在可能时兼顾该机构与其股东或公众之间的互利关系"[⑦]。

从上述国外公共关系学者与专家对公共关系的界定中可以看出，他们对公共关系的理解与当时所处时代的社会经济发展水平相适应：公共关系由活动进而成为职能，由一般管理成为传播管理，再提升到战略管理。这些表述既体现了学界对公共关系特性的认识，也显示了公共关系学理论的日臻进步。

这些年来，中国学者结合国情，对公共关系逐渐形成了一些独特的看法，体现了独立思考、勇于探索的精神，他们对公共关系的新理解也卓有价值。

领衔团队撰写出中国第一本公共关系学著作《塑造形象的艺术——公共关系学概论》的中国社会科学院研究员明安香认为，"公共关系是运用各种信息传播手段，在组织机构的内部和外部形成双向的信息流通网络，从而不断地改善管理与经营，赢得社会

[①] 卡特里普，森特，布鲁姆. 2002. 有效的公共关系. 8版. 明安香，译. 北京：华夏出版社：4.
[②] 西泰尔. 2008. 公共关系实务. 10版. 潘艳丽，等，译. 北京：清华大学出版社：3.
[③] 格鲁尼格，等. 2008. 卓越公共关系与传播管理. 卫五名，等，译. 北京：北京大学出版社：4.
[④] 萨菲尔. 2002. 强势公关. 梁洨洁，等，译. 北京：机械工业出版社：4, 8.
[⑤] 肖默利，于斯曼. 1996. 公共关系. 侯健，译. 北京：商务印书馆：30.
[⑥] 菲利普·莱斯礼. 2004. 公关圣经. 石芳瑜，等，译. 汕头：汕头大学出版社：31.
[⑦] 丹尼斯·L. 威尔科克斯，等. 2019. 公关！公共传播的革命. 尚京华，张毓强，郭娟，译. 北京：中国人民大学出版社：8.

各界的信任与支持，取得自身效益与社会整体效益完美统一的政策与行动"[1]。

已故中山大学教授廖为建认为，"公共关系是社会组织与其公众之间的传播沟通行为，其目的是促进组织与公众之间的良性互动，即增进双方的相互了解、理解、信任、好感与合作"[2]。

时为复旦大学教师，现任美国中康涅狄格州立大学传播系教授居延安指出，"一般意义上的公共关系，是指一种为维系良好公众关系而进行的传播活动和在传播活动中所遵循的行为策略和规范"[3]。

上海交通大学教授余明阳则认为，公共关系是"一个社会组织用传播的手段使自己与公众之间形成双向交流，使双方达到相互了解和相互适应的管理活动"[4]。

华中科技大学教授陈先红提出了公共关系生态论观点，认为"公共关系是指组织-公众-环境系统的关系生态管理。具体地说，就是社会组织运用调查研究和对话传播等手段，营造具有公众性、公开性、公益性和公共舆论性的关系生态，以确保组织利益和公共利益的和谐"[5]。

中国人民大学教授胡百精提出了自己的看法，认为"公关为对话而生"，公共关系"以谋求对话为'专属'理论逻辑和实践路径"。同时认为，"公关的核心问题是沟通管理，即对话的发起、组织和引导"[6]。

2017年，陈先红教授在《现代公共关系学》中，对现代意义上的公共关系有着更为深入的理解，认为"大数据时代的公共关系有三大特点：泛公关化、去公关化、整合化"，"'公共关系即战略'，这是本书对公共关系的一个新定义"。作者进一步解释："大数据时代公共关系的战略转向，并不是转向战略性公共关系，而是说，公共关系本身就是战略性的；在组织情境下，这就意味着公共关系不仅是比喻意义上的战略构成，而是说公共关系就是战略。……公共关系不仅仅是战略的一个容器，公共关系就是通过战略而存在的，战略就是公共关系存在的意义。"[7]

殊途同归，中国学者对公共关系的认识从双向信息交流到互动合作、策略与规范、组织管理活动，再到沟通管理，最后走向战略管理，与西方公共关系的概念日益趋同。

三、公共关系的定义

在学习公共关系的定义之前，首先要明确以下七个问题。

1. 公共关系是组织的一种主动行为

公共关系是一种动态的社会活动，是某一组织主动发起的社会行为。它不是静态的

---

[1] 中国社会科学院新闻研究所公共关系课题组. 1986. 塑造形象的艺术——公共关系学概论. 北京：科学普及出版社.
[2] 廖为建. 2014. 廖为建文集. 广州：中山大学出版社：101.
[3] 居延安. 2013. 公共关系学. 5版. 上海：复旦大学出版社：3.
[4] 余明阳. 2006. 公共关系学. 北京：北京师范大学出版社：3.
[5] 陈先红. 2006. 公共关系生态论. 武汉：华中科技大学出版社：206.
[6] 胡百精. 2008. 公共关系学. 北京：中国人民大学出版社：34，46.
[7] 陈先红. 2017. 现代公共关系学. 2版. 北京：高等教育出版社：14，15，16.

关系状态。对于一个组织来说，只有主动地、有计划地与公众开展沟通活动，公共关系活动才能得到有效展开，才能说该组织产生了公共关系行为。组织与公众的公共关系不是无缘无故自然建立的，而是由其内在需要而发出的一种主动行为。

2. 公共关系的对象是目标公众

组织开展公共关系活动针对什么样的公众，这是一个十分重要的问题。公共关系的对象是公众，但公众并不是漫无目标的所指，而是有具体明确的目标公众。对于一个组织来说，在开展公共关系活动时，必然要制定工作目标和确定工作重点，针对的对象只能是目标公众，而不可能是任何公众。只有针对目标公众，组织的公共关系活动才能具有针对性、有效性，因此，组织在开展公共关系活动前，首先要确定的是目标公众。

3. 公共关系的传播是双向交流

组织开展公共关系活动，从本质上来说是传播活动，即通过大众传播媒介或人际传播的形式，向自己的目标公众进行信息的传播。表面上看，这是一种单向的信息传输活动，实际上，这一传播活动要进行和维持下去，必须依赖于公众的反馈，因而，具有效率的公共关系活动一定是组织与公众平等的双向交流（two-way communication）活动，双向沟通是公共关系活动的基本形态。

4. 公共关系的目标是营造社会环境

对于任何一个组织来说，在其周围都存在着不同的组织或群体，它与这些组织或群体构成了一种相互依存的社会状态。组织要想生存，就必须要与这些组织或群体处理好关系；组织要想发展，更需要这些组织或群体的支持。这些组织或群体实际上就是组织生存与发展的社会环境。因此，公共关系的目标是，营造组织生存与发展的良性环境。这是组织开展公共关系活动的内在动力。

5. 公共关系学是系统的科学

公共关系学在今天已被认定为是一门独立的学科。但由于其鲜明的实用性、跨学科的边缘性和多学科交叉的综合性特点，人们容易对其产生诸多误解。如有些人把公共关系看成一种实现组织或个人私利的手段或技巧，也有人将它视为缔造组织宣传神话以愚弄公众的工具。其实，经过100余年的发展，公共关系学已经成为一门严密的学科，具有系统的知识体系与逻辑构架。要正确理解和运用公共关系，必须了解其科学体系，否则，就会导致片面认识，甚至走入误区。

6. 公共关系是组织的战略管理

组织运用公共关系手段来为自身生存和发展创造条件，使公共关系承担起了影响组织未来发展的战略性任务使命。公共关系成功会帮助组织获得稳健、持久的发展；公共关系失败，则可能导致组织快速陷入难以自拔的困境，甚至永无翻身之日。有学者认为，公共关系是组织的传播管理活动，也有人认为是组织的形象管理活动。如果从组织战略的高度来审视，公共关系则应该是组织的声誉管理活动，组织不应只看自身怎么表达、怎么展示，而应该关注公众最终怎么评价。因此，在现代社会，任何组织都需要密切关注自身的公共关系状态，长期深耕于组织每一个行为的精细化管理，以长远的眼光谋划和决策，执着于公众的愉悦感受与良好评价，从全局的高度重视公共关系活动的开展，为组织的生存与发展创造广阔的空间。

7. 公共关系的运用是一门艺术

公共关系的对象是目标公众，是社会关系中的某一特定群体。在开展公共关系活动时，组织需要针对不同人、不同时间开展恰当有效的信息交流活动。这一过程复杂多变。要高质量地完成这一任务，对组织公共关系人员的素质要求很高。公共关系从业人员不仅要掌握新闻传播与人际沟通的技巧，而且更需要具有缜密的思维、良好的心理素质、恰当的应对谋略、宏观的布局及周到的组织工作等。优秀的公共关系人员，应当能够以艺术的手法运用公共关系。

综上所述，公共关系的定义可以归纳如下：组织为了营造对自身生存与发展有利的社会环境，针对目标公众，运用传播手段，开展双向沟通交流的战略性管理活动。

公共关系学是研究组织开展公共关系活动规律的学科，着重于对公共关系基本理论与普遍原则的探讨，是一门提高组织生存与发展能力的学科。

观点链接

公共关系是对组织的声誉进行管理的活动。它要求组织了解公众对自己的认知情况，并将自己的绩效表现告知相关公众。它的任务是为组织创建应得的声誉。这种声誉来源于组织的绩效，它不一定对组织发展有利，但却是组织应该得到的。

资料来源：桑德拉·奥利弗. 2004. 战略公关. 李志宏，译. 北京：科学普及出版社：6，有改动

四、公共关系学的核心概念

每一个学科均存在着自身的核心概念，核心概念是贯穿于该学科最中心、最本质的内容，它基本等同于"纲"，纲举目张。因此，把握住一个学科的核心概念，也就抓住了这一学科的灵魂。

界定一门学科的核心概念，需要符合如下四个标准。

（1）内在性。成为一门系统科学的核心概念，首先必须是内在的而非表层的，是隐性的而非显性的。要捕捉核心概念，需剥离层层显性、表层的内容，显露出真正体现学科特点的内容来。因此，在确定学科的核心概念时，研究者立场和角度不同，得出的结论也不同。

（2）全面性。核心概念是学科的中心，它应该能够全面地反映学科的主要思想，能够贯彻于学科的始终。它如一根线，将该学科的各个方面串联起来，由此形成对该学科体系的清晰了解。

（3）深刻性。核心概念要求能深刻揭示某学科的特性，体现出对该学科的内在领悟，具有深远的意义，剔除该学科的主观表征，有助于对该学科形成真正的理解。

（4）实质性。毋庸置疑，核心概念要求能反映某学科的实质，通过把握该学科的核心概念来全面了解该学科精髓。假如某个概念看起来能全面、深刻地反映学科的某些特征，但未必能揭示其实质，这样的概念也不能称为核心概念。

因此，作为核心概念，应该具有内在、全面、深刻反映学科实质的特性，通过确立

某一学科的核心概念，帮助理解和把握该学科，这是界定核心概念的目的。

公共关系学的核心概念是什么？学者对此见仁见智。国外学者围绕核心概念对公共关系有不同的解读[1]，在中国较具代表性的观点是形象论[2]和对话说[3]。综观公共关系学的发展历程和思想脉络、分析公共关系实务的内在规律可以看出，公共关系学的核心概念是平等沟通。

1. 平等沟通是公共关系活动的基本手段

从表面上看，公共关系活动是组织主动开展的传播活动，它似乎是一种单向的信息传输活动。实际上，公共关系活动必须是一种双向、平等的信息交流活动。因为组织在针对目标公众开展沟通活动时，无论其形式上是人与人之间的信息互动，还是通过各种媒介表现的信息传播，如果没有双向、平等的信息流动过程，那么组织的公共关系活动就无法实现其最终的目的，也就不是真正意义上的公共关系。对于一个组织来说，每一次公共关系活动都是一种沟通活动，因此平等沟通是公共关系活动的基本手段。

2. 平等沟通体现了公共关系活动的内在目的

从一般意义来看，组织开展公共关系，是为了获得目标公众的了解、理解，以实现双方的认同，最终使组织赢得公众的支持。这一任务的实现，实际上是在为组织营造有利于自身生存与发展的环境，这是组织针对目标公众开展公共关系的根本目的。因此，组织不论以什么样的方式与目标公众进行交流，都必须以平等的姿态、以实现有效沟通为目的，只有这样，才能对组织的生存与发展产生积极的影响，也才能体现公共关系的价值。

3. 平等沟通体现了公共关系的实质

组织在开展公共关系活动时，针对目标公众进行信息传播，不是简单地告知，也不是自我粉饰，而是一种与公众进行平等沟通的活动。双向的沟通交流有利于增进彼此的了解，有利于促进组织及时调整自我计划，以更有效的方式寻求与目标公众的合作，使组织的生存环境更加安全、稳定。这一切的完成依赖于恰当的、彼此尊重的沟通活动，可以说在公共关系活动中，平等沟通体现了公共关系的实质。

4. 平等沟通反映了公共关系学的学科特色

公共关系学是一门综合性、边缘性学科，它研究的是组织利用各种媒介与目标公众开展平等交流与沟通的活动。平等沟通恰恰体现了公共关系学的学科特点，它着眼于组织与其有高度依存性的公众关系，以灵活的交流方式来实现自身生存环境的营造，这要求它必须站在全局的高度思考组织的生存质量。这样的工作使命使公共关系与其他学科存在鲜明的差异。以平等沟通为主旨的公共关系学，丰富了管理学、传播学、新闻学、社会学、心理学等学科内容。在实践运用中，这一特色也为公共关系在组织中恰当地发挥作用，做出了不可替代的贡献。

---

[1] 胡百精.2018.公共关系学.2版.北京：中国人民大学出版社：28.
[2] 熊源伟.1990.公共关系学.合肥：安徽人民出版社：7.
[3] 胡百精.2010.公共关系学.北京：中国人民大学出版社：34.

五、公共关系学的学科基础

公共关系学是一门具有综合性、交叉性特点的应用性学科，其学科基础比较庞杂。从公共关系学的应用领域来说，公共关系最初被应用于政治宣传，在其逐渐完善的过程中，被广泛应用于政府部门，并成为政治管理的重要手段，因而政治学是公共关系学的主要学科基础；公共关系成为职业，并由此形成行业规模，得益于各类企业对其的内在需求，公共关系在企业管理中被普遍运用，为公共关系学的健康发展奠定了坚实的基础，管理学无疑也是公共关系学的主要学科基础；公共关系学研究社会公众，探讨公众的特点与心理，因而社会学与心理学也构成了其学科背景；而开展公共关系活动的手段主要是新闻传播，新闻学、传播学也就成为公共关系学学科基础的组成部分。当然，在公共关系学形成严谨学科体系过程中，还有很多的学科理论成为其支撑，只是权重不同而已。

观点链接

> 公众关系学不等同于传播学。更确切地说，它是一门应用社会科学，根据这门社会科学，公关从业人员向客户和雇主的态度或行为提出忠告，以便赢得公众的支持。换句话说，优秀的公关从业人员首先提出忠告，然后执行这些忠告。行动胜于言辞，而且行动不会说谎。
>
> 我相信，建立良好的公众关系并不只是向传播媒介送交文章或新闻报道。精明的公关从业人员应该从事相关研究，以便仔细地观察各方态度。
>
> ……然而，由于公众关系更多地是以战略和策略为基础的，我认为，社会科学即使不是在最大限度上，也是在同等限度上对它产生影响，而且使得公众关系工作更有效。
>
> 资料来源：伯奈斯. 1996. 呼吁清洗美国公关界//于里. 国际公众关系原理与实务. 北京：工商出版社：177，179，有改动

1. 政治学

政治学是一门以研究政治行为、政治体制及与政治相关领域为主的社会科学，从本质上来说，政治学关注的是一种政府行为影响下的公共性社会关系，在公共关系领域，其无时无刻不与政府发生着密切的联系。政府公共关系是在公共关系中的重要内容，而政治制度、法律规章等都会对公共关系活动产生深远的影响。对政治学进行深入研究，有助于组织公共关系活动的有效开展，有利于组织与政府有关部门建立相互依存的关系。

2. 管理学

管理学是一门系统研究管理活动基本规律和一般方法的学科，其核心内容主要是合理调配组织的人力、物力、财力，恰当处理组织中人与人之间的关系，努力实现组织内部环境与外部环境的融洽适应。公共关系是组织主动开展营造自身生存环境的战略性管理活动，组织在公共关系中承担着管理的职能，其开展的内部公共关系和外部公共关系与管理学的目标一致，因此，也被视为管理科学的一部分。

3. 社会学

社会学是一门具体研究社会形态的学科，是通过社会关系研究社会生活、社会矛盾、社会问题、社会管理、社会发展等及其内在规律的科学。公共关系的对象——公众是组织开展公共关系活动时针对的某些特定人群，他们分散在社会上，因某种原因与组织发生特定的关联，组织要实现公共关系活动的有效性，就必须以社会学的认识视角与方法论，对公众的存在与表现进行分析和把握，以便更有针对性地与公众进行平等的沟通与交流，以赢得公众的理解与支持。

4. 心理学

心理学是一门研究心理现象及其规律的学科。在公共关系管理工作中，组织需要运用心理学来分析公众的心理特点与行为，把握公众的心理规律，了解群体心理的一般过程与个体心理差异，在开展公共关系活动中，及时地将真实的信息，以公众接受的方式传达给公众，并从公众中获得真实、准确的反馈信息，双方在平等、诚信的沟通基础上实现相互了解，使组织有着更加适宜生存与发展的环境。

5. 传播学

传播学是一门研究人类信息传播活动及其规律的学科。组织在公共关系的工作中，有大量的内容与传播学发生关系。一个组织要针对内部公众和外部公众开展公共关系活动，必须学会运用各种传播手段。组织与公众进行有效沟通，必须要深入研究传播的规律。在公众受到不当信息影响时，组织必须要研究舆论走势和应对策略。在某种意义上，公共关系被视为一种传播活动，因而传播学理论对于公共关系学研究有重要的指导意义。

6. 新闻学

新闻学是一门研究人类社会新闻活动规律的学科。在大众传播学形成之前，新闻学是唯一研究大众传播现象及其活动的科学。公共关系作为一门职业，是从新闻业中产生的，并与新闻工作有着天然而密切的联系。在公共关系中，新闻传播是其重要内容，也是组织与公众进行双向沟通的基本依托形式。公共关系人员应该具有良好的新闻素养，否则，组织的对外公共关系工作很难有效率。

观点链接

公众关系（即公共关系，编者注）是一个专业领域，更明确地说是一个传播专业。公共关系从业人员帮助各种组织管理传播活动——当他们在确定问题、研究舆论、向管理部门提供咨询和评估计划，以及当他们撰写新闻稿件，或为雇员撰写报道时，他们就是在帮助组织管理传播。在各种情况下，他们都在协助管理部门和组织内的其他人与限制该组织追求其目标的战略性公众进行沟通，并处理他们之间的冲突。

因此，作为一门学科，公众关系既包含传播内容，又包含管理内容。这个结论表明，公众关系与传播学或管理学有着密切的姻亲关系。

资料来源：詹姆斯·格鲁尼格. 1996. 未来的公众关系教学//于里. 国际公众关系原理与实务. 北京：工商出版社：98，有改动

六、公共关系学与相近学科的区别

1. 公共关系学与市场营销学的区别

公共关系学在实际运用过程中，很容易与市场营销混为一谈。很多市场营销人员会简单地把公共关系视为市场营销的一部分，甚至是最微不足道的那部分，即当广告促销活动效果不好时才拿它做"补丁"。在西方市场营销学的理论中，公共关系确实被作为促销组合中的内容之一，并为组织（主要是企业）的市场营销活动服务。在有些企业中，没有设立一个单独的部门来专门负责公共关系工作，只被放在广告部或营销部中，这样就大大冲淡或淹没了公共关系作为组织战略管理的独特功能。

公共关系学与市场营销学的相近之处在于，二者均要面对并研究组织的重要公众，如消费者或其他营销对象；二者均会利用大众传播媒介，尤其是广告宣传来影响公众；在组织面临销售困难时，公共关系确实会在服务于组织的市场营销工作中发挥独特作用，帮助企业走出困境。但公共关系与市场营销的差异也是非常明显的：公共关系时刻在监控着组织的生存环境；公共关系面对的公众比市场营销要宽泛得多，它更关注与组织有深刻依存度的其他公众，如政府公众、媒介公众等，而不仅仅是消费者或顾客；公共关系拒绝进行过分或夸大的宣传，强调与公众进行真诚而平等的沟通，不愿意成为商业广告等促销手段的"附属品"，更不会强势说服甚至蒙蔽顾客及消费者；公共关系不仅仅着眼于眼前的利益，而是更多地关注组织未来的发展，因而愿意从事社会公益活动以真诚地体现出组织所应承担的社会责任。公共关系最终缔造的是组织的声誉而不仅仅是销售额。有长远眼光的组织，一定会高度关注公共关系工作，充分发挥其作用，恰当处理好公共关系与市场营销之间的关系。

观点链接

很多人把公共关系与另一种管理功能——市场营销混淆

这种情况之所以发生，是因为公共关系从业人员和他们的客户把新闻宣传与公共关系混为一谈。新闻宣传活动是由公司或其代理机构完成的，或者是因为他们受到某种观点的影响，即公共关系其实只不过是市场营销中所采用的战术，"一种涉及人们对问题、产品和个人或企业个性如何感觉的混合促销要素"。考虑到即使是在公共关系的实践里也存在着这种混乱情况，那么有些人断定公共关系目的就是推销商品和服务以便增加销售额——就像市场营销一样——那就不足为奇了。

……………

总之，市场营销聚焦于公司与顾客的交换关系。市场营销的目的是实现等价物的顺利交易，既满足顾客的需要，又使组织达到经济目标。与此形成对照的是，公共关系涉及更广泛的关系和目标，以及多个公众——雇员、投资者、邻居、特殊利益集团、政府等。

有效的公共关系通过维护和谐的社会环境和政治环境，为市场营销的成功做出贡献……同样，成功的市场营销和满意的顾客将有助于建立和维护与其他各类公众的良好关系，如与雇员、投资者、政府管理机构和社区领导者之间的关系等。

资料来源：卡特里普，森特，布鲁姆. 2002. 有效的公共关系. 8 版. 明安香，译. 北京：华夏出版社：8，9，有改动

2. 公共关系学与人际关系学的区别

公共关系学引入我国时，很多人将其视为人际关系学的翻版或延伸，在实际应用中，一些人常将公共关系与人际关系混为一谈。特别是在公共关系被庸俗化的背景下，更把请客送礼等不良行为看成"搞公关"。实际上，公共关系学与人际关系学有相近之处，但更有明显的差异。

公共关系学是一门处理组织与目标公众之间关系的学科，在很多情况下，组织在开展公共关系活动时要与各种各样的人打交道，这些人既可能是个体的人，如消费者、重要客户代表、公司总裁等，又可能是群体，如所有乘客、事故受害者等。组织的公共关系人员针对他们做公共关系工作，是以组织的代表身份出面的，他们之间常常是一面之交，处理关系既冷静客观又坦诚平等，处理的结果会对组织的生存与发展产生重要影响。人际关系学是研究人与人之间相互关系及其发展规律的科学。人与人之间情感的远近与地位的高低是影响人际关系的重要因素。处理人际关系一般是在个体之间进行的，大部分情况下只代表个人的身份，如果双方比较熟识，那么往往会多次反复发生关系，此外双方的关系会影响到双方的情绪。因此，从人与人之间关系处理的层面上看，似乎公共关系学与人际关系学很相近，但实际上彼此的差异是明显的。另外，公共关系活动是一项阳光下的事业，公共关系活动的内容是可以全部公开的，而人际关系是极具私人性的活动，人际关系状况通常不希望被他人知晓；公共关系强调建立平等、信息对称的沟通关系，而人际关系则更多地考虑自身所处环境，看重关系的制衡与利益的分配；等等。因此，在公共关系活动中，不能以处理人际关系的方式处理公共关系，而应认真遵循公共关系的基本原则行事。

3. 公共关系学与国际关系学之间的区别

随着公共关系实践领域的扩展，国际公共关系活动越来越频繁，公共关系与国际关系的边界问题也变得模糊起来，一些从事国际公共关系的人员，对如何区分公共关系与国际关系感到困惑。

国际关系学是一门研究国际行为主体跨国互动及其演变规律的学科，国际关系的研究重点是国家间的冲突与合作，以及围绕双边或多边关系而进行的外交活动。国际关系主要以主权国家为行为主体，同时非国家行为体，如国际组织、跨国公司、其他社团等也开始在国际关系中发挥越来越重要的作用。在主权国家、跨国公司及一些公益团体开展国际关系时，双方或多方本着平等、公开、坦诚的原则进行沟通，并通过大众媒介将合作进展情况向公众发布，这样的行为便具有了公共关系的意义。但在处理国际关系时，一般情况下是站在本国立场或出于维护本国利益考虑，重视发挥国家权力，工作重心放在国家对外战略与政策的制定上，并努力维护国家的国际地位。而国际公共关系则偏重信息的传递，在维持双方平等互惠关系的基础上开展工作，重视利用大众传播媒介

及其他沟通方式影响对方国家或地区的社会公众，最终为公共关系活动的发出国构建良好的国际生存环境而努力。二者的差异是明显的。在处理国际关系时，双方对大部分内容是不予公开的，尤其是涉及国与国之间的关系时，双方沟通的内容多是保密的；而在处理公共关系时，则几乎没有不可以公开的秘密，双方都希望大众媒体予以及时报道，以期在最大范围内对公众形成影响。今天，国际关系的处理越来越强调公开性与公平性，这也使国际关系越来越具有公共关系的性质。

4. 公共关系学与公共管理学的区别

在公共关系学中，公众是公共关系的对象，组织开展公共关系活动时，强调将公众利益放在首位，公共关系活动经常涉及社会公共利益，因此就容易与公共管理学发生混淆。实际上，二者的差异是很大的。

公共管理学是研究以政府行政组织为核心的各种公共组织管理公共事务的活动及其规律的科学。公共性作为公共管理的基本概念，主要包括公共行政、公共政策、公共事务、公共物品、公共服务及公共治理等，因而公共管理强调绩效管理、目标达成、责任制实施等，最终目的是促使公共组织，尤其是政府更有效地实现对公共事务的管理。公共关系学和公共管理学虽然在字眼上都有"公共"二字，但公共关系学从研究领域来说，涵盖社会上所有的组织；从研究内容来说，公共关系虽具有鲜明的管理色彩，但研究重点着眼于具体组织与目标公众关系的建立与维护。公共关系活动的公共性，主要体现在其与目标公众的信息共享和平等沟通上，与公共管理学存在较大差异。公共管理更加注重实现公共行政目标的运作过程，而公共关系则将主要注意力放在通过策划恰当的活动以便为组织营造适宜的生存与发展环境上。虽然在公共管理中行政组织也注意使用公共关系手段，但一个经营性组织开展公共关系工作，却与公共管理几乎没有关系。

第二节 公共关系的要素与特征

一、公共关系三要素

要素是指构成事物完整性的主要成分。公共关系的要素有三个，简称公共关系三要素，即公共关系主体——组织；公共关系客体——公众；公共关系手段——传播。

（一）公共关系主体是组织

1. 组织的范畴

组织是指按照一定宗旨与规则建立起来的企业、事业单位、机关、团体等社会机构的总称。在公共关系学中，组织是一个十分宽泛的概念，包括了社会上几乎所有的机构。组织是公共关系的主体，在开展公共关系活动时，组织成员被看成组织的形象代表。

从公共关系学角度、依据目前中国逐渐成熟的市场经济状态看，组织可以分为以下三大类。

（1）主动与公众沟通的组织，主要是指各类工商企业，又称为经营性组织。它们由于自身经济利益的驱动与经营的需要，愿意主动、积极地与自己的目标公众进行沟通，其目标公众主要有顾客、客户、政府、银行、媒介、社区等。工商企业的经营者与目标公众密切依存，因此他们愿意了解公共关系，主动运用公共关系涉及的各种技巧，努力为组织营造良性的生存环境，使组织发展得更加顺利。

（2）必须与公众沟通的组织，主要是指各级政府，又称为社会管理机构。在我国目前的管理机制下，政府承担着绝大部分的社会管理职责。为了有效地实施社会管理，政府必须要将有关信息主动、及时、全面地告知自己的工作对象——国内或国外的广大公众。政府对公共关系的重视与利用程度，决定了政府的工作效率及其在公众中的口碑，因此，政府工作人员公共关系意识的普及程度，与一个政府的社会管理水平密切相关。

（3）不必与公众沟通的组织，主要是指尚未真正引入市场竞争机制的公办教育机构、医疗机构等事业单位和具有垄断性质、提供社会公共服务的国有大型企业（如电信、铁路、电、气、水等公司）。这些机构在相当长的时期内，仍然享受着一定程度的市场保护，不必担心有威胁性的竞争对手的存在，因而没有内在的动力与自己的目标公众开展公共关系活动。今天，在公众意识觉醒与社会舆论的监督之下，它们在一些涉及公众利益的事情上，也会面向公众进行必要的信息通报，并适时开展一定的公共关系活动。

另外，一些公益性、宗教性的社会组织[①]，也开始积极发起一些社会活动，通过与公众沟通，从而唤起公众的注意。

2. 组织是公共关系活动的主导者

公共关系活动无论是组织主动策划的还是在被动情况下开展的，都属于自主行为。组织是公共关系活动的发出者与执行者，它规定了组织的公共关系活动方向，决定了组织的公共关系状态，体现了组织的公共关系管理水平，组织开展公共关系活动的效果直接影响到组织的生存与发展。甚至可以说，组织的生存环境如何，不是别人造成的，而是由组织自身决定的。因此，组织在公共关系活动中发挥着主导性作用，组织是公共关系的主体。

（二）公共关系客体是公众

1. 公众的外延

组织开展公共关系活动，其对象是公众，因此，公众是公共关系的客体。在一定的公共关系活动中，公众是确定的，因此，每一个组织在开展公共关系活动时均要首先确定其针对的对象，这个对象就是目标公众。不同的组织有不同的目标公众，不同的公共关系活动又要针对不同的目标公众。根据对组织的分类，组织的主要目标公众可以分为以下三类。

（1）工商企业的公众。工商企业的目标公众较多，在不同时期，根据组织工作目标的不同，会确立不同的目标公众。一般来说，其目标公众主要有原料供货商、销售商、

---

① 在 2010 年民政部颁发的《社会组织评估管理办法》中对社会组织范围进行了明确界定："社会组织是指经各级人民政府民政部门登记注册的社会团体、基金会、民办非企业单位。"

投资商、消费者、内部员工、股东、运输公司、银行、当地政府、市场管理机构、社区、报社、电视台、广告公司、网络服务商、服务公司、竞争者、行业协会等。

观点链接

> 社会与个人的关注焦点越来越趋向于地区化，而公司的规模则向另一个方向发展，随着这种趋势而来的就是对于建立良好公众关系的日益增长的需求。"国际公司，关注地区"，这句话的重要性已经远远超越它作为销售口号的价值。一家公司的声誉在很大程度上取决于公众对它的看法以及它如何与公众相处。一家公司的声誉的好坏则决定着它日后能否取得成功。
>
> 这样，公共关系就成为公司社会责任中最具活力的一种因素，它也应该成为公司所进行的更广泛活动中的组成部分。每个员工都需要参与到建立良好的公共关系的活动中来，所有的公共关系策略都要考虑到公司所有的供应商、下属代理商、公司的客户及公司业务所涉及的其他人员。
>
> 资料来源：格里高利. 2008. 公共关系实践. 2版. 张婧，幸培瑜，王嘉，译. 北京：北京大学出版社：118，有改动

（2）政府的公众。政府面对的公众既比较简单，又比较复杂。说其简单，是因为政府最主要的公众是机构内部或所辖区域的民众，其外部公众则是指其他国家或地区的政府机构；说其复杂，是因为政府公众包罗万象、各具特点，在进行传播沟通时，方法会有很大差异。例如，对于所辖区域的民众而言，按职业可分为工人、农民、军人、警察、教师、企业主、政府工作人员等；按经济收入可分为少数富有者、大多数中等收入者、少数贫困者等。从国家层面看，政府的外部公众十分复杂，除联合国外，各国政府也是其公众。他们由于宗教、语言、习俗的不同而具有自身的特殊性。一般政府机构还要处理与同级政府机构或上下级机构的关系。如果政府同时面对国际、国内不同的公众而开展大型的公共关系活动，工作量会比较大。

（3）文教、卫生等事业单位和国有垄断性企业的公众。这些组织虽然并没有开展公共关系活动的内在要求，但当面临舆论压力与潜在竞争时，组织也会开展一些信息沟通方面的公共关系活动。这一类公共关系活动主要针对的是外部公众，如大学针对的是高考学生、大众媒介、政府主管部门、学生家长、社区等；医院针对的是政府主管部门、患者或潜在患者、政府监督部门（如物价、税务等部门）、医药公司、媒体等；国有垄断性企业主要针对的公众是其服务对象，即成千上万的用户等。

2. 公众是公共关系活动效果的体现者

公众作为公共关系的对象，不是被动的信息接受者。在双向平等沟通的条件下，公众会对组织开展的公共关系活动进行积极的反馈。在市场经济逐渐完善的条件下，面对买方市场及逐渐成熟的消费者，公众成为市场实际的主宰者，他们在公共关系活动中具有决定组织目标方向的内在权威性。也就是说，组织不仅要通过信息传播引导或影响公众，而且在更多的情况下，组织必须尊重与主动亲和公众，通过实际行动使公众更全面

地了解、接纳组织及其产品。因此，组织在沟通活动中必须认真对待公众，努力与公众寻找认同，通过自身真诚的努力，赢得公众的信任和合作，否则组织的生存与发展迟早会面临危机。

（三）公共关系的手段是传播

1. 传播是组织与公众建立关系的中介

组织开展公共关系活动时，将组织与公共关系对象联系起来的是传播。组织针对公众发出传播活动，公众也会以传播的方式将自身的反应反馈给组织（图1-1）。这样的方式可以使组织与目标公众建立起联系，实现双方的沟通。

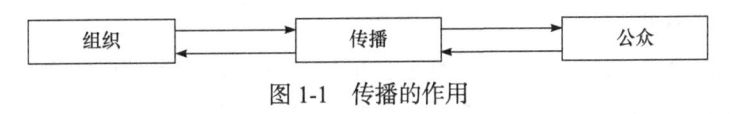

图1-1 传播的作用

虽然组织与目标公众均是通过传播来实现沟通的，但具体传播手段在运用时却有很大差异。首先，组织往往选用大众传播媒介向公众发出信息；其次，组织会选择恰当时机采用人际传播的方式与公众进行直接的交流；最后，组织会利用其他传播方式（如户外广告、社区板报、海报传单等方式）来与公众进行一般性交流。今天，在社会化媒体迅速发展的情况下，组织也开始利用微信公众号等来发布信息，并与公众进行实时沟通交流。而公众对组织的反馈，往往首先选择个人传播的方式，即公众对组织发出的信息进行审慎的甄别与了解；其次，通过人际传播的方式，如聊天、电话或短信、网上聊天等方式在自己的社交圈内进行交流；最后，通过大众传播媒介（主要是记者）反映自己的看法或问题（打电话或发短信）。另外，也可能使用直接沟通或微信等方式与组织进行对话交流（图1-2）。

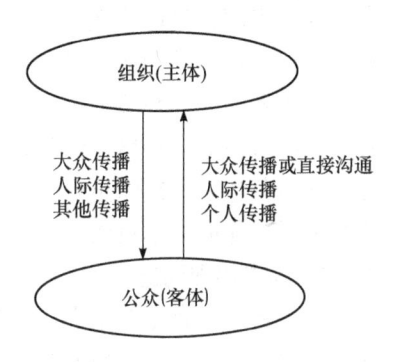

图1-2 组织与公众传播方式的比较

2. 传播必须讲求效能

传播要讲究传播效果。对于组织来说，如果利用大众传播媒介对公众开展公共关系活动，费用不菲；如果利用人际传播的方式开展活动，那么人力、财力、物力都会有较多的耗费；如果利用其他传播手段与公众进行信息沟通，也需要有较多人力、财力的投入。如果传播的内容、表现手法、媒体选择、传播时间和空间等方面把握不好，不仅传播效果会打折扣甚至会产生负面影响，而且对组织自身造成的损失也是巨大的。因此，组织在传播过程中必须要考虑效能性问题。从公众的反馈来看，也存在效能性问题。如果公众选择的是恰当的传播工具和传播方式，则会使反馈快速获得有效的回应，组织就能及时调整传播的内容与程序，提高公共关系活动的效果。

从图1-1和图1-2中还可以看出，组织、传播与公众这三个要素是一个不断循环往复的过程，在一个公共关系良好的组织中，这三个要素的有效互动会令组织处于一种良性的生存环境中，有利于组织快速、顺利地成长。

总的来看，在这三个要素中，组织决定公共关系状态，在公共关系活动中起主导性作用；公众具有积极的"反作用力"，有着令组织高度重视的权威性；传播则成为主体与客体联系的中介，发挥着效能性的作用。组织要实现与公众的顺畅沟通，必须积极、巧妙地发挥传播的效力。

二、公共关系特征

公共关系是一种具有重要意义的战略管理，它与其他管理活动有着明显的不同，其主要特征可以归纳为以下四个方面。

1. 主动营造环境

生存环境的营造是每个组织必须面临的问题。在公共关系学形成之前，组织也需要为自己营造适宜的生存环境，但不会设立专门的部门、配备专门的人员去实现它。公共关系学是一门研究如何使组织生存的阻力更小、使之能够更顺利发展的学问，因此从这个意义上来说，公共关系也是生产力。有人说，塑造形象是公共关系的最大特征。当然，组织为了使自身发展得更快、令更多的公众对之关注，会注意塑造自身形象，增加媒体的曝光率，争取公众对其的好感。但是，塑造形象仅仅是组织在处理公共关系时的初级目标，形象的塑造通过表面的粉饰短期内会在公众心中留下良好印象，使组织有一个看似热闹的人气环境，但塑造形象绝不是组织开展公共关系活动的目的。还有人说，公共关系重在适应环境，诚然对于一个组织来说，首先是要适应现存的社会环境，但只有主动地营造适宜组织生存与发展的环境，才能奠定组织持续发展的基础，这才是开展公共关系工作的根本目的。因此，主动营造环境是公共关系的重要特征。

2. 意在实现沟通

为了营造适宜组织生存的周边环境，组织要利用各种手段与公众进行交流沟通。在现代社会中，大众传播媒介的发达，使之充当了组织信息发布的生力军的作用。但是，无论是大众传播还是人际传播，无论其传播的速度是快还是慢，最终都要实现组织与目标公众的真正沟通。公共关系为各种组织开启了一扇通向社会的大门，它使各种组织（尤其是工商企业）认识到，封闭自我、将自身独立于社会之外或试图逃避社会的监督是十分愚蠢的，主动、积极地传递信息才是组织顺利发展的明智之举，利用大众传媒及人际传播和其他传播手段，通过各种渠道将组织需要公开的信息快速传播出去，实现与公众的沟通，赢得公众的理解和认同，消除发展障碍，最终能够推动组织顺利发展。这是公共关系具备的独特使命，因此沟通成为公共关系的重要特征。习近平在 2018 年博鳌亚洲论坛年会上说："综合研判世界发展大势，经济全球化是不可逆转的时代潮流。正是基于这样的判断，我在中共十九大报告中强调，中国坚持对外开放的基本国策，坚持打开国门搞建设。我要明确告诉大家，中国开放的大门不会关闭，只会越开越大！"[①]

---

① 习近平在博鳌亚洲论坛 2018 年年会开幕式上的主旨演讲. http://www.cppcc.gov.cn/zxww/2018/04/10/ARTI1523340204042122.shtml[2018-04-10].

观点链接

首先也是最重要的，公关人员是职业沟通师。公关人员必须比组织中的其他人更加清楚如何进行沟通。

从根本上说，沟通是一个信息交流、观点传播和使自己被人了解的过程。沟通还包括对听众反应的理解和把握。事实上，理解是沟通过程的关键一环。如果某个人误解了别人发出的信息，则不能称之为沟通；只有观众收到的正是发出信息的人想传达的信息，才能算是沟通。因此，一个向下属发送了大量电子邮件的老板并不一定是在与下属进行沟通。如果一个人所收到的信息并非发出信息者想传达的，则信息传达者所做的不过是一次词不达意的文字转录而已。

虽然我们每个人都或多或少地懂得一些沟通技巧，但公关专家在这方面显然更加擅长。事实上，公关专家的工作效果取决于自身的沟通能力及指导他人进行沟通的能力。公关人员要想赢得组织中管理层的尊重，从而成为值得决策者信赖的顾问，就必须显示出对信息沟通的驾驭能力，如写作、表达、聆听、激励和建议。正如财务主管应该是一名业务熟练的会计、法律顾问应该是一名出色的律师一样，公关专家必须是组织中优秀的沟通者。

资料来源：西泰尔. 2008. 公共关系实务. 10版. 潘艳丽，等，译. 北京：清华大学出版社：44，有改动

3. 尊重目标公众

现代公共关系的形成依托于全社会平等观念的普及与深入。公共关系的实践不仅应强调对公众的重视，更体现为对公众的尊重。公共关系双向平衡（对称）的沟通模式的提出是保证现代公共关系有效性的关键。对于一个组织来说，不同时期、不同的工作任务会确定不同的目标公众。目标公众其实就是组织当前面临的最重要的一种社会环境。与过去旧时代的统治者或管理者不同，现代组织在开展传播沟通活动时，不能只追求组织自身的表白与说服艺术的展示，不能在与公众沟通时自以为是、不顾及公众的感受与反馈，把公众看得微不足道甚至可以随意欺瞒，而是要真正尊重公众，认真研究与审视公众的利益，选择公众习惯接受信息的方式，将真实的情况及时地告知公众，同时注意了解公众的反馈，虚心听取公众的意见，平等、真诚地与公众进行沟通，高度重视目标公众的意见、诉求，以诚恳的态度赢得公众的支持与配合，如此才可能实现组织所追求的目标。

4. 兼顾义利双赢

"以义生利"始终是企业经营的最高理想，实际上也是其他组织所追求的目标。在现代市场经济条件下，合理处理公共关系可以使组织实现这一目标。所谓"义"，即社会公益，亦即社会长远利益；所谓"利"，即组织自身之私利，抑或是以满足服务对象需求而短期获取的收益。公共关系活动不直接创造经济利益，它的宗旨是营造对组织有利的生存与发展氛围，为组织的长远发展提供保障。但是公共关系又可以为组织创造经济效益，因为它为组织营造有利的生存环境时，必然能为组织带来真正的实惠，它所带来的回报，甚至可能超越那些直接创造经济效益的工作。公共关系关注的是与目标公众的相

互沟通，它会为赢得公众的理解和认同而付诸行动（如投身社会公益事业等），它的目标是公开的、多赢的，当它获得了公众的认同与支持后，所获得的回报是稳定的、长期的。实际上，组织开展恰当的公共关系活动既可承担其应有的社会责任，填补社会的某些缺失或不足（如残困问题），同时又能传输必要的新观念、新信息，体现组织的诚意，提高组织的社会声誉，展示组织的实力，拉近组织与公众的距离，为组织经济利益的实现创造条件，最终实现组织的义利双赢。因此，一个成熟的组织绝不会小觑公共关系。

第三节　公共关系的职能

组织是公共关系的主体，公共关系是组织采取的主动性行为，其目的是为组织营造良性的生存与发展环境。那么，公共关系在组织中到底扮演何种角色？公共关系的职能是什么呢？

关于公共关系的职能，学术界有不同的看法。

国际公共关系协会（International Public Relations Association，IPRA）在 1978 年所下的定义是，公共关系"为组织领导人承担咨询任务并贯彻实施计划的执行"[①]。

美国资深公关学者雷克斯·哈洛在分析了 472 种公共关系的定义后，对公共关系提出了新的定义，在这个定义中，他清晰地表述了公共关系的职能："公共关系是一种独特的管理功能，它能帮助建立和维护一个组织与其各类公众之间传播、理解、接受和合作的相互联系；参与问题或事件的管理；帮助管理层及时了解舆论并且作出反应；界定和强调管理层服务于公共利益的责任；帮助管理层及时了解和有效地利用变化，以便作为一个早期警报系统帮助预料发展趋势；并且利用研究和健全的、符合职业道德的传播作为其主要手段。"[②]

美国传播学教授约翰·马斯顿在定义公共关系时，认为公共关系有四种职能，即研究（research）、行动（action）、沟通（communication）、评估（evaluation），即 R-A-C-E 法。具体来说，"第一，研究，即对某个议题的态度进行研究；第二，行动，即根据公共利益确定客户的行动；第三，沟通，即就该行动计划与公众沟通以获得理解、认同和支持；第四，评估，即评估沟通的效果，确定公众的看法是否受到了影响"[③]。

从西方公共关系社团或学者对公共关系的定义可见，他们对公共关系在组织中承担职能的看法，体现了其对公共关系在实际运用中作用的认识。

公共关系的目标是为组织生存与发展营造适宜的社会环境，以此为出发点，我们将公共关系的职能概括为以下五个方面。

一、收集情报，监测环境

为了营造适宜组织生存与发展的环境，首先，组织要了解自身所处的环境，收集与组织发展有密切关系的其他组织或群体的情报，以便对自身及其周边环境有一个清晰、清醒的了解。

---

① 转引自卡特里普，森特，布鲁姆. 2002. 有效的公共关系. 8 版. 明安香，译. 北京：华夏出版社：104.
② 转引自卡特里普，森特，布鲁姆. 2002. 有效的公共关系. 8 版. 明安香，译. 北京：华夏出版社：6.
③ 转引自西泰尔. 2008. 公共关系实务. 10 版. 潘艳丽，等，译. 北京：清华大学出版社：4.

情报收集的范围主要包括组织内部和组织外部两个方面。

1. 组织内部的情况

组织在经营发展中，内部的情况可能随时处在变化之中，组织必须始终对自身有一个及时地了解，随时掌握变化的情况。概括起来，组织内部情况主要包括两个方面：一方面，相对稳定的基本情况，如注册资金、机器设备、技术状况、人员数量、财务状况、供货情况、生产状况、销售情况等，这些基本情况虽然在不断地变化，但都是显性的，是可以通过直接收集而获得的；另一方面，比较不稳定的情况，即内部成员的思想状况，如领导和员工的观念、态度、心态、班组的积极性、团队的士气、对组织的信心等，这些都是隐性的，是不容易察觉或明确定性的，较之前者却又是更为重要的。在组织成员中，领导层的情况较员工层的情况更加关键；而员工层的情况较领导层的情况更加重要。公共关系的首要职能就是要随时了解组织内部的情况，及时将组织的变化情况进行分析汇总，以便在组织决策时能够提供重要的咨询意见。

2. 组织外部的情况

收集组织外部情况，主要针对的是与组织的生存与发展高度相关的各种外部公众，亦即组织的外部环境。首先，收集目标公众的情况，他们是组织重要的环境因素；其次，收集有可能成为组织目标公众的公众信息，在收集信息时，适当扩大调查范围，有利于应付一些突发的状况。收集组织外部情况较之收集组织内部情况常遇到涉及范围大、因情况变化可能做不到全面和及时了解等困难，因此，组织要安排专门的人员，做长期、艰苦、细致的调查工作，以便能够随时掌控公众情况，及时了解影响组织生存和发展的重要信号，防患于未然。

在市场竞争日趋激烈的情况下，各种组织所处的社会环境往往存在很大的变数，随时掌握这些变化，及时为组织提供可供参考的信息，保证组织始终处在一种较为适宜的生存环境中是非常重要的，因而收集情报、调查研究就成为公共关系的基本工作。

二、沟通信息，建设环境

现代社会获取信息便捷、传递信息快速，公众对信息享有基本的知晓权。组织要营造适合自身生存与发展的社会环境，必须要靠及时的信息沟通，自我封闭绝不可取。组织应努力保证让公众及时了解组织的真实情况，对组织有一个全面的、正确的认识。可以说，组织如何在复杂的社会环境下争取公众、赢得公众，在一定程度上取决于组织怎样与公众沟通信息。无论是内部公众还是外部公众，组织都应该畅通信息通道，及时、恰当、准确地将组织的情况告诉公众，让组织处于开放、明朗的环境下，以利于排除不利信息的干扰。

沟通信息是公共关系的重要工作。组织在进行信息传播时，主要依靠以下三个途径。

（1）大众传播媒介，即组织需要与社会上重要的新闻媒体进行主动、积极的合作，如借助新闻发布会、记者通气会、新闻报道、媒体公关广告等为组织营造良好的社会环境。

（2）人际传播媒介，主要靠组织的对外沟通人员，如组织的领导人、销售人员、采购人员、公共关系人员等与目标公众建立联系。

（3）其他传播媒介，如组织的官网、官方微博、微信公众号、宣传单、海报等，通过它们可以及时地向公众传递组织信息。

组织在传播信息的同时，还应该通过调查，快速了解公众所反馈的信息，掌握信息传递的效果。在与目标公众进行双向沟通时，组织能够及时发现问题、解决问题，对自身的环境进行积极的建设，营造适合组织生存与发展的社会氛围。如此，组织才能在沟通中发展、在调整中前进，最终建立一个和谐的生存空间。因此，信息沟通是公共关系的基本职能之一。

三、协调关系，维护环境

协调关系对于每一个组织来说都是非常重要的。在现代社会中，组织与各种公众发生联系的机会较过去增多，彼此之间的误解时有发生，因此，协调好各方面的关系就显得格外重要，这对于维护好组织的现有社会环境具有重要的意义。公共关系承担着组织协调各方面关系的职责，组织的公共关系人员，不仅要注意协调其内部各部门、上下级之间的关系，还要协调组织与外部重要目标公众的关系。协调工作主要依靠公共关系人员的工作能力，同时还要借助其他一些媒介，特别是大众传播媒介、互联网和组织内部的沟通网络等。

高质量的协调工作要求组织的公共关系管理工作专业而严谨，这对公共关系人员的素质提出了更高的要求。能否在日常维护好组织的生存环境，与能否及时、有效地做好协调工作有极大的关系。有时，某一个公众对组织看似微不足道的误解，如果公共关系人员不能及时化解，则可能造成较大的隔阂，甚至蔓延、扩散开来，导致组织的生存环境迅速恶化。在今天，危机时有发生，且往往"风起于青萍之末"，总是由看似很小的失误引起的，任何组织都不能置身事外。因此，组织必须高度关注内部公众与外部重要公众的状况，及时协调各方面的关系，以高效率的公共关系工作维护好组织所处的社会环境。

四、参谋策划，拓展环境

公共关系不仅要通过收集信息来监测环境、通过消除误解与矛盾来维护环境，还要利用信息为组织的战略决策提供切实的参考方案或建议，以推动组织更快地发展。在今天，组织要拓展新的发展区域，往往要面对十分艰难的排斥性社会环境，如公众的心理拒绝、竞争者的干扰、组织曾经的过失等，这些困难仅仅靠广告的"轰炸"是难以消除的，唯有以公共关系的"润物细无声"的手法，才能"化干戈为玉帛"，将组织意欲开拓的新环境打造好。

公共关系着眼于组织所生存与发展的社会环境的构建。组织主要利用富有创意的公共关系活动引起公众的兴趣，增进公众对组织的了解与认识，铺垫组织在该区域的公众基础，以形成良性的公众接纳氛围，促使组织各项目标的实现。公共关系的参谋策划工作主要建立在大量调查研究的基础上，提出策划方案，并帮助组织实施好方案。所以，公共关系的策划活动，不仅需要优秀的公共关系策划人员，更需要发挥公共关系工作人员的团队协作功能，同时，公共关系人员还要求与组织最高决策层进行融洽的沟通与协商，以赢得决策层的支持，最终完成组织交办拓展发展环境的任务。

五、教育宣传，培育环境

对于一个组织来说，所处的环境往往是多变的、不稳定的，但又是可以通过自身的努力进行打造与创建的，或者说，是可以通过公共关系工作来培育的。环境的培育依赖于长期的教育和宣传工作。一般地说，公共关系教育工作主要针对内部公众，如对内部员工要定期进行有计划、有目的的公共关系知识传授，逐渐使之形成正确的经营观念、公众观念、沟通观念、品牌观念、声誉观念等，提升员工的素质，从而增强组织整体的竞争力。公共关系宣传工作则较多地针对外部公众。在进行公共关系宣传工作时，强调与公众平等沟通，反对利用媒体进行虚假宣传。组织可以充分利用大众传播媒介及微博、微信公众号等新媒体，在日常生活中，将具有社会公益性的信息及时、准确地传递给社会大众，在公众中形成和谐的沟通氛围，并逐渐构建较稳定的、友好的公众关系。

培育适宜组织发展的良性社会环境，特别要注意撤去功利性的色彩，在相当长的时间里，组织要用心培训员工、开展社会公益及宣传活动，让公众"日久见人心"，真正认识到组织的社会公益目的，对组织的行为发自内心地认同，只有这样才能为组织今后的发展打下坚实的基础。

总之，组织的社会环境是一种无形而又有形的存在，对它的监测、建设、维护、拓展和培育，是一项十分宏大、艰巨又重要的工作，对组织的发展具有战略性意义。因而，公共关系工作对组织的成长具有重要的价值。公共关系所承担的这些工作将由公共关系部、公共关系公司及公共关系人员担当起来。

职 场 观 摩

用保险为扶贫撑开保护伞——平安人寿开展精准扶贫纪实

国家级贫困县甘肃定西渭源县的农民老张，家中主要以种小麦和土豆为经济来源，好不容易攒钱盖起了新房，置办了家具。不料 2016 年搬入新家后不久，家中因烧土炕不慎导致火灾。为抢救孩子和家中财物，老张全身大面积三度烧伤并出现休克，治疗预计花费 20 万元以上。接到报案电话后，平安人寿在 1 小时内先期赔付 2 万元医疗费用，又第一时间进行了重疾与伤残赔付。共计 30 多万元的理赔款不但解决了老张的治疗费用，还让他将再盖新房纳入计划。

……然而，投保难与理赔难是为贫困县乡提供保险服务的两大痛点，与此相关的是业内县乡网点缺少、专业人才缺失的现状。对于这一问题，2011 年以来，平安人寿持续推进基层保险服务网点建设，6 年间新设县乡网点近 800 个，覆盖全国 22 个省份、4 个直辖市、4 个自治区内的 1300 多个县城市场，并累计培养了 34 万名专业的保险代理人，为县乡客户提供保险服务。截至 2016 年底，平安人寿县域总客户超 3600 万人，2016年县域总保额近2万亿元。

除了畅通线下渠道，平安人寿还利用"科技+"新模式保证偏远地区的广大农村客户也能享受到优质服务。2016年，平安人寿线上投保使用率达90%以上，线上理赔"安e赔"服务将理赔时效缩短至1.2天，极大地方便了线下网点较少的偏远地区客户。2017年推出"闪赔"服务，客户可在申请后30分钟内获赔，使得农村地区的用户也能享受极速理赔。

……2016年12月，中央电视台筑梦中国栏目推出《平安人寿筑梦乡村》电视专题节目，对平安人寿县乡镇网点铺设、产品、服务体系进行了介绍，用通俗易懂的语言、生动的案例，向社会公众讲述了一个个"保险故事"，起到了很好的宣传效果。

2017年，平安人寿对县乡地区进行重点专项支持，鼓励在县乡网点结合当地媒体、市场环境择优投放适宜的户外项目宣传保险内容，进一步提升县乡地区居民对于保险的认识、接受程度。

如今，"买保险就是买平安"这句宣传语，在很多贫困地区都为老百姓所熟知，现代金融理念和保障意识慢慢植入到百姓心里。

资料来源：安铭．2017-04-25．用保险为扶贫撑开保护伞——平安人寿开展精准扶贫纪实．人民日报，第13版，内容有删减

实务演练

1. 模拟平安保险员上门做理赔。

2. 上网观看《平安人寿筑梦乡村》电视专题节目，思考、讨论平安人寿所做的公益活动体现了公共关系的什么特点？具有什么意义？

3. 请区别下列行为是否属于公共关系活动。

（1）因孩子上学而给某重点学校的校长送礼。

（2）为本单位偷税，请税收征管员吃饭。

（3）出资帮助社区建公园而通知报社报道。

（4）商场开展买一赠二活动。

（5）一家企业主动上门调解与客户的关系。

第二章 公共关系的发展历程

【带着问题预习】
1. 公共关系职业是怎样产生的?
2. 认识公共关系的发展历程。

【课堂学习目标】
1. 了解公共关系各个发展阶段体现的进步性。
2. 掌握格鲁尼格卓越公共关系理论的核心内容。

第一节 公共关系职业的诞生

一、公共关系产生于美国

（一）诞生于政治需要

公共关系，英文是"public relations"，最早产生于美国这个年轻的国家并传播于全世界，公共关系的产生具有深刻的社会历史背景。

1. 最早的公共关系活动

17世纪前期，为了筹集哈佛学院的建设资金，由三个传教士组成的祁使团准备从美国出发前往英国。他们要求哈佛学院编辑一本适用于完成任务的宣传资料。1641年，这本小册子——《新英格兰的第一批成果》（*New England's First Fruits*）在马萨诸塞州完成，并于1643年在英国伦敦印刷。这本小册子被评价为"绝对称得上是数百万计的募资小册子中的第一本"，"一份26页的宣传册，栩栩如生地描绘了该地区的自然资源和'奇迹般的出产'，记叙了哈佛的工作，描绘了'印第安人的愚昧状态，以及他们乞求倾听福音的渴盼'"。[1]这件事因较早记录有意使用宣传手段、实现组织目标的典型事例而载入公共关系史册。

2. 独立战争时期的宣传活动

美国独立战争之前，由于受到英国殖民主义者的压迫，美国的政治独立与经济发展受到严重羁绊。为了达到推翻英国殖民主义者的目的，一些革命家，如塞缪尔·亚当斯、托马斯·潘恩等做了大量的政治宣传工作。他们利用各种宣传手段进行反英鼓动，逐渐造成强大的宣传舆论，陷英国殖民者于被动之中。这些早期革命家的主要做法包括以下六个方面。

（1）建立相关的组织机构，如1766年成立"自由之子"社；1775年组建通信委员

---

[1] 卡特里普. 2012. 公共关系史（17—20世纪）. 纪华强, 焦妹, 陈易佳, 译. 上海: 复旦大学出版社: 11.

会，用于发动群众、宣传理论、造成声势。

（2）设置容易识别和能够引起共鸣的象征性标志——自由树，便于广泛宣传。

（3）将宣传的宗旨变成好说易记的标语口号，加快其传播的速度，从而形成舆论，其口号是："没有代表权的征税就是暴政。"

（4）积极安排一些公益活动，吸引公众注意，将宣传的主旨思想进一步具体化、深入化，如举办波士顿茶会等。

（5）掌握事件的优先解释权，对已发生的事件及时予以解释、宣传。

（6）利用一切可以使用的渠道，如讲台、笔、活动等，通过不间断的努力，持续向公众渗透新思想、新观念。①

正是上述积极主动的宣传，为美国独立战争的爆发营造了一种极为有利的舆论环境，使"莱克星顿的枪声"成为值得宣传家讴歌的事件，同时也为今后的政治宣传活动提供了借鉴。

3. 立宪宣传活动

美国独立后，为使宪法得以在全国通过，1787～1788 年，政治宣传家亚历山大·汉密尔顿等努力使 85 封联邦主义者的信件得以在报纸上公开发表，以此来鼓吹立宪、影响舆论，最终赢得全国性的认同，使宪法获得批准。美国历史学家阿伦·内文斯评价说，这是"历史上最成功的公共关系工作"。而随后通过的宪法第一个修正案《权利法案》则明确提出，"法律不应该削弱演讲和新闻自由、人们和平集会的自由，以及为了获得对不幸遭遇的补偿而向政府求援的权利"②，由此，说服和利用大众传媒影响他人的行为受到法律的保护，公共关系实践活动的法律地位被予以捍卫。

4. 总统美誉活动

19 世纪，在总统公开竞选与执政中，新闻记者出身的宣传家阿莫斯·肯德尔为维护总统安德鲁·杰克逊的良好声誉做出了贡献。他创建了政府自己的报纸——《环球报》。③他利用娴熟的编辑技能，不断转载普通媒体的新闻稿，而这些被转载的新闻，大部分是肯德尔自己将撰写的演讲稿、国情报告和讯息等变成新闻稿，然后"泄露"给新闻界的，上述方式使杰克逊总统在任职期间始终拥有无可挑剔的口碑。

美国早期政治宣传家的这些活动，为日后企业界的借鉴、应用提供了便捷的样本。

（二）发展于经济需要

公共关系能够在美国产生与发展，与该国的经济发展历程及商业环境密切相关。

美国独立战争及南北战争结束之后，这个封建基础较为薄弱的国家，在资本主义制度下获得了快速的发展。19 世纪 30 年代，报纸因价格极其低廉、内容通俗，受到广大普通公众的欢迎，因此发行量剧增，由此被称为"便士报运动"。随着报纸广告版面紧俏，费用也相应提升，企业为降低成本、提高传播效果，开始利用

---

① 卡特里普，森特，布鲁姆. 2002. 有效的公共关系. 8 版. 明安香，译. 北京：华夏出版社：90.
② 转引自西泰尔. 2008. 公共关系实务. 10 版. 潘艳丽，等，译. 北京：清华大学出版社：22.
③ 西泰尔. 2004. 公共关系实务. 原书第 8 版. 梁浤洁，罗惟正，江林，译. 北京：机械工业出版社：22.

发新闻稿的方式吸引社会公众的注意。他们雇佣专门的宣传员来编撰故事、制造噱头，以吸引公众眼球，而报纸业也为发行量考虑，对此听之任之，由此形成报刊宣传运动。

资料链接

报刊宣传员的工作

报刊宣传员的主要宣传工作是创造具有新闻价值的故事或事件，以吸引传播媒介的关心和博得公众的注意。

报刊宣传员在唱片公司、马戏团、旅游胜地、电影制片厂、电视、音乐会中进行宣传促销，也以各种"中介人物"的身份在商业企业中扮演着重要的角色。

宣传员是为了吸引公众的注意，而非与公众之间建立公共关系。宣传是宣传员的主要工作，他们主张以"议程安排理论"（现在大多叫"议题设置"——编者加）为基础。这种理论认为，大众传播媒介所报道的数量，决定了其列在公共议程表上的人物和话题排名。一位老资格的宣传员坦率地说，"我们什么卑鄙勾当都干得出来，但是，我们的工作人员（指客户——编者加）却出了名"，并且有利可图。一个音乐团体的收入，可能一半取决于宣传员的宣传技巧，另一半则取决于演奏者的音乐才能。

然而，大多数公关从业人员偶尔也承担宣传员应承担的宣传工作，为的是通过宣传来达到令公众知晓的目的。然而，公众关系（即公共关系）从业人员比宣传员的作用更重要。当宣传员利用"公众关系"（即公共关系）这个术语来形容他们所做的事情，或者给他们自己及他们的代理机构一个更有威信的——即使是不大准确的称呼时，混淆便产生了。

资料来源：转引自于里. 1996. 国际公众关系原理与实务. 北京：工商出版社：113, 114.（题目由编者所加），有改动

在这场运动中，报刊宣传员随意编造谎言、肆意欺骗公众、不断制造离奇故事，几乎没有任何道德约束。报刊宣传活动被认为是美国公共关系的黑暗时期，又被称为"公众受愚弄"的时期。巴纳姆的宣传活动是这一时期的典型事例。

菲尼尔斯·T. 巴纳姆（Phineas T. Barnum）是一个马戏团的老板。为了追求票房暴利，他利用报纸大肆制造一连串的谎言，诱使公众上当。例如，制造在马戏团里有一个曾养育过美国第一代总统华盛顿的160岁的黑人女奴海斯、拉马车的小矮人曾觐见过英国维多利亚女王等谎言。他的名言是"凡宣传皆好事"。有人评论他"能够做到大众想得到什么他就给什么，而且表现在他有能力支使他们去渴求他认为他们应该需要的东西"[1]。因此，巴纳姆又被认为是那个时代"最伟大的推销员"[2]。

---

[1] 卡特里普，森特，布鲁姆. 2002. 有效的公共关系. 8版. 明安香，译. 北京：华夏出版社：93.
[2] 瓦伊塔尔. 2013. 每一分钟诞生一位顾客：公关之父巴纳姆. 胡百精，等，译. 北京：中国传媒大学出版社：17.

在这个时期，公共关系表现出如下三个特点。

（1）大企业主动利用大众传播媒介为自身服务，以获取暴利。

（2）专门的新闻代理机构出现，职业的新闻宣传员应运而生，这为公共关系的职业化奠定了最初的基础。

（3）对公众的愚弄和不尊重。企业为了获得自身私利，公然雇佣专人，役使媒介，制造骗局，形成舆论。

（三）形成于公众的觉醒

19世纪末20世纪初期，美国很快赶超了英国、法国等资本主义国家，在世界各国的经济发展中成为后起之秀，经济进入到高度垄断、巨头分割市场的阶段。一些垄断资本家无视公众利益，公开巧取豪夺，广大普通工人的权益受到公开践踏。进入20世纪以来，美国政府为了限制高度垄断、规范市场公平，连续颁布了有关反不正当竞争的法律，为市场经济的完善创造了较好的条件。而大资本家的垄断与对工人的剥削，也使工人与雇主之间的矛盾激化。在工人团体领导下，大规模的罢工和示威游行连续不断，争取基本的工作、教育、休息权利成为广大民众的共识。自1903年开始，以报纸为代表的大众传播媒介在这一时期蓬勃兴起，既成为大资本家牟取暴利的宣传平台，也开始发挥舆论监督的作用。截至1912年，以报纸为主的媒体10年间共发表揭露文章2000余篇[1]，还出版了许多小册子与漫画作品等。这场运动不仅无情地揭露了大资本家的暴利敛财行为，而且主持了公道、伸张了正义，将资本家的行径置于社会舆论的道德批判之下，使他们声名狼藉、难以生存，最终使大资本家认识到公众利益与大众舆论的重要性，这就是历史上著名的"扒粪运动"。

在媒体披露大资本家公然蔑视公众利益、疯狂掠取暴利的宣传下，广大公众的自我保护意识逐渐开始觉醒。他们认识到，无论是作为普通消费者还是作为雇员，都应该得到基本的尊重，应有获知真实信息的权利，不应该被置于知情范围之外；应该与企业平等对话，而不是处于被忽视的地位；团结起来的公众力量是强大的，拥有对有关事务的决策权；公众不是沉默的羔羊，而是有着发言权的真正主宰者；等等。

公众的觉醒使资本家开始注意调整自身的态度，转变了原来对公众的不正确看法；他们所雇用的新闻宣传员也在工作方法上予以了转变，努力使其提供的信息及时、真实；公众的地位获得了认可，并赢得了应有的尊重，公共关系开始步入健康、快速传播与发展的道路。

（四）现代公共关系形成的条件及其原因

1. 基本条件

从公共关系在美国产生的历史可以看出，作为现代公共关系，必须具备以下三个基本条件。

---

[1] 陈先红. 公共关系学原理. 2007. 武汉：武汉大学出版社：36.

（1）组织开始重视大众舆论，愿意主动赢得公众的注意。他们认识到，遵守基本的社会道德、获得公众的支持是组织生存与发展的根本。

（2）社会上专业的新闻宣传员队伍开始形成。他们拥有专门的宣传机构或公共关系公司，积极利用大众传播媒介，从事宣传组织声誉、化解组织危机、争取公众支持等工作。他们成为社会上最早从事公共关系工作的职业人员，这标志着公共关系职业的诞生。

（3）大众传播媒介被社会广泛接受，公众接触媒体便捷，媒体成为组织向公众传播信息的主要载体，也为公众信息的反馈搭建了平台。

（4）公众开始受到应有的重视与尊重，他们的地位在不断向着与组织平等的方向提高，这为公共关系的健康发展奠定了基础。

2. 产生的原因

从上述四个衡量标准可以看出，公共关系之所以在美国产生，原因有以下三点。

（1）美国的资本主义制度虽然建立得比较晚，但发展得比较顺利，没有封建制度的拖累，经济发展速度很快。20世纪初，在一系列的法律规章颁行之后，其市场经济的成熟度提高，企业间的竞争较早得到法制规范。这为公共关系的健康发展奠定了坚实的经济基础。

（2）美国的大众传播媒介较其他国家发达。20世纪初，美国出现了"便士报运动"，报纸极为廉价，发行广泛，而广播、电视也是最早在美国被发明和使用的。这种便捷和运用广泛的媒介手段，使新闻代理业得到了快速发展，为公共关系的职业化奠定了物质基础。

（3）在美国独立战争和废奴运动中，"天赋人权"的民主思想得到了广泛、深入的宣传，对人权的强调和等级制度的淡化等都远甚于世界其他国家。因此，实现组织与公众的平等沟通交流成为可能，这为公共关系的形成奠定了坚实的社会基础。

从20世纪初至今，在100多年的历史进程中，公共关系的发展经历了不断进步、不断完善的更迭，涌现了一批公共关系操作专家和理论研究者，公共关系发展的历史体现出明显的阶段性。

二、公共关系职业的出现

1. 新闻宣传办事处

19世纪中叶，为满足大企业对自我宣传的要求，社会上出现了专门从事新闻代理业务的机构——新闻宣传办事处[①]（publicity bureau），它是早期具有公共关系性质的专业机构。第一家新闻宣传办事处是由新闻记者出身的乔治·密克利斯与其合伙人创办的，他们的第一个客户是哈佛大学。[②]随着新闻代理业务的不断拓展，到20世纪初，新闻宣传办事处的业务得到了快速发展，受到更多大公司的重视。例如，有些新闻宣传办事处专门帮助铁路系统，通过大众传播媒介来影响政府决策，以阻止国会通过不

[①] 卡特里普，森特，布鲁姆. 2002. 有效的公共关系. 8版. 明安香，译. 北京：华夏出版社：97.
[②] 卡特里普，森特，布鲁姆. 2002. 有效的公共关系. 8版. 明安香，译. 北京：华夏出版社：98.

利于本行业的立法；有的承揽处理企业中的罢工事件；有的进行一些针对国游说活动（如针对国会议员进行的劝说行为）；等等。许多新闻记者出身的人投身于这一新兴行业，他们积极地为企业等组织进行媒体宣传。他们的努力对公共关系行业的形成具有开拓性的意义。

2. 艾维·李——"公关之父"

艾维·李毕业于普林斯顿大学，原是一名商业报社的记者，从1903年开始，从事专门的新闻宣传代理工作。1904年，他与乔治·帕克成立了一家合伙公司——帕克和李公司。该公司被认为是"有史料记载的美国历史上第一家独立的公共关系公司"[1]。艾维·李曾经多次参与市长、总统的竞选宣传活动。1906年，艾维·李受雇于无烟煤公司，以处理劳工纠纷。在工作中，他撰写了著名的《原则宣言》，将之寄给所有的媒体主编。后来，他又成功地调解了宾夕法尼亚铁路公司和洛克菲勒公司的罢工事件，由此名声大噪。艾维·李对公共关系做出的最大贡献，便是坚持了绝对诚实的原则。这并非由艾维·李首创，但正是在他的努力下，诚实原则被广泛接受。[2] "说真话"成为艾维·李倡导的重要的公共关系信条。他不是第一位使用公共关系名称的人，但却是第一个大规模运用免费宣传品将企业信息向新闻界公开的人。

他最早提出了"公众需要被告知"的理念，其著名的《原则宣言》，"对于新闻业务代理向新闻宣传的演进，以及新闻宣传向公共关系的演进带来了深刻的影响"[3]。这也标志着艾维·李成为职业公共关系人员的先驱。然而在20世纪20~30年代，由于艾维·李与苏联和希特勒统治时期的德国保持了密切接触，受到美国反美行为特别委员会的调查，导致其声誉受损，不久便去世，终年57岁。由于艾维·李在公共关系职业化方面做出了巨大贡献，后人尊称他为"公关之父"。

资料链接

原则宣言

这不是一个秘密的新闻机构。我们完成的所有工作都对外公开。我们致力于提供新闻。这不是一个广告公司，如果你认为我们的任何一条新闻与你的生意相关，请不要用它。我们提供的新闻力求清晰准确。我将迅速提供更多与此话题相关的细节，从而为所有编辑提供帮助，让他们乐意直接验证我们所提供的事实陈述是否真实。在调查之前，我们都将以当事人的名义提供与他们有关的所有信息，以满足那些关注于此的编辑们的兴趣。简言之，我们的计划是，诚实和公开地代表企业和公共机构关心的利益，及时和准确地向美国人民和新闻界提供关乎公共利益、对公众有价值的信息。企业和公关机构发布了许多信息，却在其中找不到任何的新闻点。毋庸置疑，公众是否接受这些信息，与组织是否传播这些信

---

[1] 赫伯特. 2013. 取悦公众：公关之父艾维·李和美国公关发展史. 胡百精，顾鹏程，周卷施，译. 北京：中国传媒大学出版社：60.

[2] 雷·埃尔顿·赫伯特. 2014. 取悦公众. 胡百精，周卷施，等译. 北京：中国传媒大学出版社：84.

[3] 卡特里普，森特，布鲁姆. 2002. 有效的公共关系. 8版. 明安香，译. 北京：华夏出版社：100.

息同样重要。我为所发出的信息提供所有的细节，以帮助编辑亲自查证。我随时准备为您服务，目的是让您能够获得更加完整的信息，这些信息的指涉对象在我的文本中已经提及。

资料来源：赫伯特. 2013. 取悦公众：公关之父艾维·李和美国公关发展史. 胡百精，顾鹏程，周卷施，译. 北京：中国传媒大学出版社：65，66

艾维·李对公共关系职业化的贡献主要表现在以下四个方面。

（1）最早意识到新闻宣传工作必须建立在企业的真实表现和努力之上，企业的表现决定了新闻宣传的内容。

（2）认为企业应建立专门的新闻宣传部门（即后来的公共关系部），宣传顾问需进行训练和培训。

（3）认为新闻宣传不是纯粹的代理，而是企业智囊团的重要组成部分。

（4）在他的实践与带动下，公共关系成为一个职业。

艾维·李从事公共关系工作 31 年，为公共关系的职业化进程做出了巨大贡献，这使他成为这一时期最具代表性的人物。

3. 公共关系被各类组织广泛运用

随着新闻代理工作在多个领域都产生了较大影响，各种组织及社会公众人物也开始主动开展以新闻宣传为表现形式的公共关系工作。

美国第 26 任总统西奥多·罗斯福被认为是以运用新闻宣传作为领导艺术的突出人物。在反垄断诉讼与环境保护政策制定等工作中，他积极运用大规模的新闻宣传，成功地推动工作的顺利开展，罗斯福总统敏感的新闻头版意识、善于交往的个性及雷厉风行的工作作风，不仅使自己成为全国瞩目的新闻人物，而且为美国政坛带来了一股清新的强势风气。《大英百科全书》（1956 年版）认为，他是"恢复了美国活力"的总统。他也被公共关系学者评价为"充分利用了新闻媒介作为总统领导地位的新的势力强大的工具，并且在这个进程中再造了法律和总统职务"[1]。

美国石油大亨约翰·D. 洛克菲勒不仅积极参与社会慈善事业，而且专门聘请新闻记者出身的人员为自己名声再造做出努力。亨利·福特也为谋求公司在汽车工业中的正面形象积极开展新闻宣传活动，而芝加哥爱迪生公司为了增加公众对电力的使用量，采取自创出版物、建立"电器小屋"、制作电影及参与公众演讲等方式，广泛地与目标公众开展沟通宣传工作。

大学管理也积极将公共关系作为宣传手段。耶鲁大学在 1899 年把秘书办公室改为校友与公共关系办公室，哈佛大学、宾夕法尼亚大学和威斯康星大学等也相继成立了新闻办公室或宣传处，芝加哥大学则高度重视并发挥新闻的宣传作用，它们的做法引起了社会的关注。

教会、一些协会等也都主动聘请新闻记者做新闻宣传部门的负责人，为自己从事的事业进行辩护或宣传。于是，新闻代理人成为当时社会收入相当高的一个群体。

---

[1] 卡特里普，森特，布鲁姆. 2002. 有效的公共关系. 8 版. 明安香，译. 北京：华夏出版社：102.

第二节 公共关系的科学化演进过程

一、克里尔委员会——战时的公共关系宣传

1914年,第一次世界大战爆发,美国给予了高度关注。1917年4月6日,美国正式对德国宣战,一周后,总统伍德罗·威尔逊宣布成立专门进行战争宣传与舆论动员的机构——公共信息委员会(Committee on Public Information, CPI),该委员会由记者出身的乔治·克里尔担任主席,因而,这个委员会又被称为"克里尔委员会"。克里尔委员会的工作是负责审查新闻信息,动员全国力量支持战争,为政府参与战争营造有利的舆论环境。委员会的成员由知名记者、学者、新闻代理人、报纸主编、艺术家及舆论符号专家等组成,先后设立20个隶属机构,各部门有特定的宣传对象与目标人群。

克里尔委员会从事的大规模宣传工作,具体包括如下四个方面内容。

(1)编制、印刷并以免费赠阅的形式散发大量宣传册、日报等,进行正义战争的宣传,鼓励年轻人应征入伍、发动公众筹集公债、支持战争等。统计数据显示,克里尔委员会共印制宣传册7500万册,创办了日发行量约10万份的日报,投放"义务兵役登记信"2000万份,促使近1400万名年轻人自愿登记入伍。

(2)绘制公共广告,宣传国家参与战争的正义性、揭露敌对方德国与奥匈帝国的罪恶行径等,这些广告被大量张贴在户外,并刊登在各类报纸上。

(3)开展4分钟演讲宣传活动。克里尔委员会曾动员7.5万人担任4分钟演讲人,在电影院、学校、旅馆等公共场所发表宣传战争的演说,共计75万多次。

(4)制作各种视听材料,强化宣传影响力。克里尔委员会的专业人员先后制作了1400多幅图画用于海报和橱窗广告卡,同时摄制了与战争宣传有关的小电影、幻灯片等,并拍摄了大量照片。[1]

克里尔委员会的工作是富有成效的,它作为新闻审查机构,努力贯彻媒体的"自我审查"原则,积极协调政府与媒体的关系,将信息引导、控制与新闻自由恰当地结合,首创新闻发言人制度,统一新闻源,提供信息服务,实现了"真实性"的新闻承诺。《美国新闻史:大众传播媒介解释史》认为,"一年六千多次的新闻发放中,只有三次被质疑","将没有哪一个大国在发放官方战争新闻时能与之相比"。[2]其对当时产生的影响得到了普遍的认同。

然而,克里尔委员会几近极端的宣传攻势也成为被后人诟病的理由。美国传播学者哈罗德·拉斯韦尔评价说:"在世界历史上,威尔逊(总统,编者注)在宣传中所展示出的无与伦比的技巧,是无人望其项背的。……从宣传的角度来看,这是一场无与伦比的表演。"[3]其一是大规模、集中性的宣传,形成了催眠式的舆论控制效果;其二

---

[1] 拉斯韦尔.2003.世界大战中的宣传技巧.张洁,田青,译.北京:中国人民大学出版社:170.
[2] 埃默里,等.2009.美国新闻史:大众传播媒介解释史.9版.展江,译.北京:中国人民大学出版社:296,297.
[3] 拉斯韦尔.2003.世界大战中的宣传技巧.张洁,田青,译.北京:中国人民大学出版社:175.

是看似"自我审查"的新闻审查与制裁制度，使克里尔委员会成为压制真相、迫害异己的国家机器，使其最终在第一次世界大战结束后不久便匆匆收场。

不管怎样，克里尔委员会的新闻宣传工作，充分彰显了美国在公共关系实践方面的成熟运用。克里尔委员会里的一些成员，很快成为具有较大影响力的传播专家与公共关系专家，沃尔特·李普曼、爱德华·伯内斯是其中最具代表性的人物。

二、沃尔特·李普曼——传播理论的奠基人

沃尔特·李普曼（Walter Lippmann），新闻记者出身，同时又是政论作家、学者，与丘吉尔、戴高乐、赫鲁晓夫等首脑人物有过直接接触。[①]1917年，28岁的沃尔特·李普曼担任美国陆军部长特别助理[②]，他敏锐地意识到舆论在战争中的巨大影响力，提醒威尔逊总统建立一个专门的信息机构，来为公众提供可靠的信息源头，以抵制谣言与谎言的流行。通过在克里尔委员会工作，李普曼深刻地认识到，媒体、民主和公众各自存在着一定的局限性，社会需要一个特殊的阶级——居间人，他们通过宣传和说服的技能，使各方彼此认同，以维系社会的整体性，这是对公共关系人员角色的第一次定位。1922年，李普曼出版了专著《公众舆论》（Public Opinion）。在这部书中，他系统地阐述了影响人类传播行为的一些重要因素，如人类心理的拟态环境、人类固有的偏见等，提出建立信息情报机构的重要性，要求公众养成审视新闻源头的习惯，尽量减少偏见，不要被媒体操纵。他认为，"消除偏见最初可能会令人痛苦，但由于和我们的自尊密切相关，一旦成功，则会给人带来无比的舒畅和自豪"[③]。《公众舆论》一书为传播学理论奠定了基础。在李普曼约60年的新闻从业与写作生涯中，他对大众舆论与公众心理的深刻认识，为公共关系学的建立奠定了重要基础。

三、爱德华·伯内斯——公共关系理论的创始者

爱德华·L.伯内斯（Edward L.Bernays）是美国20世纪颇有影响的人物。他与艾维·李一样不仅较早地在20世纪20年代从事过新闻代理工作，而且是第一个将公共关系予以理论提升，并将之搬上大学讲坛的人。

1919年，爱德华·伯内斯结束了克里尔委员会的工作后，与后来成为他妻子的多丽丝·E.弗雷奇曼共同创办了公共关系咨询公司。1923年，他首次在纽约大学讲授公共关系学课程。同年，第一本公共关系方面的著作《舆论的结晶》（Crystallizing Public Opinion，又称《公众舆论的形成》《舆论明鉴》）出版。在书中，爱德华·伯内斯首次使用了"公共关系咨询"一词，将公共关系从新闻机构宣传工作中分离出来。此外，他对公共关系从业人员提出了职业道德要求。他指出："也就是说，当客户赋予的责任凌驾于公共关系顾问的道德标准之上，或者凌驾于更高的社会标准之上时，他决不

---

① 林珊. 2006. 李普曼. 北京：人民日报出版社：16-17，20.
② 罗纳德·斯蒂尔. 2008. 李普曼传. 于滨，陈小平，谈锋，译. 北京：中信出版社：104.
③ 李普曼. 2006. 公众舆论. 阎克文，江红，译. 上海：上海人民出版社：289.

能接受这项业务。"[①]

> **资料链接**
>
> （伯内斯语，编者加）最初我们把所做的业务称为"宣传指导"，我们想指导客户如何使他们的商业活动得到公众的关注，但是不到一年我们就改变了我们的服务，将它发展成为"公关咨询"。我们意识到，客户进行的所有与公众利益相冲突的活动，其实都非常需要我们提供这种咨询。否则，客户通过某项活动所赢得的较高的公众关注度，很可能会受到另外一项公众不感兴趣，或者"冲撞"了公众利益的公关活动的影响，而被完全抵消。
>
> 资料来源：西泰尔. 2004. 公共关系实务. 原书第 8 版. 梁浽洁，罗惟正，江林，译. 北京：机械工业出版社：28

伯内斯扮演着著作者、演讲者、倡导者、评价者等多重角色，美国《生活》杂志在 1990 年的一期专刊中，将他列入"20 世纪 100 位最重要的美国人"。他于 1995 年辞世。

伯内斯对公共关系理论化的贡献主要体现在以下三个方面。

（1）第一个将公共关系咨询从原始的新闻代理中区分开来，确定公共关系顾问的作用是推动其客户在公共关系领域中取得积极的成果，并使之从不利和受伤害的状态中脱身。

（2）认为公共关系具有两方面的特点：一方面，公共关系人员要将其客户介绍给公众，把客户积极的形象传递给公众；另一方面，公共关系人员也要把公众的意见反馈给客户，告诉他们公众的诉求，并改变客户内部各部门的不当行为。

（3）认为公共关系人员不仅需要专业技能和直觉，还需要了解心理学、社会学和其他能深入了解客户与公众的知识，以便掌握客户做事的方法和推动公众产生不同的行为。

在 20 世纪 20~30 年代，关于新闻宣传和舆论的书籍很多，但是最具影响力的还是伯内斯的理论著作，他的著作成为这一时期公共关系理论水准的代表。

四、阿瑟·佩奇——公共关系实践原则的提出者

阿瑟·佩奇（Arthur Page）被认为是站在公共关系实践顶峰的人物。他原是一本杂志的主编，后担任美国电报电话公司（American Telephone & Telegraph Company, AT&T）的副总裁，从那里退休后，又在很多大公司及政府部门担任过顾问。在美国电报电话公司任职期间，他成功地实践了公共关系，提出了将公共关系理论与实践融为一体的公共关系实践六项原则。

（1）讲出真相：当事情发生时，向公众告知情况，准确地描述组织的性质、经营理念和业务活动。

[①] 伯内斯. 2014. 舆论的结晶. 胡百精，董晨宇，译. 北京：中国传媒大学出版社：177.

（2）用行动证明：公众对组织的了解 90%是通过其行动，10%是通过其自我表述，因此组织一定要用实际行动来向公众证明自己的诚意。

（3）倾听客户需求：要服务好某公司，就要了解公众的需求和愿望，要使最高决策者与其他员工均了解公司的产品、政策和业务活动情况。

（4）未雨绸缪：要预测组织的公共关系发展趋向，及时消除可能发生的麻烦，注意培养组织信誉。

（5）举重若轻：公共关系在组织中承担着管理职能，组织战略的实施必须充分考虑对公众的影响，公共关系人员要成为一名恰当开展组织传播活动的决策者。

（6）冷静而幽默：以平静的心态、有耐心地关注各种信息和重要的联系，当危机发生时，能够富有幽默感，以冷静的头脑进行最有效的沟通，便可创造公共关系奇迹。

阿瑟·佩奇的六项原则对公共关系理论与公共关系业界具有极大的启发意义与应用价值，他的思想被认为是"早期公关从业者当中最能代表建立关系和双向传播传统的人"[①]。

第三节 公共关系管理程序的形成

一、《有效的公共关系》的出版

随着 20 世纪上半叶公共关系实践活动的蓬勃开展，形成严谨、有序、系统的公共关系学的理论条件渐趋成熟。1952 年，最具代表性的公共关系著作《有效的公共关系》（又称《公共关系教程》）(*Effective Public Relations*) 出版，其作者是卡特里普、森特和布鲁姆。这部著作自出版之日起，每隔几年就重新修订一次，截至 2012 年，英文版已修订至第 11 版。该书的影响力贯穿 20 世纪整个下半叶，直到今天，仍然持久散发着魅力。

《有效的公共关系》从基础理论上对公共关系体系进行了全面的构建，其系统性、完整性、严密性达到了公共关系学的顶峰，同时该书也对公共关系实践予以了全面的总结，提出了公共关系职场实践的基本规范与应用模式，因而被学术界尊称为"公共关系圣经"。

二、公共关系四步管理程序的提出

《有效的公共关系》一书主要包括四部分内容：基本概念与从业人员及历史沿革、学科基础、四步管理程序、公共关系实践。这部著作最有分量的是第三部分，即四步管理程序，又称四步工作法。

（1）确定问题，又称调查，实际上就是对组织所处的环境进行了解。作者认为，这是监控社会环境最艰难的一步。组织中存在问题的确定，需要进行大量艰苦的调查

[①] 拉铁摩尔，等.2006.公共关系：职业与实践.朱启文，冯启华，译.北京：北京大学出版社：39.

研究工作，这一工作主要是对信息的系统搜集。虽然调查不能找出全部问题的症结，但是系统的调查是建立有效公共关系的基础。作者认为，有效的调查开始于倾听，同时需要借助于正式与非正式的方法，由此定性或定量地确定组织的公共关系状况。调查研究不仅提供了解决组织问题所必需的信息，而且成为监控与评价公共关系项目有效性的基础。

（2）制订计划与方案，又称策划。这是公共关系工作的第二步，这一步对组织具有十分重要的意义，计划的制订不是简单的行动安排，而是组织在确定问题的基础上把握机会的一种战略管理。这方面的工作主要包括对方案的目的和目标做出决策、确认关键公众、制定战略选择的政策或规则等，以便最终确定战略决策。公共关系必须要成为组织整体管理的一项重要工作，公共关系人员要提交书面的任务陈述，在目标管理中与其他部门一样承担相应的责任，为落实目标与任务，需要起草公共关系方案、界定目标公众、制订方案实施的总纲、预测可能潜伏的危机、建立信息中心、编制预算等，在这些工作完成后，为慎重起见，还应当对方案进行试点性测试，最后，还要向组织决策层推销这个公共关系方案。

（3）实施或传播，这是公共关系工作的第三步。当今组织采取行动显得格外重要，因为在传媒发达的时代，组织说什么、怎么说与实际做了什么几乎同步展示在公众面前。而这些都是公共关系工作的范畴。在实施公共关系策划方案时，最高管理层与公共关系从业人员都不能简单地把公共关系仅仅认为是在做新闻传播工作，而应该是在传播信息过程中，以快捷的方式，通过各种媒介反复影响公众，并防范来自各个方面的沟通障碍及成见等。

（4）项目评估，又称活动效果评估。公共关系评估是公共关系工作的第四步，评估的目的不是要证明组织做了什么，而是用来了解曾经发生了什么和为什么发生。作者概述了评估的步骤，认为评估包括三个层次，即准备评估、实施评估和影响评估。在每一个评估层次上，都有不同的标准与方法。在开展公共关系评估时，主要的原则是收集尽可能多的证据，这依赖于参与人员的配合。作者强调，要将公共关系评估工作作为"公共关系管理的核心"。因为"再没有什么主题能像项目评估这样——整个流程中的最后一步——在实践操作中起着那么大的主导作用了"[①]。

资料链接

就其最先进的形式而言，公共关系是组织解决问题和优化方案的过程，这一过程是科学管理的组成部分。这种类型（情形）下，公共关系从业人员运用相关理论和可获得的最佳证据提出了解决问题的四个步骤。

（1）界定问题（或机遇）。第一步包括调查与监控在组织行为和政策影响下的公众认知、舆论、态度及其相关行动。从本质上说，这是该组织的情报功能。它通过判断"现在发生了什么"为问题解决过程中的其他步骤奠定了基础。

[①] 卡特里普，森特，布鲁姆. 2002. 有效的公共关系. 8版. 明安香，译. 北京：华夏出版社：358.

（2）制订计划和方案。通过第一步收集的信息来对项目公众、目标、行动、传播战略制定决策。这包括把从第一步调查得来的结果作为考虑因素纳入到该组织的政策制定之中。该过程的第二步回答"我们依据什么情况了解形势，我们应该改变什么，或者做些什么、说些什么"。

（3）采取行动和传播。第三步涉及针对每类公众实施已设计好的行动和传播方案，旨在达到特定目标。这一步的问题是"谁来做和说，以及何时、何地和如何做与说"。

（4）评估方案。这一过程的最后一步涉及对这个方案的准备工作、实施及其结果的评估。在实施这个方案的同时，根据反馈做出调整，思考"我们做得怎样或我们曾经做得怎样"，然后确定是继续执行方案还是停止执行。

资料来源：卡特里普，森特，布鲁姆. 2002. 有效的公共关系. 8 版. 明安香，译. 北京：华夏出版社：289

三、卡特里普等对公共关系学的贡献

《有效的公共关系》一书对公共关系学的理论体系建设做出了巨大贡献，其思想精髓对于公共关系学的未来发展来说具有重要意义。

（1）该书在总结前人经验的基础上，对公共关系理论进行了完整的构建，使公共关系学成为系统、全面的学科体系，并为公共关系学的进一步发展奠定了坚实的基础。

（2）从公共关系理论方面来说，该书突出的功绩是提出了公共关系工作的四个步骤，即确定问题、制订计划与方案、实施或传播、项目评估。这一工作方法的提出，厘清了公共关系工作的程序，明确了公共关系工作的具体步骤，对公共关系实践具有重要的指导作用，并把公共关系理论和实践推进到了一个程序化的轨道，具有划时代的重大意义。

（3）该书对公共关系实践予以全面的概括、总结，提出了一系列具有经验性的实务信条，其对实践管理部门的理论阐述，对公共关系理论工作者与实践操作者具有极大的指导与启发作用，其广泛的传播也使公共关系理论深入人心。

（4）作者对公共关系应用范围的界定和理论体系的确立，有力地推动了公共关系学的健康发展，适应了不同时期各个层次的公共关系从业人员，为教育与培养社会需要的合格的公共关系人才做出了巨大贡献。

不仅如此，还有一些美国学者对公共关系的实践进行了总结。1950 年《公关圣经：公关理论与实务》出版，该书由菲利普·莱斯礼主编，具有鲜明的公共关系实务操作特色，展现了美国公共关系实践的发展水平。20 世纪 80 年代以后，弗雷泽·西泰尔主编的《公共关系实务》出版，对公共关系的实践发展进行了持续地追踪与总结，截止到 2020 年该书已出版了 14 版。

第四节 卓越公共关系理论的崛起

一、管理学派的代表人物——詹姆斯·格鲁尼格

詹姆斯·格鲁尼格出生于 1942 年，1964 年毕业于美国艾奥瓦州立大学技术新闻学专业，1968 年在威斯康星大学获得大众传播学博士学位。1969 年，格鲁尼格开始在美国马里兰大学新闻传播学院任教，任教期间曾担任美国国家科学基金会、国际收割机公司、美国农业部等机构的公关顾问。

格鲁尼格从事公共关系教学工作 30 多年，由他主持的马里兰大学公共关系学专业在 1996 年《美国新闻与世界报道》所做的调查中，名列全美院校公共关系学专业排行榜榜首。他曾获多项美国公共关系教育和研究奖，为当今美国公共关系学领域的代表人物。

格鲁尼格的主要著作有《公共关系管理》（合著）、《卓越公共关系与传播管理经理指南》（合著）、《卓越公共关系与传播管理》（主编）等。他曾因公共关系教学与研究的卓越成就获得美国公关研究与教育学会颁发的"开路先锋奖"和美国公关协会颁发的"杰出教育家奖"。

格鲁尼格被认为是美国管理学派的代表人物，以区别于美国的语艺/批判学派[1]和整合营销传播学派。他认为，现代公共关系应该实行双向平衡（对称）的沟通模式（在《卓越公共关系与传播管理》中译为"对等"）[2]，公共关系部门及其努力的目标是实现卓越公共关系。

二、双向平衡（对称）沟通模式的提出

从 20 世纪 70 年代开始，格鲁尼格开始对各类组织的公共关系形式进行研究，并予以系统归纳。格鲁尼格最终确认公共关系历史上的四种模式[3]，由此提出双向平衡（对称）沟通模式。他们认为，在公共关系发展的过程中，有四种模式先后发挥了各自的作用。

（1）新闻代理人模式（press agent model），即职业的新闻代理人为企业撰写新闻稿，将其在媒体上发表来宣传企业，以此吸引公众注意，或赢得公众的青睐。这种形式最容易误导公众，甚至使公众感觉受到欺骗与愚弄。巴纳姆是利用新闻代理人欺骗公众的典型代表。

（2）公共信息模式（public information model），即向驻地或当地新闻记者及大众媒体定期分发企业的业务通信、介绍企业情况的小册子及其他邮件等，以此传播有利于企业的信息，进而影响媒体、说服公众。

---

[1] 张依依. 公共关系理论的发展与变迁. 2007. 台北：五南图书出版股份有限公司：208.
[2] 詹姆斯·格鲁尼格. 2008. 卓越公共关系与传播管理. 卫五名，等，译. 北京：北京大学出版社：35.
[3] 詹姆斯·格鲁尼格. 1996. 美国公关研究的发展及其在传播学中的地位//于里. 国际公众关系原理与实务. 北京：工商出版社：81.

（3）双向非平衡（对称）模式（two-way asymmetrical model），是指专业的公共关系人员，通过调查获取能够影响目标公众看法的信息，来说服公众改变看法，实现组织自身的目标。这种模式比上两种模式效果要好，但实质上仍然是单向的、不平衡的沟通。

（4）双向平衡（对称）模式（two-way symmetrical model），是指组织通过认真地调查研究，通过沟通主动解决冲突，并与公众不断增进相互之间的理解。双向平衡（对称）模式强调利用协商的方式来解决问题，"由于双向平衡模式将公众关系（即公共关系，编者加）置于协商与妥协的基础之上，一般来说它比其他模式更合乎道德"[①]。

习近平在2023年11月15日访美时说的一席话正体现了双向沟通平衡的公共关系精神："相互尊重、和平共处、合作共赢，这既是从50年中美关系历程中提炼出的经验，也是历史上大国冲突带来的启示，应该是中美共同努力的方向。"[②]

格鲁尼格等通过研究还发现，实际工作中，一些组织会将新闻代理人模式与公共信息模式混合使用，也会将双向非平衡模式与双向平衡（对称）模式混合使用，而卓越公共关系部门则能够混合使用双向非平衡模式与双向平衡（对称）模式，并在尽可能的情况下，实现双向平衡的公共关系。

资料链接

> 新闻代理人、公共信息和双向非平衡（对称）模式都是不对等的公共关系模式，因为它们仅试图改变公众而非组织的行为。在新闻代理人模式下，公共关系力图通过任何可能的方式在大众媒体上对组织展开宣传报道。在公共信息模式下，公共关系运用"驻地记者"的方式，向公众传递客观的但仅是正面的有关组织的信息。在双向非平衡（对称）的模式下，公共关系在调查研究的基础上，形成并传递最有可能说服公众产生预期行为的信息。
>
> 相反，在双向平衡（对称）模式下，组织会通过调查研究和平等对话，处理与公众之间的冲突，增进彼此之间的理解，建立互相信赖的关系。在这种情况下，组织和公众双方都在一定程度上被劝服，双方也都可能改变自己的、不利于双方利益的行为。
>
> 资料来源：詹姆斯·格鲁尼格，等. 2008. 卓越公共关系与传播管理. 卫五名，等，译. 北京：北京大学出版社：34，35

三、卓越公共关系理论的形成

20世纪80年代中期，詹姆斯·格鲁尼格承担了国际商业传播者协会（International Association of Business Communicators，IABC）安排的研究任务，该任务预算高达40万美元，历时15年终于结出硕果，提出了关于"卓越公共关系"的新见解。该课题被

[①] 詹姆斯·格鲁尼格. 1996. 美国公关研究的发展及其在传播学中的地位//于里. 国际公众关系原理与实务. 北京：工商出版社：83.

[②] 习近平同美国总统拜登举行中美元首会晤. 人民日报，2023年11月17日，第01版.

认为是"迄今为止国际公关界耗时最长、影响最大的一个研究项目"[①]，该课题的成果主要体现在《卓越公共关系与传播管理》（1992年出版）、《卓越公共关系与传播管理经理手册》（1995年出版）和《卓越公共关系与有效的组织：三个国家的传播管理研究》中。卓越公共关系理论的提出将公共关系学提升到了一个新的高度，也使格鲁尼格成为美国公共关系学界的代表人物之一。

卓越公共关系理论最突出的贡献是，针对卓越公共关系工作部门及其工作质量提出了10条标准。

（1）战略性。卓越的公共关系部门应参与组织战略计划的制订，帮助组织了解那些影响组织目的实现与任务的环境。如果一个以战略思维开展公关工作的组织，针对那些给组织带来巨大威胁和机遇的内外战略公众实施传播沟通计划，通过这一工作，可以减少组织与周边环境——重要公众的摩擦，赢得战略公众的支持，那么公共关系部门就对组织管理做出了贡献。

（2）直接性。公共关系的战略管理必须是组织整体战略管理的不可分割的组成部分，公共关系人员在组织的决策层中有发言权或向组织最高管理者报告的权力。高级公共关系人员应属于拥有实权的决策层中的一员或者是可以随时接近这个群体的人。

（3）整合性。卓越的公共关系部门能把各种公共关系功能整合到一个部门内或建立一种机制以协调各部门的公共关系工作，发挥集合效益，针对组织所面对的环境，实施公共关系的战略管理。

（4）独立性。公共关系人员可以向组织其他管理部门就其与相关公众的传播沟通和关系问题提供建议，但它如果要这样做，就必须独立于这些管理部门。如果公共关系部门从属于其他管理部门之下，那么公共关系工作就难以发挥战略管理的作用。

（5）专门性。公共关系工作需由专门的管理人员来承担，而不是由技术人员来担任。公共关系工作的首要任务是战略性地策划组织的传播沟通计划，其次是完成传播沟通的相关技术工作。卓越的公共关系部门应由一位高级经理担任负责人，或者应该赢得领导集团成员的支持，以此来综合规划、指导公共关系工作。

（6）平衡性。公共关系工作采用双向平衡（对称）模式，这是卓越公共关系最突出的特点。公共关系工作应建立在调查的基础上，组织要与公众平等沟通，不断增进彼此了解，它不仅要改变公众的行为，而且要改变组织的行为，这使卓越公共关系最终超越了公共关系历史上新闻代理人、公共信息、双向非平衡（对称）三种模式，形成了双向平衡（对称）的第四种模式，而且是最好的一种模式。

（7）内部民主性。在组织内部营造平等沟通的氛围，使内部员工参与决策。组织与员工的平衡传播交流会提高员工对工作的满意度，有助于提升组织的管理质量。

（8）专业知识性。开展双向平衡（对称）公共关系工作的人员需要有足够的知识背景，系统掌握公共关系理论，同时还需要外部专家予以支持和指导。

（9）多样性。公共关系人员应具有较强的包容性，吸纳不同种族、性别、区域的人

---

① 郭惠民. 2008. 卓越公共关系在中国 // 詹姆斯·格鲁尼格, 等. 2008. 卓越公关与传播管理. 卫五名, 等, 译. 北京: 北京大学出版社: 2.

员加入来完成与多样公众进行交流沟通的任务。从全球来看，公共关系职业的女性化现象正日益突出，这也对多样性提出了更高要求。

（10）职业道德与责任感。卓越的公共关系部门应该有责任与受其影响的公众进行交流沟通。他们在工作中忠于职业道德、具有较强的社会责任感，同时能够监测组织对社会责任的落实情况。[①]

卓越公共关系的这10条标准是卓越公共关系工作部门及其工作质量的衡量尺度，也是公共关系人员的努力方向，对公共关系行业的健康发展与公共关系人员素质的提升产生了深远影响。

四、中国式卓越公共关系的提出

1996年10月，詹姆斯·格鲁尼格受邀到中国参加"1996年中国国际公共关系大会"。会议期间，国际关系学院郭惠民教授、中山大学廖为建教授等与其就公共关系研究的一些问题交换了看法，并在会议结束后的电子邮件往来中，继续就公共关系的相关问题进行了深入交流。不久，中山大学廖为建教授在深入研究中国公共关系特性的基础上，提出了中国卓越公共关系的3个方面共15项标准。

（一）从公共关系在组织中的地位和作用机制来看

（1）组织的领导人高度重视公共关系。公共关系目标能够被纳入组织的发展战略之中，中长期的公共关系工作处于领导人的考虑范围之内，日常的公共关系工作能够得到最高领导层的支持。

（2）公共关系在组织中的职能明确。有具体部门负责执行这项职能（并非一定被称为"公共关系部"），并且该部门由一位有经验、有能力的高层管理者负责，对最高决策层有直接报告、建议的权力，有参与决策的机会。

（3）公共关系有资源保障。组织有明确的预算制度支持公共关系工作的正常运作，大中型企业的公共关系预算额不低于总产值的5%~8%，公共关系部门有参与制定预算的权力，并具备保障预算弹性的能力。

（4）组织具备良好的全员公共关系意识。组织内其他部门均具有公共关系意识，并理解和支持公共关系部门的工作。

（二）从公共关系在组织中的运作能力和专业表现来看

（1）公共关系的职能完备、全面。公共关系在组织中能够发挥各种主要职能，而不偏颇哪个方面。

（2）公共关系工作贯穿于全过程。从时间序列和工作程序来看，公共关系贯穿组织运作的始终，包括组织筹建、制定目标、工作过程等多个方面，公共关系都可以发挥它的特定作用。

（3）高质量的公共关系运作。公共关系部门的策划水平、执行能力和服务效率上

---

① 郭惠明，廖为建，格鲁尼格. 2000. 关于公共关系学若干基本问题的国际对话（续）. 国际关系学院学报，(4)：43-49.

乘，其人员素质能够保证出品高质量的公关项目，工作水准得到领导和各部门的肯定。

（4）规范化的公共关系管理。公共关系工作的各个环节有目标、有计划、有控制、有监督、有评估，资源配置合理、操作程序规范、工作细致专业。

（5）积极主动。公共关系部门能够充分发挥主观能动性，积极进取、主动开拓，对变化保持快速的反应能力和应变能力。

（6）配合默契。公共关系人员在组织内部保持良好的沟通关系，熟悉组织的整体情况和其他部门的情况，能够根据各种具体情况提供专业而有效的公共关系服务。

（三）从公共关系效果来看

（1）有助于组织目标的实现。例如，有助于提高企业的经济效益、扩大市场或帮助政府有效地推进政策的落地实施等。

（2）有良好的社会影响力。有助于组织树立良好的社会形象，使组织的政策、产品或行为在社会上得人心、受欢迎，形成良好的社会知名度和社会美誉度，使政府满意、媒介满意、公众满意。

（3）低投入、高产出。以较低的传播成本，获得较高的传播效益。

（4）社会资源利用的最大化。能够尽可能地开发和利用各种无形的社会财富，如良好的关系、畅通的渠道、灵通的信息等。

（5）兼容和创新。既能够吸收西方的发展经验，又能够很好融合中国文化的精髓，使成果既有浓厚的中国特色，又有强烈的国际化色彩。[①]

对于廖为建的 15 条标准，格鲁尼格认为，廖教授的回应很精彩，它为中国的组织如何建设公共关系机构、开展公共关系工作提供了一个重要的框架。[②]

对此，廖为建自我评价认为，"说实话，格鲁尼格教授和他的团队的研究成果，是在量化和质化研究的基础上形成的，其结论有大量数据支撑，而'15 条'缺乏这种支撑，所以不能算作严格意义上的研究结论，只能说是从'应然'角度提出的一种理想化的标准""实际上，当时公关学术界和实务界已有不少此方面的探讨。在此基础上提出的'15 条'，是对中国公共关系实践的建议和教训的总结和反思"。廖为建认为，之所以提出中国化的卓越公共关系标准，是因为"'15 条'中的每一条都可以从逆向思维的角度去思考，实际上谈的是制约中国卓越公共关系的现实问题。从这个角度看，'15 条'可以促使中国公关界对曾经一时的公关热进行理性的冷思考"。[③]

在公共关系发展的 100 多年历史中，不同时期的杰出人物代表了公共关系不同发展阶段的研究与运用水平，形成了公共关系理论与实践的进步轨迹。除了上述代表人物的突出研究成果外，还有其他一些知名的人物也为公共关系事业做出了重要贡献，如英国的弗兰克·杰弗金斯（Frank Jefkins）、萨姆·布莱克（Sam Black）等。我们相信，随着公共关系在全世界的传播与广泛应用，公共关系的研究成果将会被不断丰富。

---

① 郭惠明，廖为建，格鲁尼格. 2000. 关于公共关系学若干基本问题的国际对话（续）. 国际关系学院学报，（4）.
② 廖为建. 2006. 卓越公共关系的理想与现实. 国际公关，（5）：39.
③ 廖为建. 2006. 卓越公共关系的理想与现实. 国际公关，（5）：39.

职场观摩

为什么西方不盛行"黑公关",洗地也许洗出"血案"

参考消息网（2018年）9月10日报道 近年来,在网络言论口无遮拦的西方社会,"黑公关"却不是公关界的生力军,这种反常现象令人深思。

2017年以来,无数好莱坞影星倒在了社交媒体发动的反性骚扰运动之中。不少明星所涉及的丑闻年代久远,一些甚至可追溯至20年前,如今已经难寻证据。然而,没有明星敢于发动舆论抹黑"控诉者",多数明星选择了诚恳道歉、改过自新。西方名流不敢动用"黑公关"主要出于以下原因。

其一,说谎等同于诚信崩塌的观念深入人心。基督教里将魔鬼撒旦视为"说谎之父",在造物者最痛恨的事物里排名第二。这种宗教观念使说谎者承担着极高的道德成本。说谎可被分为"为自己说谎"和"为他人说谎",前者更加不能被接受。如果有意扭曲事实为自己的错误辩护则是被西方社会最为唾弃的行为。"莱温斯基事件"是此类做法的典型案例,克林顿的私生活不检点并不至于将其送上审判席,但他在公开声明中说谎却足以让美国国会弹劾这个"史上政绩最卓越"的总统。在这种社会压力下,公众人物不敢冒险公然说谎,即便为自己辩护也只能用沉默或选择性陈述事实的方式。企业尤其不敢拿自己的商业信誉冒险。

其二,用造假来洗白容易面临巨大的法律风险。无论对企业还是公众人物自身,"黑公关"都会面临法律上的风险。对于企业来说,造假行为一旦被揭露,企业可能面临股东的集体诉讼,股东将要求企业赔偿因造假造成的经济损失,并公布相关情况等。在财务、信息披露等问题上的严重造假行为甚至可能引起监管部门的关注,美国证券交易委员会可能会因此向公司派出调查组,对公司处以高额罚金甚至给予退市处罚。公众人物接受商业赞助时都签有道德条款,造假行为可能导致赞助商提出解约、赔偿等要求。近期,美国特斯拉公司CEO马斯克就因网上失言和有滥用药物嫌疑面临集体诉讼。

其三,媒体和民权组织有能力"伸张正义"。西方媒体圈利益、诉求多元,既有为钱卖命的"职业写手",也有将个人操守视为生命的良知记者。用造假方式为自己洗白是比事件本身更大的丑闻,各路记者和媒体不会轻易放过这个揭露公众人物深层瑕疵的机会。此外,西方活跃着大量为弱势受害者服务的律所及民权组织。"黑公关"行为将成为这些组织提起公益诉讼、维权诉讼的重要证据,使原告在法庭上占据道义优势,更容易获得胜诉和巨额赔偿。

其四,诚信崩塌还将产生连带影响。西方社会不仅将追究造假当事人的责任,也会将这种道德审判扩大到当事人所有的利益相关方。例如,消费者会抵制发生严重丑闻的明星所代言的产品,以此对企业施压。曾经接受出事公司或个人支持的政客也会在第一时间与其划清界限、摆明立场,否则就很可能被舆论的大锤砸中。

美国媒体每年都会统计"公关车祸"的案例,其中大部分是由企业应对失策导致的。例如,2017年美联航暴力赶客事件成为近年来头号"公关灾难"。美联航在公开声明中所列举出的缘由被媒体不断打脸，从而让事件迅速成为社交媒体头条。现场视频的公布更让美联航成为彻头彻尾的恶人，受害者最终获得了巨额赔偿，美联航时任负责人也因此断送了升迁的机会。

资料来源：李峥. 为什么西方不盛行"黑公关"，洗地也许洗出"血案". https://baijiahao.baidu.com/s?id=1611169033000665862&wfr=spider&for=pc，2018-09-10

实务演练

1. 上网查阅 2017 年美联航暴力赶客事件，分析美联航在处理该事件过程中公共关系的失败之处。
2. 思考、讨论当今国内外"黑公关"现象，归纳总结"黑公关"有什么特点，对组织的发展有什么影响。
3. 请同学朗读艾维·李的《原则宣言》，归纳《原则宣言》的关键词。
4. 阅读巴纳姆的个人传记，讨论或演示其中的案例。
5. 讨论并比较卓越公共关系标准与中国卓越公共关系标准有何不同。

第三章 中国公共关系的成长与发展

【带着问题预习】
1. 中国古代有公共关系吗？
2. 认识新民主主义革命时期中国共产党人的公共关系自觉。

【课堂学习目标】
1. 了解改革开放后中国公共关系发展的各阶段的特点。
2. 掌握"一带一路"实施过程中所体现的国家公共关系特点。

第一节 中国古代的公共关系

在古老的东方大国——中国，从来不缺乏应用主动的宣传手段去影响他人的事例。早在商朝时，商汤因夏桀的暴行而发兵征讨，"以告令师，作《汤誓》"[1]就体现了商汤号令民众的传播意识。到春秋战国时期，孔子与纵横家们以类似职业传播者的身份主动影响当权者决策的事例，更是层出不穷。而以秦末楚汉相争故事总结的成语"约法三章""四面楚歌"等也在某种程度上反映了刘邦一方影响人心的智慧。

一、孔子的周游列国活动

春秋时期，在诸子百家之中，孔子是将传播自身的学说思想作为终身事业的人物之一。孔子早年做过管理婚丧祭祀的小官，中年后曾在鲁国担任地方官，最高曾代理鲁国宰相3个月，政绩斐然，但因对政治失望而辞官。在54岁时，孔子开始周游列国。[2]他先后到过宋、卫、陈、蔡、齐、曹等国，68岁时因宏图大志始终未见纳于诸侯而郁郁归乡。回乡后以讲学为业，数年后病逝。

在14年的游说活动中，孔子始终致力于传播自己的政治理想，传播的方式主要靠亲自拜访（见）各国君主。因其提出的理论已经不合时宜，难以解决诸侯国当时面临的困境，最终只能无功而返。孔子的思想在他去世后却被后来的统治者所推崇接纳，成为长期深刻影响中国社会的理论，被尊为"'儒家'的创建人"[3]。

---

[1] 司马迁. 2010. 全本史记（卷三）·殷本纪第三. 北京：华文出版社：8.
[2] 张岂之. 1993. 中国思想史. 西安：西北大学出版社：23.
[3] 冯友兰. 1996. 中国哲学简史. 北京：北京大学出版社：35.

> **观点链接**
>
> 《论语》（节选）
>
> 子曰："学而时习之，不亦说乎？有朋自远方来，不亦乐乎？人不知而不愠，不亦君子乎？"
>
> 子曰："巧言令色，鲜矣仁！"
>
> 曾子曰："吾日三省吾身：为人谋而不忠乎？与朋友交而不信乎？传不习乎？"
>
> 子曰："不患人之不己知，患不知人也。"
>
> 子曰："人而无信，不知其可也。"
>
> 子曰："德不孤，必有邻。"
>
> 子曰："仁远乎哉？我欲仁，斯仁至矣。"
>
> 资料来源：徐志刚译注. 1997. 论语通译. 北京：人民文学出版社：1，2，8，18，43，85

二、纵横家的游说活动

进入战国时期以后，各诸侯国间的竞争日益激烈、态势更加复杂，各国对于治国人才的需求极为迫切，群贤也纷纷跃跃欲试，希望一展宏图。在这样的形势下，涌现出一批以游说各国、凭才智为生的职业说客，他们被后人称为纵横家。

纵横家中最典型的人物有主张"合纵"的苏秦、坚持"连横"的张仪，以及提出"远交近攻"谋略的范雎等。他们的共同之处是，殚精竭虑地将自己的主张与见解贡献于其所服务的国君，巧施计谋、极尽说辞，纵横捭阖于诸国之间，在战国风云诡谲的政治舞台上，演绎出生动的故事。他们的游说活动虽然充满了权谋，但各诸侯的国君出于对利益的权衡，而使他们的苦心努力化为泡影。他们的贡献虽然被当时的人评价为"一怒而诸侯惧，安居而天下息"[①]，但有些人却将其看成一群鸡鸣狗盗之徒。事实上，他们的主张、见解、努力，对推动秦灭六国、统一天下起到了不可忽视的作用。

三、谋臣的参谋咨询活动

在中国古代，一直存在着专门为统治者出谋划策的谋臣群体，他们中的突出人物有辅佐周文王的姜太公、帮助刘邦的萧何、鞠躬尽瘁的诸葛亮、仗义执言的魏徵等。这些人进入仕途前，一般都生活在社会下层，深知民间疾苦，在辅佐皇帝或未来的当权人物时，其谋略往往对当朝的政治、经济或军事起着至关重要的作用。他们在其位、谋其政，通常以奏章的形式向最高统治者表达自己的见解，提出的建议或欲推行的政治举措都基于对社会环境的敏锐了解与深入感知，实际上起着某种意义上的监测环境、下情上传、消弭危机、维护统治的作用。

[①] 孟子. 2005. 孟子选译. 秦迪译. 延吉：延边人民出版社：78.

四、对中国古代公共关系的评价

中国古代的公共关系，距现代意义上的公共关系有着很大的差距，尚不具备现代公共关系所要求的条件。

第一，组织（主要是封建王朝统治者）对大众舆论的压制或漠视。从延续2000余年的封建王朝的统治情况来看，由于封建制度的集权统治，诸侯国君主或封建社会时期的皇帝及其下属官员在决策时通常不会关注民众反应，行使统治权时不会关注舆论、引导舆论。因为他们自命为天子，信奉的是"君权神授"，其出发点主要考虑的是王朝或王位的稳定，不会考虑民心的向背。如果出现影响统治政权稳定的类似舆论的社会议论时，他们会采取极端手段除之而后快，如秦朝初年的焚书坑儒、明朝无孔不入的锦衣卫制度、清朝的文字狱等。君主或皇帝在做决策时，一般都出于稳定个人统治地位的考虑，纵使有些决策貌似是为体察民情而做出的，但实际上也是为自身统治考虑，绝非为了赢得民意的支持。另外，诸侯国君主或封建皇帝基本都是世袭制，舆论对统治权力的影响是微乎其微的。除非出现大规模的农民起义，才会引起他们的重视。从历史上看，作为当时组织的代表——诸侯国君主或封建皇帝统治者，在对外征战时，也会有所谓的对外宣传活动，如发表征讨檄文或诏书，但那只不过是做给统治阶层自己看的，而非让普通百姓——公众来知晓、甚或赢得他们的支持。它与现代意义上的公共关系——赢得公众的了解与信任是完全不一样的。

第二，中国古代不可能形成以传播沟通为业的职业队伍。古代的游说者及统治集团中的谋臣不是挂牌执业的经营人员，他们信奉一臣不事二主，天下至德，莫大于忠。他们的行为动机，其政治意义远大于经济目的。无论是战国时期的纵横家还是后来的谋臣，都期望自身的政治理想得到实现，其宣传的主要是他们的治国方略，这与现代咨询公司的经营活动完全是两个概念；他们在游说时，极少使用当时的"大众传媒"，如告示、传单等，而主要是靠个人的语言才能；传播的方式十分狭窄，他们或是口头表达个人的政治见解，或如纵横家那样只是应诸侯之所思所想游说于各国，或是如谋臣那样主要是赢得当朝皇帝的认同，谋取一官半职，而不是致力于把国君的思想传达、解释给民众或反映民众的意见；他们虽然也有自己的下属或谋划小集团，如孔子及其弟子、贵族及其门客、谋臣及其随从等，但绝大多数情况下，他们是以个体的身份发挥作用的；他们在实现人生使命时，没有人格的独立性，具有极强的依附性与迎合性，抱定"士为知己者死"的感恩之心，把"不事二主"视为最高的道德理想，根本不可能提供任何社会服务。中国古代崇尚的"民为重"的思想，其实质上是"民可使由之""使民以时"而已，"君为轻"只是一个美好的理想。

第三，中国古代没有上下平等、尊重公众的社会基础。且不说那时的社会民众的文化水平与觉悟程度很低，社会上只有极少数人掌握文化知识，而且从奴隶社会末期到漫长的封建社会，民众的社会地位极其低下，生杀予夺的权利被封建君主及其下属官吏掌握着。他们中间的觉醒分子纵使被逼走上了争取生存权的道路，最终不是被镇压就是蜕变为新的统治者，称王称帝、役使民众。所谓希求公众被尊重和重视，既没有社会现实的条件，也没有民众自我意识觉醒的可能。因此，现代社会中公众的权威性，在中国古代是没有任何现实基础的。

总之，从上述的分析可见，中国古代的公共关系事件，并不是现代意义上的公共关系活动。但是，毋庸置疑，中国古代确实创造了无数杰出的沟通与传播的良谋善策，有些策划活动也起到了一定的宣传效果，如汉代昭君出塞、三国时期诸葛亮七擒孟获、唐朝的文成公主赴藏等。中国古代丰富的政治谋略与人际沟通的高超艺术为现代公共关系在中国的发展奠定了极为深厚的人文基础。

第二节 近现代中国共产党人的公共关系自觉

近代以来，中国由于社会制度的落后和科技的欠发达，在西方列强坚船利炮的攻击下，逐渐陷入半殖民地半封建社会的深重灾难中，国弱民穷强烈地激发了一代优秀的中国人走了艰苦而执着地探索救国救民的道路。从洋务运动到辛亥革命，无数的中国人为之付出了努力。直到十月革命一声炮响，给中国送来了马克思列宁主义理论，中国人民才见到民族独立自强的曙光。第一次世界大战之后的巴黎和会成为五四运动的导火线，并为中国共产党的成立做出了重要的铺垫与准备。1921 年 7 月中国共产党正式成立，中国革命的面貌从此焕然一新。从中国共产党成立到建立新中国的发展历程来看，几乎完全符合现代意义上的公共关系操作手法：有强烈的、主动向社会劳苦大众传播新思想的意识与行为；有十分稳定的传播队伍——每一位共产党员和人民军队的战士都自觉担负着发动群众（即公共关系学中所说的公众）、开展斗争的职责；充分利用了当时社会的大众传播媒介，如杂志、报纸、传单等；对社会公众充分地尊重，传播行为是在完全平等的环境下进行的，赢得了广大社会公众的支持与信任。从公共关系角度看，中国共产党人的这种自觉是赢得最后革命胜利的内在禀赋。

一、五四运动前后——公共关系活动的雏形

1915 年 9 月，一场以倡导民主与科学、反对封建政治与文化的新文化运动在中国大地掀起波澜。新文化运动的代表人物有陈独秀、鲁迅、胡适、李大钊、周作人、钱玄同等。作为当时传播新思想的大学教授，他们热情讴歌先进的思想，无情抨击中国旧的制度与腐朽的文化，传播新思想的平台主要是《青年杂志》（后改为《新青年》）等进步刊物。新文化运动是辛亥革命后第一次在思想文化界开展的大规模传播活动，这一运动由社会上自由知识分子组成的松散团队所引领，他们利用大众传播媒介，面向整个旧的社会思想体制发起了一次全面而激烈的思想批判。新文化运动对全社会公众的思想造成了巨大冲击，产生了深远影响。新文化运动实际上是一次小型的公共传播演练活动。1917 年，十月革命的信息传到中国，李大钊、陈独秀，以及后来的毛泽东、周恩来、邓中夏、瞿秋白等很快把关注的重点转向了马克思主义，马克思主义传播的对象也变得逐渐清晰起来，即面向普通社会大众，这为五四运动的爆发奠定了一定基础。1919 年

五四运动爆发,一批进步的知识分子成为意见领袖和舆论的引导者,如李大钊、陈独秀、毛泽东、周恩来等,青年学生与工人阶级成为运动的主力,马克思主义成为当时重要的思想流派,大量进步杂志的创办成为新思想的载体,工农大众成为传播的明确对象。这一切构成早期公共关系活动的雏形。

二、中国共产党的成立与大革命的洪流——清晰的公共关系传播意识

1921年7月,中国共产党在上海成立。中国共产党成立时制定的《中国共产党的第一个纲领》和《关于当前实际工作的决议》从今后工作的活动方式、针对的对象等方面,均体现出了与以往政党或农民起义队伍迥然不同的特色。在《中国共产党的第一个纲领》中规定:"我们党承认苏维埃管理制度,要把工人、农民和士兵组织起来,并以社会革命为自己政策的主要目的。中国共产党彻底断绝与资产阶级的黄色知识分子及与其类似的其他党派的任何联系。"[1]这一内容非常明确地体现出新政党的主动传播特色,即学习苏联的积极革命的精神,在广大社会公众中开展共产主义宣传工作。成立领导机构时,党确定了一名宣传委员(由李达担任),以此领导全党开展宣传工作,同时要求每一名共产党员的基本工作就是发动工人,教育国民,唤起全体国人的觉悟。大会"决定要特别注意组织工人,以共产主义精神教育他们"[2]。成立前后的中国共产党高度关注传播媒介的体系建设,各地的共产主义小组均特别注意创办杂志,如上海共产主义小组把《新青年》杂志改为机关刊物,后又创办了《劳动界》《共产党》等;北京共产主义小组创办了《劳动音》;广东共产主义小组创办了《劳动与妇女》;山东共产主义小组创办了《劳动周刊》;天津的进步组织创办了《天津学生联合会报》《觉悟》;武汉共产主义小组创办了《武汉星期评论》,又出版了工人刊物《机器工人》《世友画报》《伙友》《工人周刊》等;连旅法的共产主义小组也创办了针对工人传播的《华工周报》。这说明早期的中国共产党人,具有不同于前辈革命者(包括农民起义者)的强烈传播意识,即非常积极和善于利用现代传播手段来影响目标公众。更为重要的是,中国共产党人始终以非常平等的姿态与自己的目标公众,即工人、农民和革命士兵进行沟通,对公众从内心予以平等对待和尊重,最终赢得了他们的支持与信任,推动了后来一次又一次革命高潮的到来。

1924年,国民党与年轻的共产党进行了第一次合作。由于中国共产党处于幼年时期、苏联和共产国际对中国国情的认识偏差,以及国民党右派的破坏等,中国共产党逐渐丧失了合作中的领导权。尽管如此,前期合作的成功实现,仍带来了显著的公共关系效果:中国共产党党员在各地积极帮助创建和发展国民党组织,这快速扩大了中国共产党在全国的政治影响力;1924年5月,在中国共产党和苏联的帮助下,国民党在广州建立陆军军官学校,即黄埔军官学校;1926年7月北伐战争正式开始,同期工农运动在南方正在蓬勃发展;等等。然而,国共两党合作在组织上的不充分性和地位的不平等

---

[1] 李践为.1990.中国共产党历史(第一册).北京:人民出版社:52.
[2] 中共中央党史研究室.2016.中国共产党的九十年.北京:中共党史出版社,党建读物出版社:38.

性，导致1927年第一次大革命的惨痛失败。

三、土地革命、抗日战争时期——公共关系手段的主动运用与创新

第一次大革命的失败，带给中国共产党人极为深刻的教训，从此中国共产党人走上了一条艰苦曲折的自我探索之路。在以毛泽东同志为主要代表的共产党人的带领下，中国共产党通过三湾改编，建立起官兵平等沟通制度[①]；通过古田会议，建立起军队内外教育制度、内部信息沟通规则[②③]等；制定了三大纪律八项注意，这些表面看似行为礼貌规范的规定，却发挥出了改善军民关系和端正军队作风的重要作用。由此中国共产党从根本上建立起了一支完全区别于旧式军队的新型人民军队——红军。1934年开始由于"左倾"错误在党内占据领导地位，中央红军面对蒋介石发动的第五次军事"围剿"，被迫从是年10月起开始了亘古未有的万里长征。遵义会议后中央红军摆脱了国民党大军的围追堵截，经过艰苦卓绝的战略转移，终于在1935年10月到达陕西，迅速建立起陕甘宁边区，完成了长征。红军的万里长征成为宣言书，红军队伍成为宣传队，长征的过程成为播种机，长征成为一场自觉的公共关系活动。刘伯承与彝族首领小叶丹歃血为盟，成功处理了与少数民族的沟通难题，使大部队顺利穿过彝民区，创造了抢渡大渡河的战争奇迹。这种公共关系手法是国民党军队连想都不敢想的。

1931年，抗日战争爆发。中国工农红军主力部队到达陕北后，很快把工作重心转移到抗日救亡工作中来。中国共产党通过发布《抗日救国宣言》、召开瓦窑堡会议等形式，确立了建立最广泛抗日民族统一战线的政策。1937年，全面抗日战争爆发后不久，中国共产党开始了与国民党持续8年的第二次合作。在第二次的合作中，中国共产党坚决保持进退自如、不受国民党政府钳制的主动性，双方的合作始终处于信息比较对等、地位相对平等的状态[④⑤]，展示了中国共产党人在公共关系自觉性方面的日趋成熟。第二次国共合作过程中，中国共产党控制的西北地区成为中国较清明、较具活力的地区。先后有10余位外国记者到延安进行采访，毛泽东、朱德、周恩来等坦荡而自如地应对各种各样记者的来访。1944年6月、7月，先后由美国、英国、苏联以及国内记者组成的"中外记者西北参观团"、美军观察团来到延安。[⑥]他们对解放区进行了认真的考察，并根据了解到的情况写下大量文章，把中国抗日的实际情况传播到世界各国。

[①] 中共中央党史研究室.2002.中国共产党历史第一卷（1921—1949）.北京：中共党史出版社：243.
[②] 中共中央党史研究室.2002.中国共产党历史第一卷（1921—1949）.北京：中共党史出版社：293.
[③] 毛泽东.1991.毛泽东选集（第一卷）.北京：人民出版社：85-95.
[④] 毛泽东.1991.毛泽东选集（第二卷）.北京：人民出版社：537-540.
[⑤] 李践为.1990.中国共产党历史（第二册）.北京：人民出版社：248-251.
[⑥] 中共中央文献研究室.2013.毛泽东年谱（1893—1949）中卷.北京：中央文献出版社：519，521-522，531，539.

四、建立新中国——公共关系工作的全面胜利

抗日战争结束后，中国共产党人开始更加娴熟地运用沟通和传播手段影响社会公众、影响世界舆论。1945年10月，中国共产党领导人毛泽东接受蒋介石的邀请，毅然赴重庆与国民党进行和平谈判。在重庆谈判期间，王炳南担任毛泽东的秘书，负责与外国使节、国际友人进行主动沟通，在中外记者招待会上，王炳南充分发挥了新闻发言人的作用。毛泽东更是在重庆与各路记者、国民党元老及上层、民主党派人士、无党派爱国人士等进行广泛的联络或斡旋，赢得了广大民主党派人士等的真心认同，也把统一战线工作推向了巅峰，同时毛泽东还出席了一些国家驻华使节的招待茶会，中国共产党也举行茶会招待了多个援华国际组织，接见了路透社、合众社记者等，极大地增进了世界对中国共产党的了解，展示了中国共产党人的全新形象。[①]在重庆谈判期间，中国共产党冲破国民党的高压封锁和遏制，利用《新华日报》等平台，发表了大量新闻稿，掌握舆论主动权，向全国人民表明中国共产党的心迹，抨击国民党政府假和平、真内战的险恶用心，还通过接受《大公报》的采访与总编辑的宴请，影响社会媒体。重庆谈判之后，《新华日报》公开发表了毛泽东的诗词《沁园春·雪》，引发了新一轮的舆论高潮。

1945年重庆谈判结束后不久，国民党政府组织召开了政治协商会议，参加会议的人员只有38人（国民党代表8人，中共代表7人，其他党派和无党派人士23名）。[②]1949年9月21日，中国人民政治协商会议第一届全体会议召开，中国共产党及各民主党派、人民团体和无党派民主人士等单位的代表（含候补代表）共662人参加了会议，充分体现了中国共产党统一战线的成功，这也是公共关系的成功。

抗日战争结束后，中国共产党在解放区开展了土地改革运动，使土地分配到无地或少地的农民手里，极大地从思想上、经济上解放了农民，赢得了解放区广大农民的衷心拥护。[③]广大农民在获得土地后，积极发展生产，支援解放战争，男儿踊跃参军，妇女主动支前，使解放战争完全成为一场人民战争，国民党军队彻底陷入了人民群众的汪洋大海之中，成为瓮中之鳖。这种水乳交融的军民关系，如此良好的公共关系，只能让蒋介石望洋兴叹、自愧弗如。

解放战争时期，中国共产党在传播媒介的运用方面日臻成熟，常见的大众传播媒介，如报纸、杂志、广播等，得到了极大的恢复和发展。此外，中国共产党还充分利用口号、民谣等，快速造成了强大的舆论宣传声势，置国民党蒋介石政府于人民的口诛笔伐之下。新华社在解放区各地建立了若干分社，到1946年4月，全国已建立9个总分社，40多个分社，形成了颇具实力的新闻通信网[④]，新华广播电台也在1945年9月5

[①] 王福琨，邓群.2009.中共中央南方局的统一战线工作.北京：中共党史出版社：347-351.
[②] 中共中央党校李践为.1990.中国共产党历史（第二册）.北京：人民出版社：276.
[③] 李践为.1990.中国共产党历史（第二册）.北京：人民出版社：314.
[④] 刘云莱.1988.新华社史话.北京：新华出版社：49.

日重新播音，并在技术上得到升级①，从此清晰悦耳的声音跨过千山万水，进入无数人的耳中，将中国共产党的强大影响力传播开来。

五、中国共产党人公共关系自觉的基础

为什么中国共产党在新民主主义革命时期的工作理念、工作机制和工作方法完全不同于前人而具有了自觉的公共关系色彩？这样的自觉性基础何在？

（一）开放的视野

中国共产党人是中国人中最具世界眼光和全球观念的先进分子。中国共产党是在十月革命的影响下、在苏联和共产国际的指导下建立的，是在新文化运动的洗礼和五四运动的浪潮中发展起来的，它不同于公车上书，不同于戊戌变法，也不同于辛亥革命。中国共产党成立，中国革命的面貌从此焕然一新。中国共产党人所开创的事业是前无古人后有来者的事业，他们一开始就明确反对中国传统的封建腐朽思想，信奉的是马克思主义辩证唯物主义理论，目光关注的始终是国际无产阶级运动下中国革命的发展路径。中国共产党人拥有开放的视野、开阔的心胸，为了实现解放全人类的宏大目标，不计得失、不计前嫌，主动与国民党进行了两次合作；面对中国最广大的公众，中国共产党持续28年（1921—1949年）进行着坚持不懈的先进思想和进步理念的宣传，其中有太多的优秀分子为此献出了年轻而宝贵的生命；面对外国记者、高级记者团等新闻媒体，中国共产党从来不掩饰自己的信仰和追求，打开大门请他们来报道，以坦诚的态度迎接社会公众的检阅。

（二）平等的意识

鉴定公共关系的试金石是平等沟通，这是公共关系的核心概念②，也是现代公共关系的根本。没有平等沟通，就不是真正意义上的公共关系，而是伪公关。公共关系说到底是一种民主理念和民主机制。中国共产党在成立之初就十分明确地确立了自己的人民本色，并始终把为人民谋福祉作为自己的根本使命。正如毛泽东同志所说："共产党的路线，就是人民的路线。"③中国共产党非常智慧地处理了根据地政府与当地公众的公共关系，非常智慧地处理了人民军队与人民群众的关系，并使密切联系群众成为中国共产党的优良作风，成为中国共产党取得革命最终胜利的重要保障。这是中国共产党人的高度自觉，是公共关系的成功运用，他们丝毫不逊色于专业的公共关系专家。

（三）主动的沟通

中国共产党成立之初就有非常明确的认识：唤起最大多数人们的觉悟，实现人民的共同的富裕。因而，他们的传播意识非常鲜明与强烈，对公众的尊重极为自觉，运用

---

① 白润生.2008.中国新闻传播史新编.郑州：郑州大学出版社：217.
② 蒋楠.2016.公共关系学原理.2版.北京：科学出版社：6.
③ 中共中央文献研究室.1993.毛泽东文集.北京：人民出版社：409.

社会传播媒介特别主动，开展公共关系沟通活动时都是全力以赴、不遗余力。所以，中国共产党的活动全部都与主动沟通——这个公共关系的特征有关系。当然，作为在极为艰苦和险恶环境下生存和壮大起来的中国共产党，其自觉进行的公共关系活动有其独有的色彩，不能与正常市场环境下的公共关系完全等同。历史不应被忽视。中国共产党在新民主主义革命时期的精彩公共关系表现应该作为公共关系在中国早期发展的重要组成部分载入史册。

第三节 改革开放以来公共关系的兴起

20世纪80年代初期，公共关系作为一种新的理念和管理手段传到中国，迄今历时约40年。回顾公共关系在中国的发展，可以分为两个阶段：一是公共关系的传播与普及；二是公共关系的实践与深化。

一、公共关系的传播与普及（20世纪80年代初至90年代初）

公共关系传入中国，有着特定的历史背景。20世纪70年代中后期，新中国结束了持续10年的"文化大革命"，在1978年召开的十一届三中全会上，确定了对内改革、对外开放的重大战略决策，从此国家进入了以经济建设为中心的快速发展阶段。对外开放使国外先进的技术和学说思想传入国内。

公共关系最初是作为一种先进的管理制度被国人了解的。1982年，广东省深圳市（也有人认为是在1981年广州市）的一家合资饭店，建立了公共关系部，随后其他城市的中外合资酒店也相继建立了公共关系部。1984年，广州白云山制药厂成立了公共关系部，开创了国有企业设立公共关系部的先河。这一举动引起了媒介的极大关注，《经济日报》于同年12月26日介绍了这一情况，并配发了社论《认真研究社会主义公共关系》。从此，公共关系及其职业引起国人的关注，公共关系以极快的速度由南向北、由东向西传播开来。

资料链接

如虎添翼
——记广州白云山制药厂的公共关系工作

11月下旬，广州"白云杯"四城市国际足球邀请赛正紧张进行。电视台每晚播放的比赛实况，吸引了羊城和海内外千千万万名观众。参赛的3家客队实力雄厚：日本日产足球俱乐部队、新加坡国家队、香港海峰足球队。球赛结果：主队——广州白云山制药厂体协足球队夺得亚军。

一个2000多人的企业，怎么会拥有一支水平如此高的足球队？这是怎么回事？

信誉投资

在宽敞、明亮的厂长办公室里，身穿西服的白云山制药厂党总支书记贝兆汉坐在皮沙发上同我们侃侃而谈。原来，白云山制药厂体协足球队前身是广州市体委管辖的广州足球队。一次市体委负责同志请白云山制药厂"赞助"市足球队。贝兆汉随口说道："那你们把足球队给我们算了。"说者无意，听者有心。事隔不久，市体委同白云山制药厂达成了协议：广州足球队改名白云山制药厂体协足球队，由白云山制药厂经济上承包，按月付给运动员工资、营养补贴和奖金。药厂承包足球队后，用经营管理的手段抓足球队建设，制定了考核、奖励制度，使球队面貌焕然一新。在全国首届足协杯中，球队从国家乙级队跃居甲级队，进入前8名。

基于对公共关系的正确认识，白云山制药厂每年拿出总产值约1%的资金来从事公共关系活动，其中包括广告、社会公益活动等。他们把这笔费用称为"信誉投资"。1983年，这笔投资是80万元，1984年达120万元。我们问："从经济效益上看，这笔投资值得吗？"回答是肯定的："树立企业形象、提高企业声誉，在某种意义上就是提高企业的经济效益。我们花了几十万元的信誉投资，扩大了价值成百上千万元的产品的销路，这还不值得吗？"

知名度

"知名度"是白云山制药厂领导在谈论公共关系工作时常用的一个名词；而"提高企业的知名度"，则是他们开展公共关系工作的一个目标。

知名度提高了，生意就好做了。白云山制药厂为此做了以下三件事。

一是加强同新闻界的联系。厂里有什么新鲜事、新动态，及时告诉新闻单位；召开重大会议或举行纪念活动，盛情邀请新闻单位参加，甚至连体育、音乐、美术界的名流也被请来。

二是实事求是，有的放矢，做好广告。白云山制药厂的广告既注意了内容上的实事求是，又保证了数量上的充分及时。例如，一个时期集中介绍"感冒清"，另一个时期重点宣传"癣病痊"，连广告的覆盖地区也有先后之分。

三是积极参加社会公益活动，既可以为社会服务，又能提高企业的知名度。承包足球队就是一例。

现在，广州医药市场上的药品，白云山制药厂的产品占了约1/3。许多外商也慕名而来，签订合同。当然，白云山制药厂的同志都知道，企业的知名度是以经营管理、产品质量为基础的。质量不好，知名度也高不了，即使一时高上去了，也会跌下来。

转向经营型

"在你们看来，企业的公共关系究竟意味着什么？"贝兆汉没有直接回答。他笑着说："过去，我们的经济体制是政企不分，企业的产品是'皇帝的女儿不愁嫁'。经济体制改革之后，企业作为一个相对独立的经济实体，情况就大不一样了，既管人财物，又抓产供销，还必须处理好企业同外界的种种公共关系。不处理

> 好这些关系，企业有再大的抱负也是要落空的，因此，公共关系工作是企业从生产型向经营型转变的必然产物。"
>
> 正是基于这样一种认识，白云山制药厂从党总支书记、厂长到办公室、供销科的负责人都很重视公共关系工作。他们的公共关系部便应运而生。
>
> 我们祝愿白云山制药厂这个现代化企业的猛虎，插上公共关系工作的翅膀，在社会主义现代化建设中展翅翱翔。
>
> 资料来源：明安香. 1984-12-26. 如虎添翼——记广州白云山制药厂的公共关系工作. 经济日报, 第2版

公共关系的传播主要通过下述三个渠道完成。

（一）企业渠道

由于南方一些企业的示范作用，以及大众传播媒介的推动（如1990年电视剧《公关小姐》在中央电视台播出），许多企业纷纷在自己的企业内部设立公共关系部，将公共关系理念引入企业并培养公共关系专业人员，公共关系部一时遍地开花。但是许多人对公共关系学仍是一知半解、似懂非懂，再加上企业正处于向市场经济转制的变革时期，一些企业领导人仅将公共关系部作为具有改革开放先进理念的表面符号。因而，公共关系部的运作实际上仍处于十分初级的阶段，甚至主要负责接待、拉关系、文体活动等工作，随后部分企业因其徒有虚名而将之裁撤。另外还有一些企业，主要是酒店和娱乐服务业，则把公共关系人员解释为肤浅的接待人员，因此公共关系的实践逐渐步入误区。

（二）院校渠道

公共关系的广泛传播与普及是由高等院校完成的。1984年，中国社会科学院新闻研究所公共关系学课题组开始了为期两年的考察研究，对以东南沿海地区为主的重点城市与区域的公共关系实践进行调查了解，同时对西方的公共关系学理论进行了较为深入的研究。1986年，《塑造形象的艺术——公共关系学概论》一书出版，不久，中山大学的王乐夫等、复旦大学的居延安均出版了比较严谨的介绍公共关系学理论的著作。[①]与此同时，1983年厦门大学创办了国内第一个新闻传播系，将公共关系学课程列入教学计划。[②]1985年，深圳大学文化与传播学系创办了全国首个公共关系专业，招收了第一届公共关系专业的学生（专科）。[③]很快国内其他高校也纷纷将公共关系学设为全校性的素质教育课或选修课。一时间，比较完整的西方公共关系学理论被引入大学课堂，各类公共关系学教材陆续出版。1989年，北京大学社会学系举办全国"公众关系学"教师

[①] 中国社会科学院新闻研究所公共关系课题组. 1986. 塑造形象的艺术——公共关系学概论. 北京：科学普及出版社；王乐夫，廖为建，郭巍青，等. 1986. 公共关系学. 沈阳：辽宁人民出版社；居延安. 1987. 公共关系学导论. 上海：上海人民出版社.

[②] 吴有富. 2007. 中国公共关系20年发展报告. 上海：上海外语教育出版社：522.

[③] 吴有富. 2007. 中国公共关系20年发展报告. 上海：上海外语教育出版社：11.

讲习班；同年，深圳大学举办全国首届公共关系教学研讨会，会后不久，出版了由全国16所高校合编的教材《公共关系学》[①]，该书成为众多高校公共关系学课程的指定教材，印数巨大，被有关机构评为"全国优秀畅销书"。20世纪90年代初，一些专门的公共关系学校或专业也建立了起来。如1989年，黑龙江省公共关系专科学校成立[②]；1994年，国家教育委员会批准中山大学招收公共关系学本科专业学生。此时，大批了解公共关系理论、掌握公共关系操作程序的大专毕业生和高等、中等职业学校的学生走上了工作岗位，他们对澄清公共关系的浊流，起到了正本清源的作用。再加上20世纪80年代中期国外大型公共关系公司，如博雅、伟达等公司在中国落户，也带动了中国公共关系公司的起步，使院校毕业的学生迅速充实到了公共关系岗位，推动我国公共关系行业渐成规模，公共关系理论与实践由此全面普及与运用开来。

（三）政府渠道

公共关系的传播与政府的推动分不开。1985年1月，广东省深圳市总工会举办全国首个公共关系培训班。[③]之后，国家一些部委也先后开设了大型国有企业领导干部公共关系培训班，个别省份，如湖南、山东等也尝试设立了专门的公共关系机构使公共关系在政府部门逐渐被主动运用，这为公共关系的普及创造了有利的环境。同时，大众传播媒体的宣传也发挥了十分积极的作用，"公共关系"在20世纪90年代已成为家喻户晓的名词，学习公关、运用公关成为人们的共识。中国公共关系的发展开始走出低谷。但是，在社会上人们对公共关系还普遍存在许多含糊不清的认识，容易把公共关系与庸俗关系学混为一谈，对公共关系的相关知识不甚了解。

资料链接

"中国公共关系元年"的诞生与中国改革开放

"中国公共关系元年"是怎样诞生的？作为中国公共关系史上这一重大事件的亲历者和当事人之一，笔者情不自禁想起当年那筚路蓝缕、激情开拓的岁月。

回答时代需要是社科工作者的重大课题。1984年10月20日，中国共产党第十二届中央委员会第三次全体会议通过了历史性的重大决定——《中共中央关于经济体制改革的决定》（简称《决定》）。《决定》引起了中国社会科学院新闻研究所（现为新闻与传播研究所）领导同志的高度注意。时任所长商恺、副所长东生等领导同志深感这次经济体制改革意义之重大，多次商议新闻工作和新闻研究工作如何站在时代潮流的前沿为经济体制改革服务的问题。一次，在向东生同志报告所内工作时，一位副所长讲到了西方公共关系对经济发展的促进作用。说者无意，听者有心。东生同志对此产生了浓厚兴趣和给予了高度重视，立即建议并指定我进行课题

[①] 熊源伟. 1990. 公共关系学. 合肥：安徽人民出版社.
[②] 吴有富. 2007. 中国公共关系20年发展报告. 上海：上海外语教育出版社：25.
[③] 吴有富. 2007. 中国公共关系20年发展报告. 上海：上海外语教育出版社：21.

立项。我们认为，《决定》像及时雨一样，为在中国开展公共关系研究和发展公共关系事业创造了极佳的条件。所里给这个课题组配备的研究人员实力可谓雄厚，课题组成员基本上都是当时毕业于中国社会科学院研究生院新闻系第一、第二届的研究生，并分别通晓英语、日语、法语等主要外语。课题组正式成立后，东生等所领导向我一再强调，开展公共关系研究要有明确的指导思想：一是要尽可能认真总结、借鉴西方公共关系学中的宝贵理论、经验、方法、技巧，为我所用；二是要紧密结合我国社会主义革命和建设的实际，总结经验、发现问题、解决问题，绝不能全盘照搬西方的公共关系学；三是要积极探索逐步建立具有中国特色的社会主义公共关系体系。紧接着，课题组成员分头开展对西方主要国家的公共关系理论和公共关系事业历史、现状的资料搜集和问题研究工作，在北京图书馆（现为国家图书馆）、院图书馆、所资料室尽可能借来或复印当时极难找到的少数公共关系学英文原著和相关资料。其间，课题组全体成员全力以赴进行了多次集体研讨。为了紧密结合中国实际和了解中国国情，课题组决定尽快深入实际调查了解中国企业经济体制改革的现状和开展公共关系工作的情况。课题组成员前往全国改革开放的最前沿广州、深圳调研，期望在这里的外资企业、合资企业甚至国企中能有所收获。在广州，首先访问已知公共关系工作开展得有声有色的中国大酒店、白天鹅宾馆、东方宾馆和花园酒店等，结果颇有收获。广州白云山制药厂在当时已经开展了水平相当高的公共关系工作。我们到该厂进行了重点访问、考察，与该厂办公室主任、公关部主任、供销科长等进行了座谈。去浙江、上海的课题组成员，在当时声名大振的浙江海盐衬衫总厂厂长步鑫生那里获得了企业细致关心职工生活，搞好员工、家属等内部公共关系的整套经验。去湖北的课题组成员，在地处十堰的第二汽车制造厂总结了企业处理好供应商、供销商等外部公共关系的做法。在北京的课题组成员，得到了长城饭店等著名外资企业提供的公共关系培训指南等重要的一手资料。课题组成员回京后欢聚一堂，相互交流了调研成果和体会，一方面为公共关系在中国大地的萌芽感到高兴和鼓舞，另一方面深知今后在中国开展公共关系研究、推广公共关系工作、建立中国特色公共关系体系之筚路蓝缕、任重道远。为中国公关事业的诞生做好公关工作，要在一穷二白的基础上催生和推动中国的公共关系事业，就必须首先为中国公共关系体系的诞生做好自身的公共关系工作——让尽可能多的人知道公共关系、理解公共关系、认识公共关系、接受公共关系。所领导提议，在处于中国经济体制改革舆论阵地前沿的《经济日报》上发表关于公共关系的典型报道和社论，为中国特色公共关系的诞生和发展摇旗呐喊。据此，课题组由我执笔撰写了一篇关于公共关系的长篇新闻报道——《如虎添翼——记广州白云山制药厂的公共关系工作》，并配发了近900字的社论《认真研究社会主义公共关系》。经过前期一线调研和资料收集、学术研讨，课题组在我的主持下开始集中力量、白手起家编写具有中国特色的公共关系学著作，力争为中国特色的公共关系体系奠定比较坚实的理论基础。著作引进了西方公共关系基本理论、基本技巧和基本经验中的积极成分，但绝不是简单翻译，也不是照抄照搬，而是贯穿了鲜明的中国理念、

> 贴近了现实的中国国情、穿插了丰富的中国案例，体现出了中国特色和中国气派。这部著作最终以书名《塑造形象的艺术——公共关系学概论》出版（科学普及出版社，1986年11月第一版）。这是我国（内地）第一本公共关系学著作。此书的出版在社会上引起广泛好评和热烈反响。至此可以说，新闻所在经济体制改革大潮的推动下，催生了中国现代公共关系初期的"三个第一"（第一篇公关社论、第一篇公关长篇通讯和第一部公关著作）问世，为中国公共关系发展大方向的确立和中国特色公共关系体系的初步建立奠定了基础。
>
> 资料来源：明安香. 2020. "中国公共关系元年"的诞生与中国改革开放. 公关世界，（1）：33-35，内容有删减

二、公共关系的实践与深化（20世纪90年代初至21世纪初）

经过20世纪80年代初期至90年代约10年的传播与普及，开展公共关系活动的市场环境和人才条件基本成熟。一方面，一些在竞争中脱颖而出的乡镇企业或个体工商企业，开始注意运用公共关系来谋求更好的生存与发展之道；另一方面，一批综合素质较高的公共关系理论研究者开始主动走入企业，运用公共关系为企业服务。公共关系的发展步入实践运用层面。

（一）形象塑造热潮

20世纪90年代初，对公共关系的运用主要是以形象塑造为主题带动了公共关系经营业务的发展。由于我国企业刚刚从计划经济体制中脱胎换骨出来，绝大多数企业领导人对公共关系到底是什么还不甚了解，而在当时的理论界有一种普遍的看法，认为公共关系的目的是塑造形象，只要企业的形象好了，似乎企业的公共关系就万事大吉了。与此同时，西方国家的公关业自20世纪80年代以来正热衷于建立企业识别系统（corperate identity system，CIS），因此，国内很快形成了以塑造形象为中心的CIS热，涌现了一批成功的策划和设计CIS的专家，并带动了以策划为主业的公共关系咨询公司的兴起。到20世纪90年代末，我国本土公共关系公司年营业额平均增长率超过30%。[①]

注重形象塑造，虽然在一定程度上带来了组织偏重外在表现、注重短期宣传的副作用，但企业引入公共关系的管理思想也较大幅度地提高了管理者的经营理念认知水平和经营水准。很多企业开始重视对公众的了解，对大众传播媒介的认识也由敬而远之转变为主动接近。而策划业的形成与发展，使企业的一些公共关系活动逐渐摆脱了收买人心的功利行为，企业的社会公益活动更加务实，并产生了一定的社会效益。尤其是大量外资企业在中国良好的公共关系示范作用，为国内企业公共关系活动的开展，提供了学习的榜样。20世纪90年代，我国大众传播媒介正处于快速发展时期，活跃的新闻媒体也一步步启发了社会公众自我意识的觉醒，公共关系实践活动在进入21世纪以后，开始

---

① 吴有富. 2007. 中国公共关系20年发展报告. 上海：上海外语教育出版社：286.

向纵深层面推进。

（二）信誉危机洗礼

随着我国市场经济体制的进一步完善，全社会对公共关系的认识不断深化，公共关系的实践范围，也从主要在经营性的企业中运用逐渐渗透到社会各个层面。早在 20 世纪 90 年代初期，在公共关系热潮的影响下，城市形象塑造活动开始轰轰烈烈地展开。一些地方政府花费很大精力打造城市形象，许多城市的面貌由此焕然一新；一些医院纷纷增加了导医人员，注意实施"窗口工程"；而一些学校特别是高等院校，在世纪之交，纷纷举行百年校庆，大张旗鼓地向社会展示自身的实力。

恰在这一时期，国际、国内危机事件频发，一些企业在产品质量上存在的严重问题被媒体曝光。2003 年，全国部分地区暴发了传染性非典型肺炎（简称"非典"），危机公共关系成为全社会关注和思考的焦点。紧接着 2004 年国内很多地区暴发禽流感，2008 年 5 月四川汶川地区发生 8.0 级地震等，都对中国政府的公共关系工作提出了严峻考验。此外，2004 年安徽阜阳劣质奶粉事件和 2008 年三鹿问题奶粉事件等，引发公众对食品安全问题的担忧，由此，诚信问题作为一个十分突出的课题摆在了所有组织的面前，对这一问题的思考将组织公共关系管理工作引向了更深的层面，即如何与公众实现真正沟通、怎样赢得公众的信任以实现组织的顺利发展。政府、企业及社会各种组织开始重视强化内部管理，将公众利益置于重要位置，恰当地利用大众传播媒介将真实、正确的消息传播给公众。2004 年，政府发言人制度开始全面建立，企业、医院、学校等也开始注重通过大众传播媒介与目标公众沟通。21 世纪初，全国公共关系公司发展势头良好，其数量每年以 30%的速度增加，现代公共关系理念逐渐深入人心。

观点链接

抗击"非典"的意义已远远超过了其成功的本身，因为它悄然引发了一场脱胎换骨的革命，实现了突发信息事件从"基本不说"到"一定要说"的历史跨越。从这个角度讲，我们要感谢"非典"这个病菌，是它"倒逼"所产生的强大反作用力，催生了新闻发言人制度在中国大地呱呱降生。

……

诚然，"基本不说"终由"一定要说"取代，其意义善莫大焉。此举极大地改善了政府和人民之间的关系：人民成了政府信息的权利人，政府则是公众信息的责任人，且需无条件地满足人民的知情权、表达权、参与权和监督权。政府给予人民以坦诚的信任，"重大情况让人民知道，重大问题让人民讨论"。政府的决策也开始从幕后走到了前台，公民的基本权利获得进一步扩大，这无疑是中国政治文明史上的重要一页。

资料来源：武和平. 打开天窗说亮话：新闻发言人眼中的突发事件. 北京：人民出版社：39-40

（三）政府公共关系领先

当我国顺利解除"非典"、禽流感等危机以后，政府对公共关系的实践展现了强大实力。2008年，第29届夏季奥运会在北京成功举办，极大地彰显了中国政府熟练运用公共关系沟通手段传播中国文化的能力。北京奥运会150万余名志愿者的优异表现为中国奥运会的成功举办及中国形象在海外的传播做出了重要的贡献。各级政府领导问责制的大力推进，为缔造诚信政府创造了极为重要的制度条件，政府各级职能部门全面完善新闻发言人制度、推进信息公开、建设政府网站、开展在线沟通等，使政府部门在公共关系实践方面走在了社会其他组织的前面，成为引领全社会公共关系管理快速前进的重要力量。面对2008年末影响全球的金融危机，我国由于社会保障制度的有力推进，政府积极运用大众传播媒介强化政府公关，保证经济平稳运行、社会安定，使我国经济继续上行发展，百姓对政府信赖度提高，中国成为带动世界走出金融危机的主导力量。2010年以后，国家公共关系令国人眼前一亮，政府领导人不断出访，主动与世界发达国家和发展中国家构建战略合作伙伴关系，特别是中共十八大以来，中央提出"一带一路"倡议，积极与周边国家及中亚和非洲国家缔结友好合作关系，在国际社会发挥了强有力的和平与发展的引领作用。大量企业走出国门，在向发展中国家提供先进技术和服务的同时，也十分注意以公共关系手法与当地公众建立良好的合作关系。他们积极主动地为当地提供就业岗位和劳动培训，开展社会公益与救助活动，营造良好的发展环境，深得当地社会的赞誉。特别是中国高铁成功地在印度尼西亚等国获得高铁的建设合作权，"中国创造"的过硬技术与高质量、高水平的公共关系工作在其中发挥了重要作用。近年来，新的媒介传播手段，如微博、微信、直播兴起，对传统媒体的影响力造成严重冲击，各类信息处于较为混杂的状态，公众——草根力量受到了更多关注与尊重，政府公共关系工作面临更大考验与挑战，公共关系正承担着更为重要的社会使命。

第四节 "一带一路"国家公共关系

2013年，习近平在出访哈萨克斯坦和印度尼西亚期间先后提出了关于建设"丝绸之路经济带"和"21世纪海上丝绸之路"的倡议，其主旨是"为了使欧亚各国经济联系更加紧密、相互合作更加深入、发展空间更加广阔，我们可以用创新的合作模式，共同建设'丝绸之路经济带'"[1]，通过共同建设21世纪"海上丝绸之路"，中国愿"同东盟国家各领域务实合作，互通有无、优势互补，同东盟国家共享机遇、共迎挑战，实现共同发展、共同繁荣"[2]，因为"这是一项造福沿途各国人民的大事业"[3]。从此，"一带一路"渐由倡议快速推进为全球共同响应的行动，由思路转化为覆盖百余个国家

---

[1] 习近平. 2013-09-08. 习近平在哈萨克斯坦纳扎尔巴耶夫大学发表重要演讲：弘扬人民友谊 共同建设"丝绸之路经济带". 光明日报，第2版.
[2] 习近平. 2012-10-04. 携手建设中国-东盟命运共同体——在印度尼西亚国会的演讲. 光明日报. 第2版.
[3] 韩保江. 造福沿途各国人民的大事业. http://politics.people.com.cn/n/2014/0703/c1001-25231497.html，2014-07-03.

的宏大实践。

"一带一路"开展数年来,中国与亚洲、欧洲、非洲、拉丁美洲等 100 多个国家在基础建设、经济政策、贸易活动、金融流通、文化交流等方面开展了一系列广泛而富有成效的合作,与合作国共同取得了骄人的成果,赢得了相关国家的高度赞赏与认同,中国与周边国家的公共关系得到了实质性的提升与拓展,也为彼此构建了稳定、和谐的生存发展环境,这样的国家公共关系值得回眸总结。

一、提出"一带一路"倡议的公共关系意义

(一)以倡议体现作用,提振全球经济、凝聚世界进步力量

2013 年,习近平在出访哈萨克斯坦和印度尼西亚期间先后提出了关于建设"丝绸之路经济带"和"21 世纪海上丝绸之路"的倡议,为长期疲软的世界经济和动荡不安的全球政局开出了一剂复兴与稳定的良方,令世界各国眼前一亮。截止到 2018 年,中国同"一带一路"沿线国家的贸易总额超过 6 万亿美元。[①]截止到 2017 年 4 月"一带一路"国际合作高峰论坛开幕前,中国对"一带一路"沿线国家投资累计已经超过 500 亿美元。中国企业在 20 多个国家建设了 56 个经贸合作区,为有关国家创造了近 11 亿美元税收和 18 万个就业岗位。[②]"一带一路"的实施,使参与国家受益,世界经济气象为之一新。白俄罗斯总统卢卡申科在 2017 年"一带一路"国际合作高峰论坛上指出,"一带一路"是一个具有历史意义的倡议,将为世界经济创造新的增长点。埃塞俄比亚总理海尔马里亚姆也认为,"一带一路"倡议是有远见、具有全球意义的伟大倡议,将有助于推进互联互通、促进贸易投资合作。[③]而新加坡国立大学东亚研究所所长郑永年认为,"一带一路"倡议是迄今最受欢迎的国际公共产品,也是目前前景最好的国际合作平台,契合了沿线国家和地区的发展需求。[④]

由此可见,中国提出的"一带一路"倡议,确实体现了大国在国际政治、经济中所应发挥的积极作用,体现了中国所具有的大国担当、大国责任和大国作用。

(二)以行动展示诚意,促进与世界各国互联互通、共建共享

习近平提出的"一带一路"倡议,既是一个富有吸引力的发展构想,又是一个具有可操作性的现实计划。"'一带一路'建设不是另起炉灶、推倒重来,而是实现战略对接、优势互补。"[⑤]截止到 2018 年,习近平出访"一带一路"国家 37 次,有 52 个"一带一路"沿线国家的元首访问中国,共计 107 次,我国与塔吉克斯坦、匈牙利、以色列

[①] 刘梦. "一带一路"这五年:互联互通交出亮丽成绩单. https://www.yidaiyilu.gov.cn/xwzx/gnxw/67936.htm,2018-10-06.
[②] 习近平. 2017-05-15. 携手推进"一带一路"建设——在"一带一路"国际合作高峰论坛开幕式上的演讲,第 1 版.
[③] 章念生,王新萍,焦翔,等. 2017-05-15. 29 国领导人满怀希冀 丝路朋友圈人气爆棚. 人民日报. 第 8 版.
[④] 俞懿春. 2017-04-16. "一带一路"是可持续的公共产品——访新加坡国立大学东亚研究所所长郑永年,第 3 版.
[⑤] 习近平:"一带一路"建设不是另起炉灶 推倒重来. http://news.china.com.cn/world/2017/05/14/content_40809969.htm,2017-05-14.

等30个"一带一路"沿线国家外交关系级别得到明显提升，我国港口与世界200多个国家、600多个主要港口建立了航线联系，海运互联互通指数保持全球第一。海运服务已覆盖"一带一路"沿线所有沿海国家，此外我国还参与希腊比雷埃夫斯港、斯里兰卡汉班托塔港、巴基斯坦瓜达尔港等34个国家42个港口的建设经营[①]，这些行动成为最有力度的口碑，展示了中国的和平诚意、发展目的、合作诚意。现代公共关系理论，追求的是一个"通"字，即平等的沟通、信息的畅通、行动的联通、理念的融通。而"一带一路"恰恰实现了这一点，即政策沟通、设施联通、贸易畅通、资金融通、民心相通。通过这些年的实践证明，"一带一路"不靠空谈、体现于实践，以行动带来了最好的公共关系效益，即国与国之间的相互理解、相互沟通。

（三）以合作实现了解，深化世界对中国发展的认识

从古至今，国与国、民族与民族之间的隔阂在于沟通的缺乏，源于误解的加深。当主动走出去、走上去与其他国家或地区进行沟通时，原来的隔阂自然会消解，误解也会化解。"一带一路"倡议智慧地架起了一座桥梁，把中国与世界各国人民联系在了一起，国与国之间由此在共建美好家园、富强国家的基础上形成了利益共同体，彼此为同一目标走到了一起，在双边、多边的国家关系方面形成了深度的了解与合作。正如白俄罗斯总统卢卡申科所说，中国向"一带一路"沿线国家提供贷款和先进技术，在此过程中中国表现得非常友好，不会将自己的利益强加于别国或者进行贸易扩张，这在世界上是绝无仅有的。[②]通过参与"一带一路"，全世界100多个国家建立了相互联系、相互支持、相互合作、共同发展的关系，中国的发展为"一带一路"沿线国家带来了更多的利益和实惠，通过大量在科学、教育、文化、卫生、民间交往等领域的广泛合作，世界各国对中国也有了深入的了解，亲善友好的中国形象真切地印在相关国家人民的心中。

（四）以交流促认同，传递中国"世界大同"的形象

中国历史悠久，既有着辉煌的历史文明，也有着近代深重苦难的屈辱记忆，长期以来，在西方主导世界话语权的背景下，中国的每一次进步与发展都曾经被妖魔化或污名化。而"一带一路"的实践在较大程度上改变了世界对中国的看法，因为"一带一路"倡议是要构建以合作共赢为核心的新型国际关系，目标是"打造对话不对抗、结伴不结盟的伙伴关系"[③]。这样的出发点有利于与沿线国家形成非常宽松适宜的合作氛围，也传递了中国的和平宗旨、和谐理念、合作诚意与大国本色，中国在"一带一路"实践中开展的大量公益项目，让世界见证了中国气度，逐渐认同与接纳了与中国共建世界大同的宏大理想。

---

① 刘梦．"一带一路"这五年：互联互通交出亮丽成绩单．https://www.yidaiyilu.gov.cn/xwzx/gnxw/67936.htm，2018-10-06．
② 章念生，王新萍，焦翔，等．2017-05-15．29国领导人满怀希冀 丝路朋友圈人气爆棚．人民日报．第8版．
③ 步履坚实，迈向高质量发展——写在第二届"一带一路"国际合作高峰论坛召开之际．https://baijiahao.baidu.com/s?id=1631566648397022233&wfr=spider&for=pc，2019-04-23．

二、"一带一路"展现出具有中国气派的公共关系

中国在"一带一路"实践中体现出了高超的公共关系策划智慧。

（一）主动与开放

长期以来，中国作为联合国安理会常任理事国之一，在国际事务中一直发挥着积极而重要的作用。十八大以来，以习近平同志为核心的党中央，以高瞻远瞩的国际视野树立中国在国际舞台上的新形象。2013年"一带一路"倡议的提出，正是以习近平同志为核心的党中央做出的重大战略决策。这一决策既是2000年前古丝绸之路、明代郑和下西洋的历史延续，又有现当代陆上连接欧亚大陆新丝绸之路和海上涉及亚太及非洲沿线海上丝绸之路的创新，这样的一东一西、一南一北的战略谋划，极大地扩展和巩固了中国的"朋友圈"，也是中国前所未有的、主动成为牵头国引领世界各国发展经济、开展交流、实现共建联动的全新举措，从此中国站在了领导世界风潮的前列。

（二）开发与合作

"一带一路"的实践，从一开始就有着清晰的主题思想，正如习近平在"一带一路"国际合作高峰论坛开幕式上的讲话所指出的，"和平合作、开放包容、互学互鉴、互利共赢"[1]，这一主题既是对历史的继承，也是对当今丝绸之路精神的弘扬，更是对这一国家公共关系的高度概括。在这样鲜明而具有包容性的主题之下，"一带一路"实践还包含有明确的活动目标，即政策沟通、设施联通、贸易畅通、资金融通、民心相通，即"以文明交流超越文明隔阂，以文明互鉴超越文明冲突，以文明共存超越文明优越"[2]，这一反西方中心主义的窠臼，推动各国相互理解、相互尊重、相互信任，构建共荣共享的命运共同体。

（三）平等与共享

"一带一路"从创意到实施，一直贯穿着两个字："通"和"共"，在推动建设"丝绸之路经济带"和"21世纪海上丝绸之路"过程中，不止开展着政策方面的沟通、设施方面的联通、贸易方面的贯通、资金方面的融通以及民心方面的相通，而且遵循共商、共建、共享的原则，由此不断推动中国与世界各国相互尊重、民主协商、共同决策、共享成果。这样的内容与原则，贯穿了公共关系理论的核心理念——平等沟通，信息共享。长期以来，中国道路、中国经验令世界惊讶，也令世界着迷，"一带一路"短短数年的发展，已经让沿线各国人民获得了实惠，分享了中国发展的红利，中国与"一带一路"沿线国家的坦诚合作，使中国与各参与国之间的关系更加融洽，使"一带一路"走上了和平之路、繁荣之路、开放之路和创新之路。

---

[1] 重温习近平"一带一路"金句：和平合作、开放包容、互学互鉴、互利共赢. http://world.people.com.cn/n1/2018/0827/c1002-30253083.html，2018-08-26.

[2] 「每日一习话」以文明交流超越文明隔. https://baijiahao.baidu.com/s?id=1686915094795852050&wfr=spider&for=pc，2020-12-24.

（四）开放而透明

2013年，习近平在出访哈萨克斯坦和印度尼西亚期间先后提出了关于建设"丝绸之路经济带"和"21世纪海上丝绸之路"的倡议。不久之后，亚洲基础设施投资银行（简称"亚投行"）也成功创办，这些影响世界发展的重大举措均通过各种传播媒介向全世界发布。中国的倡议得到了全世界很多国家的响应，数年来，已经有100多个国家参与合作，2017年5月召开的"一带一路"国际合作高峰论坛，参加会议代表人数达到1500多人，其中包括29位外国元首和政府首脑，还有70多个国际组织，而亚投行自成立以来已经吸纳了100个国家加入[①]，中国通过推进"一带一路"倡议以及发起创办亚投行，收获了更广泛的友谊，与各国人民增进了了解，赢得了更高的国际社会的赞誉，这样的国家公共关系既是务实的，又是智慧的。

（五）公益与责任

从"一带一路"国际合作高峰论坛的成果清单上可以看到，"一带一路"倡议绝非仅仅在于经济政策、金融、贸易、基础设施建设以及人文方面的交流，"一带一路"的推进始终伴随着中国一贯奉行的公益项目的实施，具体包括中国政府每年向相关国家提供一万个政府奖学金名额，地方政府也设立了丝绸之路专项奖学金，鼓励国际文化教育的交流；向沿线发展中国家提供20亿元人民币紧急粮食援助，向南南合作援助基金增资10亿美元，用于发起中国-联合国2030年可持续发展议程合作倡议；支持在沿线国家实施100个"幸福家园"、100个"爱心助困"、100个"康复助医"等项目；向有关国际组织提供10亿美元，共同推动落实一批惠及沿线国家的国际合作项目，包括向沿线国家提供100个食品、帐篷、活动板房等难民援助项目；设立难民奖学金，为500名青少年难民提供受教育机会，资助100名难民运动员参加国际和区域赛事活动；等等。[②]在公共关系活动中，公益事业是最为彰显公共关系力量的内容。中国通过长期且雪中送炭式的公益项目，无疑在"一带一路"沿线国家中树立起了和平、友好、真诚、合作的中国形象，这样的公共关系不是体现在媒体的宣传上，而是惠及各国公众、走进了各国公众的心里，那些对中国的怀疑、揣测、攻击甚至诽谤自然不攻自破。

三、"一带一路"带来的公共关系价值

"一带一路"实施以来，充分体现出国家公共关系的骄人成果，并交出了一份十分精彩的成绩单。

（一）以开放消除了偏见

2017年，阿根廷总统马克里在"一带一路"国际合作高峰论坛上评价，"一带一

[①] 佚名. 亚投行成员总数达到100个 第五届理事年会2020年7月北京举行. http://www.financeun.com/newsDetail/25810.shtml?platForm=jrw, 2019-07-15.

[②] 于佳欣，李萌. "一带一路"高峰论坛成果清单：76大项、270多项具体成果. https://www.guancha.cn/politics/2017_05_16_408491_3.shtml, 2017-05-16.

路"倡议为阿根廷与世界的互联互通创造了更多机会。[1]没有互联互通,就没有发展。当然,"一带一路"的实施不仅使阿根廷等所有参与国实现了互联互通、共建共享,更把中国进一步推到了世界发展的前列。中国改革开放40多年,打开大门接纳了欧风美雨,越来越多的中国人走出了国门,去领略世界最美的风景,而"一带一路"则把中国形象推广到周边沿线各个国家,开放更加具有了宽度、达到了高度、实现了深度。习近平指出,"对一个国家而言,开放如同破茧成蝶,虽会经历一时阵痛,但将换来新生"[2]。通过"一带一路",中国扩大了朋友圈,拉近了与世界各国人民的距离,深化了与世界更多国家的联系,分享了中国发展的成果,也提升了中国在世界舞台上的话语权和影响力,有关中国的一些谣言或偏见在逐渐消解,中国和平、合作、发展的大国姿态傲立于世。

(二)以合作增进了互信

2017年5月,在北京举行的"一带一路"国际合作高峰论坛是对"一带一路"倡议的阶段性总结,也是"一带一路"框架下最高规格的国际活动,更是新中国成立以来由中国首倡、中国主办的层级最高、规模最大的多边外交活动,也可以说是中国在该年举办的最盛大的国家公共关系活动。从会议的总结文件中可以看出,在"一带一路"框架下中国先后与近70个国家及国际组织签署了合作协议,彼此开展了更大范围、更广领域的合作,增进了彼此之间更多的信任。正如联合国秘书长古特雷斯所说,"'一带一路'倡议具有巨大潜力,它的重点在亚欧非,但能够惠及整个世界"[3]。他认为,习近平的演讲表明中国明确致力于公平的全球化,公平的自由贸易和多边治理,以应对如今面临的全球挑战。[4]国际社会认为"一带一路"倡议开创了全新的国际合作模式,已成为现代历史上最具价值的合作倡议。通过拉近距离,开展多方面的合作,中国与"一带一路"参与国的真实距离进一步缩短,彼此的了解与信任自然会不断增强。

(三)以交流达成了共识

"一带一路"倡议致力于开展国与国之间广泛而深入的政策沟通、设施联通、贸易畅通、资金融通,更多地实现了民心相通,势必会增进"一带一路"沿线国家与中国之间的友谊。据报道,在埃塞俄比亚,从越来越多的汽车以及逐渐富裕起来的人们脸上的笑容可以看出,"一带一路"倡议赢得了民众的掌声与欢呼。[5]在参与"一带一路"基

---

[1] 章念生,王新萍,焦翔,等. 2017-05-15. 29国领导人满怀希冀 丝路朋友圈人气爆棚. 人民日报. 第8版.

[2] 旗帜鲜明!习近平的"开放"箴言. https://baijiahao.baidu.com/s?id=1613714370780690958&wfr=spider&for=pc, 2018-10-08.

[3] 古特雷斯:"一带一路"倡议有巨大潜力能惠及整个世界. https://www.imsilkroad.com/news/p/32945.html, 2017-05-14.

[4] 习近平主席高峰论坛开幕式主旨演讲获高度评价. http://news.cctv.com/2017/05/15/ARTIM6tIKBfzF8eSuTVvujvb170515.shtml, 2017-05-15.

[5] 王新萍,孙超,裴广江,等. 伟大的事业需要伟大的实践. https://www.chinanews.com.cn/gn/2017/05-16/8224990.shtml, 2017-05-16.

础设施建设的各国当中，大量当地民众获得了就业机会、得到了专业培训、为企业发展赢得了商机，当地民众的生活得到了较大程度的改善，类似埃塞俄比亚的情况屡见不鲜。中国在科学、教育、文化、卫生、民间交往等领域与"一带一路"参与国的广泛合作，促进了不同文明的相互理解、各国民众的相知相亲。如今我国已经在"一带一路"沿线国家和地区设立了约 30 个中国文化中心、新建了一批孔子学院，与沿线国家共同举办了大量公共关系活动，如文化年、旅游年、艺术节、影视桥、研讨会、智库对话等，进一步加强了人文交流和民间交往。此外，我国还在科技领域与"一带一路"沿线国家开展相关合作项目，使中国与这些国家彼此更加了解，形成了更多的共识。

几年的"一带一路"建设，仅仅是开始，好的开始是成功的一半。"一带一路"倡议所形成的良好的国家公共关系正呈现出令人欣喜的局面。新时代已经来临，路自然会远走越宽！

四、中国公共关系展望

（一）基础薄弱，正在厚积薄发

中国是一个有着漫长封建历史的国家，实行完全的市场经济（即 1993 年 1 月党的十四届三中全会以来）还不足 30 年的时间，与西方发达国家相比，我国市场经济发展的基础还比较薄弱。公共关系是现代商品经济的产物，它的健康发展要求具有坚实的市场经济基础、健全的法律体系、健康的舆论环境和进步的民主氛围，以此保证组织既能促进自身顺利发展，又不损害公众利益，还能维护社会的长远利益。中国的改革开放已经持续了 40 多年，市场经济体制正不断得到完善，社会文明与进步的步伐正在加速推进，各类组织的信息公开制度正不断得到完善，社会公众的自我觉悟得到极大提升，互联网便捷的信息获取与反馈条件使公众的社会参与和监督意识发生了根本性改变，公共关系发展的社会环境基本形成。特别是近 10 年来，国家公共关系和政府公共关系已经成为中国社会公共关系进步的引领者，一个个精彩的公共关系策划方案及其实施效果令世界惊诧，中国企业在"一带一路"倡议的指引下也正以自觉的公共关系理念及行为将中国道路、中国自信、中国形象传播到全世界更多的国家或地区，中国声音、中国故事被世界人民了解和关注。2020 年，新冠疫情快速在全球蔓延，面对新冠疫情，中国政府果断决策、快速行动，在传统节日春节到来之际，对武汉市及湖北省分别采取了封城和交通隔离封闭行动。同时，我国举全国之力快速支援武汉市以及湖北省其他地区，在最短的时间内、以最高的效率遏制住了新冠疫情的蔓延，取得了抗击新冠疫情斗争的决定性胜利，并在 2 个月之后迅速启动复工复产，恢复经济。到 2020 年 4 月初，我国的主要经济指标已呈现积极的变化。在做好国内防控工作的同时，中国积极开展国际合作、分享经验、提供帮助，与各国携手打造人类卫生健康共同体，为身处疫情漩涡的人们送去温暖和希望，以实际行动向全球传递信心和力量。据不完全统计，截止到 2020 年 5 月 17 日，习近平已同 43 位外国领导人及联合国秘书长等国际组织负责人通话 51 次[①]；国务院、外交部也积极与日韩、东盟各国、非洲国家及其他国家领导人举行视频特别会议，交流抗疫经验，提供力所能及的援助，中国派出的医疗队数批火速奔赴疫情严重的国家为其提供技术指导与帮助，中国的医疗救援物资也源源不断地发往世界各地。在这场疫情面前，中国的抗疫过程公开透明、中国的抗疫数据真实可靠、中国的抗疫成效斐然醒目，中国提供给世界的抗疫经验无私真诚，最终中国人民表现出的团结一致、共克时艰的精神，赢得了世界大多数国家公众的尊重与赞赏。患难见真情，日久见人心。在这次影响全球的疫情面前，中国的表现是优秀的，中国的国家公共关系也是优秀的。中国人民依靠自己的努力，在 40 多年的时间里，赶上了西方发达国家经过几百年发展才达到的发展水准，经济总量跃升为世界第二位，公共关系对中国社会政治经济文化的助力作用日渐显现，毫无疑义，公共关系在中国正在厚积薄发。

（二）底蕴深厚，已然卓有建树

中国是世界上历史文明保存得最完整的国家，历史文化博大精深，与公共关系学相关的策划谋略、传播沟通技巧等都有十分深厚的经验积淀。公共关系是一门包含社会学、传播学、管理学、心理学、新闻学等方面知识的综合应用型学科，是一门具有人文色彩的科学。公共关系在中国，社会大众接受得快、运用起来得心应手、传播范围广且创新潜力大。近年来，大量公共关系学者在公共关系学理论研究方面不断探索，积极总结经验，密切关注公共关系理论对实践的指导价值，逐渐取得了一些成果，如中山大学廖为建教授提出的中国卓越公共关系理论、华中科技大学陈先红教授提出的公共关系生态理论、中国人民大学胡百精教授提出的对话理论等已经在学术界引起关注。同时，这些年来中国政府、地方基层组织、各类企业等也在实际工作中，结合中国文化与国情创造了一些十分精彩的公共关系案例，对社会文明的发展、进步发挥了一定的积极作用。可以说，公共关系在中国的发展具有十分广阔的前景。随着中国经济社会持续快速稳定的发展，以及政府、企业、事业单位对公共关系管理的积极探索，毋庸置疑，中国必然会对人类的公共关系事业做出更大贡献。

职 场 观 摩

约法三章的来历

汉元年十月，沛公兵遂先诸侯至霸上。秦王子婴素车白马，系颈以组，封皇帝玺符节，降轵道旁。诸将或言诛秦王。沛公曰："始怀王遣我，固以能宽容；且人已服降，又杀之，不祥。"

乃以秦王属吏，遂西入咸阳。欲止宫休舍，樊哙、张良谏，乃封秦重宝财物府库，还军霸上。

[①] 根据外交部官网（https://www.fmprc.gov.cn/web/ziliao_674904/zt_674979/dnzt_674981/qtzt/kjgzbdfyyq_699171/default_2.shtml）的相关数据整理而成。

召诸县父老豪杰曰:"父老苦秦苛法久矣,诽谤者族,偶语者弃市。吾与诸侯约,先入关者王之,吾当王关中。与父老约法三章耳:杀人者死,伤人及盗抵罪。余悉除去秦法。诸吏人皆案堵如故。凡吾所以来,为父老除害,非有所侵暴,无恐!且吾所以还军霸上,待诸侯至而定约束耳。"

乃使人与秦吏行县乡邑,告谕之。秦人大喜,争持牛羊酒食献飨军士。沛公又让不受,曰:"仓粟多,非乏,不欲费人。"人又益喜,唯恐沛公不为秦王。

资料来源:司马迁.2010.全本史记·高祖本纪第八.北京:华文出版社:45.题目为作者加

实务演练

1. 根据这个案例资料,请一些同学上台演示故事情节,然后讨论如何看待刘邦约法三章的公共关系效果?

2. 请阅读毛泽东的《论反对日本帝国主义的策略》(节选),理解中国共产党人对公共关系的自觉运用。

讲到长征,请问有什么意义呢?我们说,长征是历史纪录上的第一次,长征是宣言书,长征是宣传队,长征是播种机。自从盘古开天地,三皇五帝到于今,历史上曾经有过我们这样的长征吗?十二个月光阴中间,天上每日几十架飞机侦察轰炸,地下几十万大军围追堵截,路上遇着了说不尽的艰难险阻,我们却开动了每人的两只脚,长驱二万余里,纵横十一个省。请问历史上曾有过我们这样的长征吗?没有,从来没有的。长征又是宣言书。它向全世界宣告,红军是英雄好汉,帝国主义者和他们的走狗蒋介石等辈则是完全无用的。长征宣告了帝国主义和蒋介石围追堵截的破产。长征又是宣传队。它向十一个省内大约两万万人民宣布,只有红军的道路,才是解放他们的道路。不因此一举,那么广大的民众怎会如此迅速地知道世界上还有红军这样一篇大道理呢?长征又是播种机。它散布了许多种子在十一个省内,发芽、长叶、开花、结果,将来是会有收获的。总而言之,长征是以我们胜利、敌人失败的结果而告结束。谁使长征胜利的呢?是共产党。没有共产党,这样的长征是不可能设想的。中国共产党,它的领导机关,它的干部,它的党员,是不怕任何艰难困苦的。谁怀疑我们领导革命战争的能力,谁就会陷进机会主义的泥坑里去。长征一完结,新局面就开始。

3. 请3~5个同学上台讲讲其所理解的公共关系含义。

4. 请同学们课下上网浏览关于组织公共关系活动的报道,如有,分享之。

第四章　公共关系主体——组织

【带着问题预习】
1. 公共关系部为什么是组织不可缺少的部门？
2. 公共关系公司的优势如何发挥？
3. 一个公共关系从业人员需要什么样的素质？

【课堂学习目标】
1. 了解公共关系主体——组织。
2. 掌握公共关系部的工作内容。
3. 认识公共关系公司的职业道德。

第一节　组织中的公共关系机构——公共关系部

一、公共关系在组织中的战略地位

通过了解公共关系的职能可以知道，公共关系对于一个组织来说承担着监测环境、维护环境、建设环境、拓展环境和培育环境的任务，这些工作十分重要。因此，公共关系在组织中处于特殊的地位。它不像组织的财务工作主要负责资金的管理、市场营销主要考虑产品的销售、人事工作主要安排人员的使用等，公共关系工作则负责组织内外部环境的营造。公共关系考虑的范围既涉及组织内部全体员工的问题，又覆盖组织外部不同公众的问题；其工作的内容既包括基础调查，以及日常的宣传、协调、教育，又包括重大问题的参谋、特殊活动的策划等。因此，公共关系工作事关重大。对公共关系工作是否重视，体现了该组织领导人的生存和发展意识是否强烈。组织领导人应从战略高度，对组织中的公共关系予以高度重视。

目前，在一些组织中，对于公共关系的认识存在以下三个问题。

第一，组织营造生存环境的意识淡薄。首先，一些从计划体制中脱胎出来的组织，市场观念比较薄弱，缺乏长期经营的思想。其次，在市场经济初步建立后，各类组织的市场运作方式还不太规范，每一个组织所面临的环境变数也比较大，因而对于内部环境的营造和外部环境的建设，一些组织缺乏必要的紧迫感和压力，将公共关系工作置于可有可无的地位。实际上，如果组织不把公共关系工作放在战略高度，而只作为一般工作对待，则组织的生存环境问题就不可能引起全体员工的高度重视，环境漏洞可能会使组织出现生存危机。

第二，组织的大部分成员公共关系知识基础薄弱。公共关系理论在中国已经经过近

40年的发展历程，但相对于西方百年的发展史，却显得比较短暂。实践中，我们发现组织中的某些人对公共关系仍然似懂非懂，甚至将其与庸俗关系学混淆。例如，有的人把公共关系理解为拉关系、请客送礼等，有的人将公共关系理解为组织（特别是企业）的促销手段或是收买人心的功利行为，还有人把公共关系视为网络上删帖或发展"水军"以期影响舆论的不正当竞争的手段，等等。因此，将公共关系置于组织工作中的战略地位，有助于提高组织全体员工对公共关系作用的正确认识，有利于维护组织的生存与发展环境，也有助于整个社会环境的净化、美化。

第三，公共关系工作对组织发展的重要性没有得到认可。公共关系的职能表明，公共关系工作对组织的进一步发展起着重要作用。在公共关系传入中国之前，很多组织也在进行着与公共关系工作类似的活动，如监测环境、协调关系、一定的内部宣传等，但这些工作由于没有专门的公共关系部门负责，缺乏系统的公共关系理论做指导，因此环境的监测、维护、建设等工作比较零碎和随机，缺乏完整性和系统性。在公共关系工作已具备完整的指导理论和系统的操作规范的情况下，运用公共关系对组织的环境进行构建就显得十分必要。同时，对公共关系工作的重视并不会淡化对其他工作的倚重，而只会有利于强化组织内部的各项工作，使各部门工作有机协调、配合，各自发挥出最佳的工作效能。所以说，将公共关系工作置于全局性的战略高度，会使组织在面对自身的生存环境问题时始终保持清醒、冷静的头脑，有利于组织在发展中立于不败之地。

观点链接

> 如今时代已经变了。今天如果有哪个首席执行官大声叫嚷"我不需要公共关系"，那么他肯定是不明智的，因为他没有别的选择。不管你喜欢还是不喜欢，任何组织都离不开公共关系。当然，关键是要建立良好的公共关系……公共关系几乎影响到每一个需要与其他人打交道的人，我们每一个人在每天之中都需要以一种或多种方式参与公共关系活动。对于组织来说，每一通电话、每一封信甚至每一次面对面的接触等，都是公共关系实践。
>
> 资料来源：西泰尔. 2004. 公共关系实务. 原书第8版. 梁浓洁，罗惟正，江林，译. 北京：机械工业出版社：6，7

二、公共关系部门的位置

公共关系在组织中具有重要的战略地位，因而公共关系的职能部门——公共关系部在组织中就应该居于较为重要的地位，有其独特的位置。公共关系部是组织中专门从事公共关系工作、帮助组织营造生存与发展的社会环境的职能部门。

1. 公共关系部的重要性应高于一般职能部门

无论是政府部门、事业单位还是工商企业，通常都设置了以下职能部门，如人事部、财务部、生产部、技术部等。这些部门在组织中发挥着重要作用，但毋庸置疑，它们仅是着眼于组织的某一部分职能，通常不会对组织的发展大局产生生死攸关的影响。而公共关系则对组织的生存与发展具有重要的战略意义，组织公共关系工作的成败，往往影响或决定组织今后各项工作能否顺利发展,因此,公共关系部的重要性要高于其他职能部门。在组织中,公共关系的工作性质决定了公共关系部应立足全局、统筹分支,公共关系部在职能的发挥上要高于其他职能部门,但同时,公共关系部与其他部门又是处于平等的地位的。所以,公共关系部的人员应低姿态地将自身工作完成好,积极地与其他部门协调好关系。

2. 公共关系部居于决策层之侧

对公共关系部比较恰当的定位是居于决策层之侧,这是由公共关系工作的性质决定的。因为公共关系部的每一项工作都与组织的生存与发展密切相关。例如,收集情报,公共关系部相当于组织的情报部,情报的全面收集、快速处理,对组织的重大决策起十分重要的作用;信息沟通涉及组织内外部和谐发展的重大问题,沟通的内容、沟通的效果对组织的未来发展会产生重大影响;各方面关系的协调对组织的发展会起到润滑的作用,如果协调工作做得不好,那么将直接阻碍组织工作的顺利推进;参谋策划工作更是影响组织决策层的重要工作,参谋策划得恰当与否,会影响到组织决策层的战略决断,更会影响组织未来的发展规划。因此,公共关系部居于其他各职能部门之上,置于组织决策层之侧较为得当。

> **观点链接**
>
> 要取得持续的商业成功,一个公司的声誉显得越来越重要,这种现象在以前是不曾有的。而在现今网络信息越来越发达的生活环境下,公司的声誉变得前所未有的脆弱。尽管一家公司的声誉可以远播全球,但是最初建立却是通过当地的公众和社会关系来取得的。尽管这个说法显得有些一概而论,但是注意培养当地公众对一个公司的兴趣对于公司的成功来说,其重要性和关键性不亚于这个公司所发起的任何其他活动。
>
> 不管一个公司的本质是什么,也不管它是大型企业还是小型企业,它与当地公众之间的良好关系对于建立声誉来说都是必不可少的,同时这种良好的关系也会带来长期的商业成功。建立声誉、稳固声誉,从而制定正式的公众关系策略,这样的步骤对于任何一个公司来说,都是一种里程碑式的经历。
>
> 资料来源:安妮·格里高利. 2008. 公共关系实践. 2 版. 张婧,幸培瑜,王嘉,等,译. 北京:北京大学出版社:116,有改动

三、公共关系部的机构设置

公共关系部的机构设置在不同的组织中有不同的表现形式,以符合该组织的统一布局与规划原则为宗旨。如在政府机构中,公共关系部会设置在办公室(厅、处),在企业,则会根据不同情况及对公共关系工作的认识,设置在不同机构下。

以企业为例,根据隶属关系,公共关系部的设置分为以下三种情况。

1. 直属型

在一些大型企业中,公共关系部是由组织的最高领导来管辖的,因为这样便于快速

反馈信息，及时处理紧急情况。特别是在危急情况下，这种结构有利于高效运作公共关系，见图3-1。

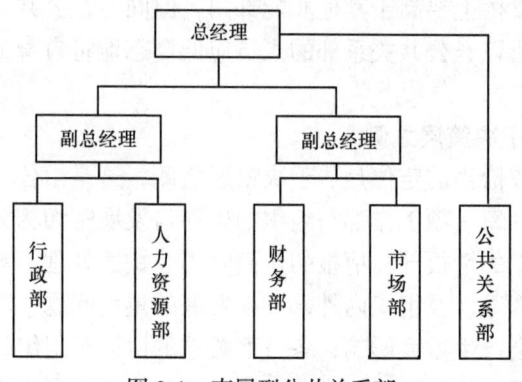

图3-1 直属型公共关系部

2. 并列型

也有一些企业，把公共关系部作为常规管理部门，与组织的其他部门并列管理，这样既便于协调公共关系部与其他部门之间的关系，也便于公共关系部发挥其日常管理的作用。但是，这样设置的缺陷在于，公共关系工作的整体协调与规划作用难以突出，公共关系在企业中的战略作用不能得到足够重视，见图3-2。

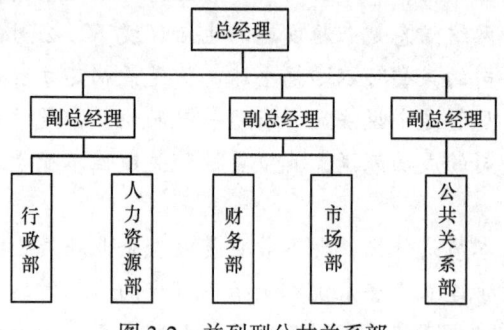

图3-2 并列型公共关系部

3. 部门从属型

还有些企业，认为公共关系工作只是其他工作的附带性手段，因而把公共关系部设置在一些职能部门之下，如放在营销部、广告部、外联部、办公室（秘书部）之下等，这样，公共关系工作所发挥的作用就十分有限了。

四、公共关系部的工作内容

公共关系部的工作内容比较具体，主要包括如下10个方面。

（1）在组织内部和外部开展有针对性的调查活动，确定目标公众。

（2）建立资料库，监测舆论。

（3）将调查结果和建议报送决策层，并提出下一步行动的策划方案。

（4）负责接待反映意见或投诉的内部与外部公众，对之进行妥善处理，将处理结果及时上报。

（5）接待来访组织的重要客人。

（6）编辑组织的宣传资料及对内和对外刊物，制作专题片，等等。

（7）策划、实施组织重大的公关活动，将实施效果的评估报告提交决策层。

（8）进行内部职工的日常培训教育。

（9）营造特定的宣传氛围，对内部公众施加长期的影响。

（10）撰写新闻稿、专题报道等，安排记者招待会或新闻发布会，与外部公众进行信息沟通。

组织不同，公共关系部的职能也会有所差异，因此公共关系部也会根据组织的性质、业务形成不同的工作模式。一些组织会将公共关系部冠以其他的名称，如信息部、新闻中心、传播部、对外联络部等。只要适应组织工作要求，能够圆满完成组织的公共关系任务，名称并不重要。不过，有些生产企业将公共关系部与广告部或者销售部合二为一，将其称为广告公共关系部或营销公共关系部等，这就容易将公共关系的工作置于企业的广告宣传或者销售工作之下，使公共关系的工作内容大大缩减，其结果必然会使公共关系的独特功能难以发挥作用，甚至会对组织的未来发展产生不利影响。

观点链接

公共关系实践的管理型（而非技工型）取向，会促进其从业者在组织内和一般公众中获得认可和尊重。缺乏可信性，往往是跨界者角色所面临的一个问题。通过增加公共关系人员成为管理者的可能性，公共关系也会从一种职业提升为一种专业。在这一点上，组织在对环境中的相关议题进行科学监测的基础上，使其在公共关系方面的投入——通常都是数十万美元——物有所值。这种敏锐性及其产生的创新能力，能够让整个社会受益。

同样，公共关系从业者本身也会从可预期的、随着权力增加而带来的工作满意度中获益。当权力中心成员愿意与他人分享其权力时，整个组织的生产力水平也将随之提高。公共关系在组织中也会处于更利于维系组织与外部群体间相互依存性关系的位置。

所有这些都意味着，要更多地向公共关系部门授权。公共关系从业者能够超越驻地记者、沟通技工等角色所能发挥的作用。他们能够成为组织管理者或权力中心成员。然而，正如这一职能本身所要求的，他们需要更大的自主性，特别是在审批手续最为繁杂而公共关系部门权力最小的有机型和传统型组织内。最后，公共关系从业者只有接受过公共关系学方面的高水平的教育，特别是具有研究生学历的前提下，才能更好地迎接所面临的挑战。

资料来源：詹姆斯·格鲁尼格，等.2008.卓越公共关系与传播管理.卫五名，等，译.北京：北京大学出版社：383

总之，公共关系部在组织中是一个十分重要的部门，组织所处的环境，在很大程度上依赖于组织决策层对公共关系的理解、认识及重视程度，依赖于全体员工公共关系意识的提高，更依赖于公共关系部人员的专业素质和专业水平。

五、公共关系部的工作原则

公共关系部的工作，对于组织来说十分重要，因此，在开展工作时要注意把握好以下几个原则。

（一）求实而严谨原则

公共关系部无论是做组织调查工作，还是开展公共关系活动，都需要遵循实事求是的原则，不能造假，不能因怕苦而偷懒，在工作中要严谨而认真，提交的无论是调查报告还是评估报告，都要经得起推敲与验证，不能自欺欺人、粗制滥造。

（二）主动而坦诚原则

公共关系部的工作，不是消极地坐等工作找上门来，而是要主动开展工作。面对组织内外复杂多变的环境，公共关系部要随时主动出击，积极开展公共关系工作，以坦诚的工作态度、积极的工作姿态，代表组织向公众释疑解惑、沟通信息，将隐患和可能的危机消弭于无形。

（三）尊重公众及媒体原则

公共关系部往往是组织中面对公众及媒体的主要部门，在应对公众的质疑或媒体的提问时，公共关系部要本着尊重公众及媒体的原则，认真解答问题，说真话，讲实情，不隐瞒真相。

（四）快速反应原则

公共关系部承担着组织对内外环境进行监控的重要任务，因而，在工作中要具备快速反应能力，随时准备应对各种问题。这就要求公共关系部的工作人员在平时要练好内功，有周密的准备，对组织环境随时保持高度警戒状态，工作不懈怠，遇事才能不慌乱。

六、公共关系部的局限性

作为组织内部设置的、专门的公共关系部门，公共关系部具有了解组织情况、熟悉组织成员、懂得组织行业特点、把握问题准确等优势，但是，对于大部分的组织来说，公共关系部也具有自身难以克服的局限性。

（一）专业能力与经验不足

很多组织的公共关系部，主要是从内部人员中选拔组建的，虽然有专业背景人员的加入提升了该部门的专业性，但整体来说，在公共关系专业能力与素养、专业经验及专业精神等方面，与公共关系公司还有一定的差距。在遇到重大公共关系活动时，公共关系部往往显得捉襟见肘、难以招架，常常需要寻求公共关系公司的帮助。

（二）媒体运作区域有限

在公共关系活动中，媒体的参与是工作的重要内容，但组织公共关系部的媒体运作范围比较有限，能够影响的媒体基本限于本地。工作中常常遇到无法请到高级别媒体参加的困难，而公共关系公司则在这些方面具有更大的优势。

（三）活动设备缺乏

在举办大型公共关系活动时，公共关系部在工作中常会因专业活动设备缺乏、自有设备难以派上用场，直接影响活动的效果。但组织如果为此购买专业设备，又会产生投入过大、成本过高的顾虑。因而，在开展大型公共关系活动时，公共关系部会因场地、费用限制而备受困扰。

（四）活动主旨受到干扰

在公共关系活动中，其活动主旨会被组织的眼前利益所干扰，如公共关系活动掺入产品促销、广告宣传、人情送礼等因素，模糊了公共关系针对公众进行沟通的主旨，公共关系活动成为组织其他活动的陪衬，影响公共关系活动的效果，令工作成效大打折扣。

（五）因人情而致非客观性

作为组织内部的部门之一，公共关系部在工作中，难免受到组织一些不良文化的影响，为人情所累，难以保持客观性，对于发现的问题，因为顾及面子，在撰写调查及评估报告时往往会轻描淡写，制定处理措施则如隔靴搔痒，最终导致问题依然存在，错误不断重复，危机来临时，可能为时已晚。

随着组织管理的逐步正规化，以及大量公共关系活动的开展，组织公共关系部的专业能力也会逐渐得到增强。相应地，各方面欠缺也会不断得到弥补，它们与专业公共关系公司的差距会逐渐缩小。

第二节 专业公共关系机构——公共关系公司

一、公共关系公司的类型

公共关系公司是专门从事公共关系活动的经营性组织，其雏形早在1903年艾维·李创办宣传事务所时就已经出现，公共关系公司历经百年，其类型大致有公共关系顾问公司、专业公共关系公司、综合公共关系公司三种。

1. 公共关系顾问公司

公共关系顾问公司，又称为公共关系咨询公司或公共关系咨询事务所等。目前，大部分的公共关系公司都属于这一类型。公共关系顾问公司的主要职责是：为组织提供公共关系事务方面的指导；帮助其更好地制订公共关系活动方案；协助处理组织面临的一些公共关系危机事务；等等。在社会上，有些公共关系专家也以公共关系顾问的身份为一些组织提供有关服务，类似个人顾问公司。公共关系顾问公司可以长期代理客户的公关业务，也可以在短期内提供服务，服务范围广泛，形式也比较灵活。

2. 专业公共关系公司

专业公共关系公司，是指提供某一方面服务的公共关系公司，如公共关系调查公司、公共关系策划公司、公共关系实施公司或者公共关系设备制作公司、公共关系评估公司、公共关系传播公司等。专业公共关系公司往往从事公共关系职能中的某一方面的工作，具备较为雄厚的技术力量，能够高质量地完成某一方面的公共关系业务。比如，公共关系调查公司可以提供较为全面的社会信息，公共关系传播公司可以为客户营造较为满意的公众舆论氛围，等等。目前由于行业的庞杂和社会评判标准的不一致，公共关系评估公司尚没有获得大发展，专业评估公司发展得也较为迟缓。

3. 综合公共关系公司

综合公共关系公司，是指提供全面公共关系服务的公司。这种公司一般实力较为雄厚，信誉比较可靠，公司规模相对较大，公司内部分工较细，能够完成客户的多重任务要求。当今，国际跨国综合公共关系公司发展迅猛，纷纷登陆中国，这也带动了中国的综合公共关系公司奋起直追。1985年，美国博雅公共关系公司与中国新闻发展公司合办中国环球公共关系公司，之后一些大型综合公共关系公司，如希尔-诺顿公共关系公司、伟达公共关系顾问公司、福莱灵克公关咨询有限公司、奥美公共关系国际集团、安可公关顾问公司等纷纷落户中国。自1993年中国环球公共关系公司独自经营开始，一批较为优秀的本土公关公司纷纷涌现出来，如蓝色光标集团、北京时空视点整合营销顾问有限公司、北京海天网联营销策划股份有限公司等。但目前综合公共关系公司相对集中于东部大城市，如北京、上海、广州等，展望未来，大型综合公共关系公司在中国广大区域会得到快速发展。

观点链接

信任公共关系公司

很多公司与公共关系公司打交道往往就是从缺乏信任开始的，至少对于某些管理人员来说刚开始是这样的，公共关系工作往往会被投以怀疑的眼光。究其原因，也许可以追溯到公共关系人员的前身——新闻宣传员的时期。他们被人们视作恶魔与骗子，会把所有能拿的统统席卷一空。

公共关系人员是专业人员，他们依靠的是所掌握的专业知识和技能。只要他们称职，就有权利享受专业人士应该得到的尊重。这并不是说，委托人应当不假思索地相信公共关系公司所说的一切，或支付公共关系公司索要的所有费用，无论其多么不合理也不提出任何问题；相反，其真实的含义是说，与广告公司、律师及其他服务行业一样，公共关系公司提供的服务，很多都是无形的。

资料来源：伦纳德·萨菲尔. 2002. 强势公关. 梁淡洁，等，译. 北京：机械工业出版社：180

二、公共关系公司的优势

公共关系公司与组织内部公共关系部比较，具有一定的优势。

1. 公共关系公司具有客观的视角

公共关系部是组织内部的公共关系机构，公共关系部的成员都为本组织的员工，他们与组织领导和其他部门的员工之间关系比较密切，往往还有一些利益关系，因此他们在看问题、提建议等方面，容易"不识庐山真面目，只缘身在此山中"，带有某种"见怪不怪"的感情因素和主观色彩。而公共关系公司身处局外，眼光专业，对存在的问题比较敏感，没有人事纠葛，因而自然"旁观者清"。这样，相比之下，有时公共关系部的建议有隔靴搔痒之感，而公共关系公司则往往能一针见血。但是，公共关系部的特殊地位，也使之对内部问题的认识更加深刻，看问题更加细致，提出的建议更加慎重和具有可操作性；而公共关系公司则可能对问题的根源不甚了解，提出的建议较为武断，有时还可能缺乏可操作性。

2. 公共关系公司具有一定的经济性

一般地，从预算来说，一项公共关系活动如果由公共关系部来完成，则比较省钱、省事；如果由公共关系公司来完成，则花费较多。但从最后的效益来看，公共关系部完成的效果往往不如公共关系公司完成的效果好，特别是从社会效益和长远效益来看，更是如此。从这个意义上来说，公共关系公司更具有经济性。在决定聘请公共关系公司为组织赚钱还是动用公共关系部为组织省钱上，基本原则是：一般日常公共关系工作可由公共关系部完成；而大型公共关系活动则以公共关系公司为主，公共关系部从旁配合。

3. 公共关系公司更具有专业性

公共关系公司是专业的服务公司，拥有专业的从业人员，在公共关系工作经验、制作技术、操作手法或技巧，特别是媒体传播等方面，较之公共关系部，都更加专业。公共关系部的人员组建，一方面是向社会招聘专业人士加盟，另一方面则会更多地从组织内部选拔，特别是一般职员更是如此，而且公共关系部的业务较公共关系公司要少很多，公共关系操作的经验较少，有关配套设施也不太完备，因此，公共关系公司与公共关系部相比，更具专业性。

但是，在某些专业性强的行业中，公共关系公司对行业特性的了解程度远不如公共关系部的人员。因而，在处理某些行业的特殊情况时，公共关系公司就会不如公共关系部。对此组织应有清醒的估量和评价。

三、公共关系公司的职业道德

一个行业的健康发展，依赖于这个行业中的成员对职业道德的遵守，只有集体遵守职业道德规范，才可能保证这个行业的健康发展和兴旺发达。因此，公共关系公司应自觉遵守职业道德，以自律原则从事公共关系工作，维护这一行业的健康发展。

公共关系公司的职业道德主要包括下述四个方面。

1. 讲求诚信，重视信誉

这是维护公共关系行业健康发展的基本条件。诚信是市场经济条件下对组织的法律要求，同时也是公共关系公司立业的首要条件。在今天市场经济尚不完善的情况下，公共关系公司要带头成为社会上的诚信企业。因为公共关系公司以为客户打造信誉为基本目的，如果公共关系公司不讲诚信道德，则与公共关系公司为组织营造长治久安生存环境的基本宗旨大相径庭，就会失去公共关系本色。要贯彻诚信理念，就应言必行、行必果，信守承诺，将信誉视为公共关系公司生存的根本。公共关系公司应坚决摒除社会上一些公司巧言令色、言而无信、轻掷诺言、诱人上当的行为，自觉地将诚信、信誉视为组织生存与发展的最高原则。

2. 公开开放，清廉自洁

公共关系公司的活动是正大光明的。公共关系公司应本着公开、清廉的道德操守从事经营活动。所谓公开，是指公共关系公司不参与或不建议客户进行隐秘、不正当的私下交易，它所进行的任何活动都应是公开、正当的合法行为。即使是策划一些私人性的拜访活动、联谊活动，也是可以公之于众的。公共关系公司为客户策划的很多活动会借助大众传媒予以扩大影响，因此，其公开性的特点必须保证其行为正当、守法，以正当行为获取公平的收益。同时，公共关系公司面对社会中某些腐败行为时，应谨守廉洁，不能同流合污或对不正当行为进行推波助澜。对于公共关系公司来说，在社会上获得清廉声誉十分不易，但被冠以污浊之名却十分容易，这是公共关系公司要格外注意的。

3. 坦言直陈，抱朴守真

公共关系公司在业务活动中最常使用的一种活动手段就是以客户的名义向公众传播信息。面对公众讲什么、如何讲，公共关系公司不能以客户的利益为指挥棒，而应该以事实为准绳，以对公众负责任的态度为前提，坦言或直陈事实是对公众、对社会负责任的道德要求，而绝非迫不得已或可有可无的事情。公共关系公司应以自身的道德水准影响客户，确立尊重公众、重视公众的正确观念，主动、及时、全面地将事实告知公众，如有过错，应勇于承担责任，以老老实实做事的态度处理公共关系中的纠纷或危机，这才是维护客户声誉的明智之举，也是对客户负责任的做法，更是赢得公司业务及信誉的正确抉择。讲真话应是公共关系行业永久的信条。

4. 勤勉敬业，客户至上

公共关系公司对自身应提出较高的自律要求，应自律、勤勉、敬业。公共关系工作是一项十分艰苦的工作，若没有勤奋、刻苦的精神，就难以完成客户委托的重任，同时它要求公共关系公司能够对自身提出较高要求，高质量、高水平地完成工作以便向客户交上满意的答卷。在工作中，公共关系公司要将客户的利益放于首位，为客户保守秘密，尊重客户的隐私，对客户的例外要求，予以最大限度地满足，让客户感受到最好的服务，从而使公共关系业务顺利发展，使公共关系公司更加壮大，使公共关系行业在中国顺利发展。

> **观点链接**
>
> 《公关咨询业服务规范》（指导意见）（节选）
>
> 第五十一条 公关顾问们应该严格遵守职业准则，养成良好的职业操守。特别应该注意以下10项从业原则。
>
> ——服务意识。公关顾问服务是一种专业服务，应该以客户为中心，以满足客户的专业需求为服务目标；在服务过程中，充分尊重客户，不以自己的专业技术而炫耀。
>
> ——教育引导。公共关系是一种对公众的教育和引导，应该从社会文明和社会进步的角度出发，有效、积极、正确地引导社会舆论和公众态度，不损公利己。
>
> ——公正公开。公关顾问主要通过信息传播的手段来开展工作，应该以公平、公开的态度对待客户、公众乃至竞争对手，创建良好的商业环境，促进社会进步。
>
> ——诚实信誉。公关顾问服务讲求诚信，依赖信誉，应该以诚实的态度服务客户和公众，准确、真实地传播信息；讲求商业信誉，将公众利益放在首位。
>
> ——专业独立。公关顾问服务是一种独立的服务，应该充分运用专业技术和经验服务客户和公众，并提供客观、独立的建议和服务。
>
> ——保守秘密。保守秘密是专业服务的一条普遍原则，也是本职业的立足之本，既不能泄露客户的任何秘密也不能利用这些秘密为自己或其他客户谋求利益。
>
> ——竞争意识。专业技术需要得到不断的提升，行业发展需要优胜劣汰，应该尊重平等的竞争，避免因竞争而损害竞争对手的行为发生。
>
> ——利益冲突。专业服务中不可避免会出现各种利益冲突，应该避免现在、潜在的利益冲突，个人利益服从客户利益，客户利益服从公众利益，建立广泛、持久的信任。
>
> ——社会效益。公关顾问服务除了创造经营利益外，应该考虑广泛的社会效益。在专业服务过程中，还应该考虑运用其专业所长促进社会文明和社会进步。
>
> ——行业繁荣。没有行业的繁荣，也就没有个体的利益，应该积极传播公共关系知识，不断提升专业技术，维护行业地位，促进行业繁荣。
>
> 资料来源：中国国际公共关系协会官网（https://www.cipra.org.cn/site/content/2893.html）

第三节 公共关系活动的操作者——公共关系从业人员

一、公共关系从业人员的工作内容

公共关系从业人员是公共关系活动的具体操作者，他们或者在公共关系公司工作，或者在组织的公共关系部工作，抑或是在其他部门工作。公共关系工作的范围比较宽泛，公共关系从业人员的工作内容主要有以下几类。

1. 开展调查

对内部或外部目标公众进行定期或不定期的调查，对舆情进行监控，及时了解与组织相关的重要情报，监测组织所处环境，将之及时收集、整理，形成报告，提交组织供其决策时参考。这是公共关系从业人员的基础性工作，这一工作对组织的未来发展十分重要。

2. 写作新闻

公共关系从业人员应具有敏锐的新闻意识，随时注意撰写具有新闻价值的稿件，以便及时将组织的发展情况传播给公众，引起公众对组织的关注，增进公众对组织的了解，以便有效地实现组织与公众的相互沟通，努力实现组织的公共关系目标。

3. 编辑资料

将组织的重要信息进行有序整理，编辑成适合公众或组织需要的刊物、报纸、活页宣传单、广播稿、电视专题片、网页等，传递至内部与外部公众，使之适时了解组织的各方面发展情况，促进公众对组织的及时感知与深度认识，以便实现组织与公众的良好沟通。

4. 活动策划

活动策划是公共关系从业人员的重要工作。公共关系从业人员通过调查，运用专业知识，策划有创意的、能够有效传递组织信息的公共关系活动，以引起公众的注意。策划时要进行精心的活动主题设计，细致、周密的活动次序安排等，使公共关系活动顺利完成。通过活动，组织可以增进与目标公众的进一步了解，传递组织的良好声誉。

5. 协调关系

公共关系从业人员的工作内容之一是协调内外关系。首先要消除各部门、各层次、各环节上的消极因素，努力将所有积极因素调动起来，及时理顺工作进程，调整人员工作心态，使各部门工作顺利推进、提高整个组织的工作效率。同时，公共关系从业人员还要受理外部公众对组织的投诉与咨询。要虚心倾听对方意见，以真诚的态度做好理赔与解释工作，切实将公众至上的理念落到实处。

6. 安排交往

一个组织平时会有大量的社会交往工作，主要包括组织领导人的出访、外来参观者的观摩、重要客户和新闻媒体的接待等，对此，公共关系从业人员既要进行有序的安排，又要提供恰当的礼仪服务。公共关系从业人员要在工作安排上做到高效率、自身素质方面做到高标准，通过自身的高质量工作，向来访者展示组织最佳形象。

7. 传递信息

沟通信息是公共关系从业人员的重要工作。在组织内部，公共关系从业人员要及时将内部公众的情况，通过调查整理，传递至组织的决策层，并提出初步的看法；同时，更需要将上级的各种信息（如文件、会议、组织运行情况、对外交往情况等）传递至组织的基层，让组织上下信息通畅、工作透明、决策民主、同心同德，这样做有利于增强组织的凝聚力；在组织外部，也要以高度负责的精神与重要的目标公众进行信息沟通，让他们及时知晓组织的各种情况，形成对组织发展有利的良好氛围。

8. 教育培训

公共关系从业人员要在平时主动选取一些重要的课题，对内部公众（必要时也可以针对外部公众）进行宣讲、授课，将公共关系理念、公共关系礼仪、人际沟通技巧、组织品牌维护等教育培训工作长期不懈地抓下去，使组织的全体员工都成为训练有素的公共关系从业人员，从根本上增强组织的软实力，使组织拥有永久的可持续发展能力。

二、公共关系从业人员的素质要求

组织的公共关系工作策划、实施得成功与否，其决定因素是公共关系从业人员的素质。一支训练有素、作风过硬的公共关系队伍，是一个组织公共关系活动成功的重要保证。"规矩不能立起来、严起来，很多问题就会慢慢产生出来。很多事实都证明了这一点。"[1]

衡量公共关系从业人员的素质，什么是最重要的？第一是道德。道德是组织向社会传递声誉时的最高原则，更是公共关系从业人员代表组织体现出的最好素质。第二是心理（素质）。心理（素质）是公共关系从业人员的内在能力，拥有良好的心理（素质），才可能将组织的各方面信息有效地传递给自己的目标公众。第三是礼仪。讲礼仪是公共关系从业人员的外在表现，不讲礼仪，公共关系工作的效果可能会被损失殆尽。第四是能力。如果公共关系从业人员的专业能力不足，就不能较好地完成组织的公共关系工作。第五是知识。知识是公共关系从业人员开展工作的基础，它是公共关系从业人员应具备的基本素质。因此，公共关系从业人员的素质可以按图3-3中的次序来进行要求。

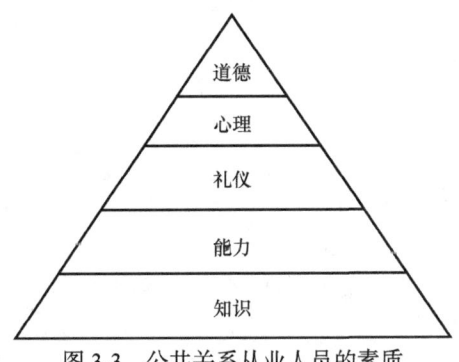

图3-3 公共关系从业人员的素质

（一）道德

在公共关系从业人员的各种素质中，第一重要的是道德素养。习近平指出："法律是成文的道德，道德是内心的法律。"[2]只有严格遵守职业道德守则，公共关系从业人员

---

[1] 中共中央党史和文献研究院、中央"不忘初心、牢记使命"主题教育领导小组办公室.2019.习近平关于"不忘初心、牢记使命"重要论述选编.北京:中央文献出版社,党建读物出版社：163-164.

[2] 习近平.2017. 习近平谈治国理政. 第二卷. 北京：外文出版社：133.

才有可能负责任地完成组织或客户交办的任务，实现最终的公共关系目标。

随着公共关系从业人员队伍的壮大，有关机构制定了公共关系从业人员的职业道德准则。1965年5月，国际公共关系协会在希腊雅典通过了《国际公共关系道德准则》，又称《雅典准则》。

观点链接

《雅典准则》（节选）

应该努力做到：

1. 为建设应有的道德、文化条件，保证人类可以享受《联合国人权宣言》所规定的诸种不可剥夺的权利做贡献。
2. 建立各种传播网络与渠道以促进基本信息自由流通，使社会的每一个成员都有被告知感，从而产生归属感、责任感、与社会合一感。
3. 牢记由于职业与公众的密切关系，个人的行为——即使是私人方面的——也会对事业的声誉产生影响。
4. 在自己的职业活动中尊重《联合国人权宣言》的道德原则与规定。
5. 尊重并维护人类的尊严。确认各人均有自己做判断的权力。
6. 促使为真正进行思想交流所必需的道德、心理、智能条件的形成，确认参与的各方都有申诉情况与表达意见的权力。

应该保证做到：

7. 在任何时候、任何场合，自己的行为都应赢得有关方面的信赖。
8. 在任何场合，自己均应在行动中表现出对他所服务的机构和公众双方的正当权益的尊重。
9. 忠于职守，避免使用含糊、可能引起误解的语言，对目前及以往的客户或雇主都始终忠诚如一。

应该避免：

10. 因某种需要而违背真理。
11. 传播没有确凿依据的信息。
12. 不参与任何冒险行动或承揽不道德、不忠实、有损于人类尊严与诚实的业务。
13. 不使用任何操纵性方法与技术来引发对方无法以其意志控制因而也无法对之负责的潜意识动机。

资料来源：熊源伟.1990.公共关系学.合肥：安徽人民出版社：104，105

1991年5月，全国省市公共关系组织第四次联席会议正式通过了《中国公共关系职业道德准则》。这一准则的制定与推行对我国公共关系从业人员的行为规范与职业队伍的建设，产生了深远影响。

观点链接

《中国公共关系职业道德准则》(节选)

一、公共关系工作者应当坚持社会主义方向，自觉地遵守我国的宪法、法律和社会道德规范。

二、公共关系工作者开展公关活动首先要注重社会效益，努力维护公共关系职业的整体形象。

三、公共关系工作者在公共关系活动中，应当力求真实、准确、公正和对公众负责。

四、公共关系工作者应当努力提高自己的政治水平、文化修养和公共关系的专业技能。

五、公共关系工作者应当将公关理论联系中国的实际，以严肃认真、诚实的态度来从事公共关系学教育。

六、公共关系工作者应当注意传播信息的真实性和准确性，防止和避免使人误解的信息。

七、公共关系工作者不能有意损害其他公共关系工作者的信誉和公关实务。对不道德、不守法的公共关系组织及个人予以制止并通过有关组织采取相应的措施。

八、公共关系工作者不得借用公共关系名义从事任何有损公共关系信誉的活动。

九、公共关系工作者应当对公关事业具有高度的责任感。不得利用贿赂或其他不正当手段影响传播媒介人员真实、客观的报道。

十、公共关系工作者在国内外公共关系实务中应该严守国家和各自组织的有关机密。

资料来源：余明阳，薛可.2020.中国公共关系史.上海：上海交通大学出版社：68，69

1999 年，我国劳动和社会保障部发文将公关员列为正式工种，提出上岗资格要求，其中对公关员的职业道德规范做出了明确的规定，并实行一票否决制，即职业道德考试如不及格，则无法拿到公关员合格证书。由此可见，不论是国际还是国内，对公共关系从业人员的职业道德都十分重视，并提出了较高的要求。

对公共关系从业人员的职业道德可简要概括为如下四个方面。

1. 重承诺，讲信誉

在现代社会中，公众非常重视组织的工作人员所做的承诺。作为职业的公共关系从业人员，从事的是为组织缔造信誉的工作，因此在公共关系工作中既应该谨慎承诺，又应该遵守承诺。一旦许诺，则言必行，行必果，一诺千金，将维护组织或公司（指公共关系公司）的信誉放在重要的位置上，只有这样才可能取信于客户、取信于公众、取信于社会。

2. 讲真话，不欺瞒

"说真话"，这是"公关之父"艾维·李的信条，也是每个公共关系人员的从业信条。公共关系人员是组织信息的传播者，也是大众传播媒介信息素材的提供者，更是公众眼中组织的代言人。公共关系人员必须以对社会、对公众负责任的态度，讲真话、讲事实，绝不提供虚假新闻，不有意误导公众、不欺瞒公众，要努力为社会组织打造一个诚信负责的社会形象而尽责。

3. 尊公众，不作假

重视公众，尊重公众，这是现代公共关系的鲜明标志。公共关系从业人员应将公众放在首要位置上，确立坚定的信心，忠实于公众，忠实于社会，绝不能营造虚假事实，引诱公众形成错误判断。实际上，尊重公众就是尊重公共关系从业人员个人，重视公众也就是重视组织自身未来发展的前途，公众至上是公共关系从业人员从业中必须时刻铭记的又一道德守则。

4. 唯敬业，不违法

公共关系工作是一项复杂、艰苦的工作。要完成公共关系工作，公共关系从业人员需尽职尽责、勤勤恳恳，以最优质量，奉献最佳工作业绩。同时，公共关系从业人员在完成本职工作中，应遵守国家法律、法规，不做法律不允许的任何事情，廉正清明，光明磊落，不与他人进行私下交易，遵守客户秘密，从事阳光事业，维护公共关系事业的行业纯洁，使中国公共关系事业健康发展。

总之，唯有厚德，才可载物，只有守德，才能胜人。

观点链接

道德如何适用于公关职能？

众所周知，道德应该或者至少是公共关系与其他职业的一大区别。鉴于人们对公共关系实务的误解较多，当务之急是公共关系从业人员应执行最高的个人的和职业的道德标准。组织内公共关系的执行者必须是公司道德倡议的标准担当者。同样，公共关系顾问必须永远建议其客户遵循道德的要求——朝着精确、真诚、永不撒谎和永不掩盖事实的方向努力。

……

公共关系在 21 世纪所能取得的成就在很大程度上取决于公共关系这一领域将如何应对道德行为这个难题。公共关系人员要想顺利开展业务，必须树立令人信赖的形象。不仅在美国是这样，在海外也是如此。要想令人信赖并赢得公众的尊重，公共关系人员的行为必须符合道德规范，就是这么简单。

资料来源：西泰尔. 2008. 公共关系实务. 10 版. 潘艳丽，等，译. 北京：清华大学出版社：112, 115

（二）心理素质

公共关系从业人员的心理素质是仅次于职业道德的重要素质。一位优秀的运动员，如果心理素质不佳，就可能在比赛中一败涂地；一个公共关系从业人员，如果心理素质不好，公共关系工作也许就不能高质量地完成。公共关系从业人员只有具备良好的心理素质，才能及时感知周边环境的变化，沉着、准确地将组织的信息传递给公众，也才能从容处理可能遭遇的重大危机。

心理素质的培养应从以下四个方面入手。

1. 见微知著，随机应变

公共关系从业人员承担着监测组织环境变化的重任，因此应该有见微知著的细心和敏感度，及时察觉环境的新动向，并在维护环境的过程中，随机应变，善于随时调整既定计划，以坚持不懈的公共关系工作去培育、营造组织发展的社会环境。反之，一个粗心大意的公共关系从业人员就难以发现环境的变化，也更谈不上随机应变，那么，组织环境的维护和建设也就无从谈起。可以说公共关系从业人员的善于应变，是建立在对环境的敏锐感知基础之上的。正所谓"世上无难事，只怕有心人"。

2. 自我控制，忙而不乱

公共关系从业人员在承担工作任务时，往往同时面临多项事务，有时千头万绪，一时无从下手。对此，公共关系从业人员应有良好的自我控制能力，始终怀着积极的心态去应对工作，尽力将工作安排得井井有条，忙而不乱，应自始至终以亲切、和善的态度，不把自己遇到的不愉快带给他人，带动整个团队以良好的心态高质量地完成工作，为公共关系部或公共关系公司营造紧张、团结、高效的工作气氛。

3. 专注一事，兼及其余

人在做事时，最怕三心二意、心猿意马。公共关系从业人员在工作中，尤其是在参加重大活动时，更要具备专心致志、各司其职的职业素质。公共关系从业人员经常参与策划并举办一些大型的公共关系活动，在大型活动中，事务繁多、人员嘈杂，对人的心理素质要求极高，因此，公共关系从业人员既要做到专注一事，同时又要能够兼及其他。也就是说，在将自己的工作做好，并且不受其他人、事干扰的同时，又能善于配合、衔接其他部门或人员的工作，只有这样才能有利于组织整体工作的顺利完成。

4. 沉着冷静，临危不惧

在组织的社会环境营造过程中，可能会遇到一些意外事件。这些危机来得快、危害大、矫正难，对此公共关系从业人员应具备临危不惧、沉着应对的心理素质，即面对危机，应稳重冷静、从容应对、及时沟通。公共关系从业人员面对重大危机时的心理素质既是经验的积累，又需要自我的培养与训练。公共关系从业人员应该做到在危机中积极为组织寻求生机，以良好的心理素质主动与大众传媒及目标公众进行沟通，在及时传播组织信息的时候，善于倾听公众的声音，为组织参谋策划，使之化险为夷。

> **观点链接**
>
> **一个理想的公共关系从业人员应该具有哪些素质**
>
> （采访公关专家哈乐德·伯森）
>
> 今天的公共关系业务活动范围非常大，以致很难对所有从事公关工作的人员制定出一套具体的规范。但一般来说，就我所认识的成功的公共关系从业人员来看，我觉得他们一般具有以下三种重要特质。
>
> （1）他们非常聪明、灵活，学习速度很快，只会提出正确的问题，一眼看上去就会使人产生信赖感。
>
> （2）他们知道如何与人融洽地相处。他们和老板、同事及下属合作得很好，也能同他们的客户和像新闻媒体以及供货商这样的第三者一样良好协作。他们的情绪即便是在压力之下，也都非常稳定。他们经常用的说法是"我们"，而不是"我"。
>
> （3）他们充满活力与动力，这种动力也包括提出解决问题的办法。他们不需要任何人来告诉他们下一步该做什么，凭直觉他们就知道该怎么做。他们不怕从头做起。对他们而言，从头做起更是一种挑战和机会，他们擅长写作，能以一种具有说服力的方式清楚地表达他们的想法。
>
> 资料来源：西泰尔. 2004. 公共关系实务. 原书第8版. 梁浚洁，罗惟正，江林，译. 北京：机械工业出版社：84

（三）礼仪

礼仪既是一个人的外在表现，也是一个人内在修养的自然流露。公共关系从业人员如果没有基本的礼仪修养，则纵使满腹经纶，亦无用武之地。对公共关系从业人员的礼仪要求主要包括以下四个方面。

1. 语言礼仪

语言的礼貌性，是公共关系礼仪的基础。公共关系从业人员在与上级或下级、外部的各类公众交流时，最常使用的是语言。用什么样的语言、什么样的语气、什么样的表达方式将信息传递给对方，这是极为重要的。"良言一句三冬暖，恶语伤人六月寒"，可见礼貌语言运用的重要性。公共关系从业人员完全能靠礼貌的语言营造一种和谐的沟通氛围，让与之沟通的人感到春风化雨，身心愉快。公共关系从业人员应成为语言交流大师，善于交谈、善于沟通，以看似不经意的话语消除人与人之间心理上的隔膜，将组织的信息缓缓送达公众的心中。不礼貌的语言，只会封堵本组织与公众的沟通道路，继之而来的公共关系活动也就不可能顺利实施。

2. 面部礼仪

面部表情是人内心世界的反映。在使用礼貌语言时，配合适当的面部表情，会收到更好的效果。人的身体中最富有变化的莫过于面部表情，公共关系从业人员必须具备基本的表情礼仪，将组织的企业文化、组织的各种信息、公共关系活动的内容等，通过真诚的面部表情及时生动地传达给公众。脸的表情是可以伪装的，但是始终如一的、诚挚的面部表情是伪装不出来的。公共关系从业人员应善于训练自己的眼睛、脸颊、眉毛、嘴巴甚至额头、鼻子等，将最热情、亲切的表情传递给目标公众，让公众见到这样一张脸就如春风拂面，感到舒心愉快。"人无笑脸莫开店"恰恰反映了面部礼仪的重要性，恰当的面部表情是公共关系从业人员最基本的待人要求。

3. 身体礼仪

礼貌是一个人的整体表现，因此面部礼仪同时要求身体礼仪的配合。如果"言恭行倨"或"情恭而体倨"，则会令对方感到反感。公共关系从业人员的礼貌应是内外一致、表里如一的。因此，在展示礼仪时，身体礼仪都必须到位。在与公众沟通时，公共关系从业人员应该体现出仪态大方、开放接纳的待客之道，不让人有生硬、傲慢或局促不安的感觉。在身体的倾斜度、肢体语言、平时的小动作等方面都要体现出谦和的姿态。在迎来送往的一些具体细节上，应周到地体现公共关系从业人员的尊敬之情，令被接待方感受到接待方的真诚情感。因此，公共关系从业人员在礼仪的培养上也要注意身体礼仪与礼貌语言、表情礼仪的一致性，剔除不良的动作习惯，展示出组织的风采。

4. 服饰礼仪

公共关系从业人员的服饰看似是一种外在形式，但却体现了内在的礼貌。公共关系从业人员在服饰上应符合基本的礼仪要求，让公众感到受尊重、受重视。服饰包含两个方面：一方面是服装，要求不同场合穿不同的服装，穿着恰当、得体，忌讳不分场合、不合时宜、穿衣不讲究；另一方面是服装本身的搭配与饰物的协调，兼顾民族性、宗教性等的特点，使服饰不仅为组织传递友好、亲切的信号，而且能够使公共关系从业人员以良好的精神状态去面对公众。

（四）能力

公共关系从业人员应具备的能力与公共关系的职能密切相关，具体包括以下八个方面。

1. 调查能力

调查工作是公共关系从业人员的基本工作内容，因而每一个公共关系从业人员都应具备较强的调查能力。良好的调查能力要求有敏锐的观察力、洞察力、判断力，能从日常小事中发现变化的端倪，同时公共关系从业人员要做到事必躬亲，能够及时深入现场，选择恰当的调查方法与调查对象，将调查结果整理出来，形成调查报告，并提出解决问题的建议，给决策层以足资参考的方案，以此发挥参谋决策的作用。

2. 沟通能力

公共关系从业人员应具备较强的与人沟通的能力，这在现代社会几乎成为基本的生存能力。它包括语言表达能力和人际交往能力。平时，公共关系从业人员要完成教育培训、宣传演讲等工作，此外在与公众进行交流时，要能在较短的时间里迅速与人拉近距离，赢得对方信任，这是一项十分重要的能力。语言表达能力并不是要求公共关系从业人员有巧言如簧的辩才，将活的说死、死的说活，而是指要善于表达，精于言语，诚恳倾听，能够恰当地达到传情达意的目的，给人留下较为深刻的印象。人际交往更不是简单的语言运用，而是多种身体信号的综合体现。公共关系从业人员的沟通能力反映了其对公共关系思想的领悟水平与自身综合素质。

3. 写作与编辑能力

这是从事公共关系工作应具备的基本能力。公共关系从业人员在开展工作时，离不开相应的传播手段。组织要求公共关系从业人员能够及时地设计问卷、撰写调查报告、捕捉新闻线索、投递新闻稿件、编辑出版物及制作其他宣传资料，撰写公共关系策划方案及评估报告等，借此有效地实现组织与目标公众的沟通。因此，公共关系从业人员必须练就好笔头，具有敏锐的新闻意识，及时捕捉新闻线索，从多角度、多渠道向公众传递信息。

> **观点链接**
>
> 为某个活动撰写或散发新闻稿的公共关系从业人员所履行的职能会使一个组织受益。尽管我们知道不是所有的人在写作方面都具有很强的能力，但写作能力的确是公共关系专家必备的一项基本技能。特别是有经验的公共关系危机处理专家，他们具有独特的专业知识与技能，因而收费也更高。从纯粹商业的角度看，在危机处理、形象与信誉管理、投资者关系和企业并购服务方面聘请专家的费用，比得上一流的律师、金融顾问和管理咨询师的费用。
>
> 资料来源：乔·马可尼. 2008. 公共关系：实践与案例. 赵虹君, 魏惠琳, 译. 北京：电子工业出版社：6

4. 策划能力

策划各种公共关系活动是公共关系从业人员的一项重要工作，因此要求公共关系从业人员必须拥有极具创意的思维能力，善于选择恰当的突破点，努力策划吸引媒体、吸引公众、展示组织良好声誉的公共关系活动，实现为组织生存和发展营造良好环境的目的。公共关系从业人员要注意对自身进行训练，使自身思想活跃、想象力丰富，具有创新能力，在策划公共关系活动时，能够最大限度地调动公众参与的积极性，使组织的公共关系活动取得最佳的社会效益与经济效益。

5. 组织能力

开展公共关系活动，需要公共关系从业人员具备良好的组织能力。好的策划方案，只有在严密的组织工作之下，才能得到实现。公共关系从业人员在组织公共关系活动时，既要进行周密的计划、选择合适的时间、保证公共关系活动效益的最大化，又要防止因百密一疏而导致功亏一篑，并且为防止意外的发生要准备必要的预案。因而，组织活动的经验需要公共关系从业人员在实践中逐步积累，这是组织实施大型活动时公共关系从业人员必须具备的能力。

6. 管理能力

管理能力是指对公共关系工作中对人、财、物的管理。公共关系工作的庞杂性，要求公共关系从业人员对公共关系活动的实施者进行培训和有效组织，要求对公共关系活动经费进行预算,使之恰当使用、合理支配,同时要安排专人对公共关系活动中所使用的物资进行运输和维护,这是保证公共关系活动成功的必备条件,故而,公共关系从业人员自然又是公共关系活动的管理者。管理工作是保证公共关系活动成功的基本条件,这就要求组织公共关系从业人员也必须具备相应的管理能力。

7. 协调能力

这是公共关系工作中应具备的一项非常重要的能力。从表面上看,协调能力是语言表达能力的另一种表现形式,实际上,协调是一项较为复杂的统筹工作,它既要求考虑多方面的利益和特殊情况,又需要具有倾听他人意见、充分理解他人心理的良好素质,更必须具备说服他人、使之听从统一调度的人格魅力。有时协调能力也是对公共关系从业人员道德水准的潜在考验,做出必要的让步,妥善处理个人与国家、组织之间的利益关系,以及部门之间的利益关系、消费者或合作伙伴之间的利益关系等,协调其中难以平衡的矛盾,是一件颇见功力的事情。因此,具备协调能力是对公共关系从业人员提出的较高要求。

8. 应变与反省能力

面对日益复杂的社会,公共关系从业人员必须时刻关注环境的变化,具有快速应变能力,始终站在时代发展的前端,否则就可能因落伍而被淘汰。公共关系从业人员就像一个准备冲进市场(战场)的侦察兵,必须具有反省能力,能够及时发现问题,并做出快速应变,迅速调整工作节奏,反省自身沟通过程中的不足,根据市场需要做出自我改变。因此,应变与反省能力是公共关系从业人员的必备能力。

(五)知识

知识是公共关系从业人员素质中最基础的部分。在当代社会中,具有相当的知识储备是最起码的要求。公共关系从业人员在知识结构上,至少应该具备五大学科的知识。这五大学科分别指的是经济学、管理学、社会学、心理学、新闻传播学。

1. 经济学

经济学是研究如何使社会有限的资源得到合理配置的科学,公共关系从业人员学习、研究、掌握经济学,能够对国家经济、组织与公众的经济行为进行基本的实证分析与规范分析,且确定社会经济变化的态势,以便为组织确定应对策略奠定理论基础。

2. 管理学

管理学是研究组织进行计划、控制、决策等活动的科学理论,也是研究管理活动一般规律的科学。管理学对公共关系工作起着重要的指导作用。一般认为,公共关系体现的就是组织的一种管理职能,因此,公共关系从业人员对管理学的学习,会极大地有助于组织管理职能的发挥。

3. 社会学

社会学是研究社会现象及其存在的问题的科学,既包括社会结构、功能变迁、社会规律等宏观问题,又包括人口、家庭、住宅、犯罪等相对微观的问题。公共关系从业人员对社会学的了解,可以有效指导其对目标公众的理解,从中寻求规律性,便于更具针对性地对公众开展公共关系活动。

4. 心理学

心理学是研究人的心路历程及其行为的科学，它对人的感觉、知觉、意识、学习、记忆及思考等原理予以阐述。公共关系从业人员对心理学的学习，可以帮助其对各类工作对象进行分析和准确判断，帮助其有效地协调各方面的关系，维护组织内部良好的工作氛围，使公共关系工作发挥更大的效能。

5. 新闻传播学

新闻传播学包括新闻学与传播学。新闻学是研究职业人员利用社会信息通过传播媒体影响公众的科学，而传播学是研究人类传播行为发生、发展规律的科学。公共关系从业人员对新闻传播学的研究，对于开展公共关系活动发挥着重要的指导作用，使公共关系从业人员在传播手段运用、媒介关系处理、传播管理等方面有明确的思路，会有力地促进公共关系活动影响力的扩大。

作为一名合格的公共关系从业人员，还应该具有较为广博的其他基础知识：除了掌握扎实的公共关系学知识外——这是公共关系从业人员应掌握的最具专业特色的内容，还应包括政治学、文学、修辞学、逻辑学、市场营销学等，以及经济法等相关法律知识。公共关系从业人员应有深厚的中国文化积淀，对社会民生有深入的了解，并对不同民族文化保持开放、包容的心态。公共关系从业人员对这些相关学科的学习，是为了更加准确地判断组织所面临的复杂问题，对之进行审慎的分析，从而对组织的环境管理有一个更为全面的把握。

总之，公共关系从业人员应该掌握广博的知识，具有深厚的文化修养，悉心了解社会风俗，感悟人情世态，拥有丰富的社会阅历，以负责任的人生态度对待工作、对待公众、对待社会，以敬业精神打造社会优秀的行业楷模。

职 场 观 摩

温暖声音致敬白衣天使

（2020年）4月15日，国航迎接最后一批185名国家援鄂医疗队员返京。13时6分，这些来自北京协和医院的医疗队员搭乘国航 CA042 包机从武汉天河机场起飞，航向北京。

执行此次航班的机长贺荣祥，曾执行过援鄂医疗队包机任务。今天他再次前往武汉，兑现了国航与医疗队员的春天约定："各位尊敬的白衣战士，大家好，欢迎回家！我是本次航班的机长，受全体国航员工之托，向你们致以最崇高的敬意！武汉解封，炸酱面终于等到热干面；天使返京，一切美好终将拥抱这个春天。为了两个多月前的约定，今天，我们一起回家！

"80多天的坚守，你们如簇簇寒梅，用战'疫'严冬的一抹暖色渲染出满园春光。这是你们高洁的品格，也是我们共同的情怀。被疫情按下的暂停键已经弹起，经过14天的隔离观察后，我们将重返蓝天，你们的医者仁心也将惠及更多病患，各行各业将携手绘就春回大地的壮丽画卷。那一刻,我们都是平凡英雄!送你千里之外,接你春暖花开。北京已经向我们张开了怀抱,让我们一起拥抱春天!"

同样让医疗队员感动的是,在飞行中听到了协和医院的院歌《雨燕》:"……燕衔泥,筑家园,精雕细琢求谨严。燕语喳喳舞翩跹,爱心洒人间……"当乘务员赵英姿与医护人员共同唱起这首歌时,那熟悉的曲调温暖着每一位医疗队员,她们说,在这种相互激励中共赴春天的约定,充满了浓浓的暖意。

资料来源:富文佳,徐锟.国航接最后一批国家援鄂医疗队回京.https://baijiahao.baidu.com/s?id=1664041205564293159&wfr=spider&for=pc .2020-04-15,内容有删减

实务演练

1. 上网查阅中国航空官网,了解2020年新冠疫情期间中国航空公司的一些工作情况。
2. 了解航空公司从业人员的礼仪要求,模拟空中小姐的接待工作。
3. 如果企业决定召开新闻发布会来主动回应和沟通接送援鄂医疗队的事宜,请模拟新闻发布会。

第五章　公共关系手段——传播及媒介

【带着问题预习】
1. 公共关系传播要素与一般的传播要素有什么区别？
2. 如何恰当利用非正式的人际传播？
3. 怎样利用互联网媒介的特殊性开展公共关系传播？

【课堂学习目标】
1. 了解公共关系传播的特殊性。
2. 把握公共关系传播中传播媒介的特点。
3. 明确传播媒介的利用对实现公共关系目标的意义。

第一节　公共关系传播理论

一、公共关系传播概述

（一）传播

1. 传播的定义

传播是人类与生俱来的精神活动的外在体现。在没有文字记录的历史时期，文化通过口述与图画的形式得以延续。传播的内容为各种各样的信息，传播的目的是实现信息的共同拥有，传播需借助一定的载体，如声音、语言、文字、图画或符号等，传播的结果是将信息扩散和保存。邵培仁认为，"传播，是人类发展史上一种神奇而富有人性的独特现象。它无处不在，无时不在；它与人朝夕相处，如影相随"[1]。

因此，传播是指人们通过一定载体将信息分享使之扩散或保存的一种精神文化活动。

2. 传播的特点

（1）共享性。传播具有共享性。传播的过程，就是将信息共同分享的过程。传播不等同于传递，传递是将某物送出去，而传播则是实现共同拥有。

（2）信息性。传播必然具有一定明确的内容，即信息。信息可以是新信息，也可以是旧信息，但传播的信息必定被视为重要的信息。传播的过程是自然遴选的过程，传播者会选择自己认为重要的信息去传播，传播时会添加自身对其的诠释。因此，一般来说，传播的内容经历的时间越久，离真实性就越远。

（3）无形性。传播的内容虽然是明确的信息，但这一信息往往只可意会，并非具体可视。因为传播的信息如果蕴含着深刻的思想或无形的机理，则后来的传播者就会对其

---

[1] 邵培仁. 2000. 传播学. 北京：高等教育出版社：27.

第五章 公共关系手段——传播及媒介

有不同视角的阐释，因而信息并非只是简单的语言、文字、图画等，还包括思想、规律或情感等。

观点链接

> 不论是传播信息还是接受信息，每一个参与活动的人不管是否意识到，都是有意图、有目的和有自觉性动机的。只要人在传播中发生了相应的变化，那么至少可以说明三点：传者送出了信息，受者收到了信息，并且产生了传播效果。这种"相应的变化"，不专指态度与行为的改变，还包括情报资料的获得、知识的增加、见闻的扩大、感情的沟通、精神的愉悦、情况的了解、事实的澄清等。总之，人不会无缘无故地传播信息，也不会莫名其妙地接受信息。如果不存在哪怕是微小的进入传播过程的动机和进行双向影响的机会，传受双方要想进行真正有效的信息传播都是非常困难的。

资料来源：邵培仁. 2000. 传播学. 北京：高等教育出版社：31

有学者认为，传播可以分为两种类型，即信息传播和关系传播。前者主要是一种信息符号，用来表达内容的意义；后者是一种指令符号，用于体现传播时的姿态、情感和背景等，表达的是关系的意义，"二者的主要区别在于，'内容'的信息使你注意到他人说了什么，'关系'的信息则是注意到他人是怎么说的"[1]。其实，每一种传播都不是孤立存在的，传播的过程对当下及未来都具有一定的意义。

（二）公共关系的传播

1. 公共关系传播的含义

公共关系活动从本质上说是一种信息传播活动，它是公共关系主体——组织开展公共关系活动、营造组织社会环境的手段，离开了传播，组织无法与目标公众发生联系。

因此，公共关系传播是指一个组织针对目标公众发出信息以实现公共关系目标的活动。

2. 公共关系传播的特点

公共关系传播与一般的传播相比，具有以下四个特点。

（1）主动性。公共关系传播是组织主动发出信息的一种活动，传播什么、向谁传播、何时传播、依托什么传播，都由组织自定，最后传播效果如何，正是对传播活动质量的检验。但是，组织在发起传播活动时，必须清醒地认识到，任何传播都会对组织带来或好或坏的影响，传播者必须要有社会责任感，并遵守社会道德与法律。

（2）目的性。公共关系传播是组织的自主活动，因此传播具有清晰的目的性，传播的目的决定了组织所传播的信息和传播方式。传播的信息必然体现出组织要达到的目的，组织如果想通过传播活动实现多重目的，就需要提高传播的技巧性。

（3）明确性。公共关系传播不似某些传播活动具有深奥而难以言传的内容。公共关

---

[1] 陈先红. 2009. 现代公共关系学. 北京：高等教育出版社：298.

系传播针对的是特定时期、社会中特定的群体，因此当组织将他们作为自己的目标公众时，其传播的内容一般通俗简单，传播的信息清晰明确，不会产生歧义、不会生僻难解，从而保证传播的高效率。

（4）公开性。公共关系传播是一种公开的行为，摒弃任何隐秘与暗箱操作，最大可能地使用大众传播媒介来传播组织的信息，与某些个人或组织的保密性传播迥异，即使是使用人际传播，也会公开宣传，尽量扩大影响。

总之，公共关系传播是组织针对目标公众为实现组织的公共关系目的而采取的手段。组织在传播时，要把握好时机，明确其宗旨，展示其内容，运用好载体，以便高效地实现公共关系目标。

二、公共关系传播要素

（一）传播要素

一个完整的传播活动包括以下五个要素。
（1）传播者，即信息的发出者，又称信源。
（2）信息，即传播的内容。
（3）信道，即传播的载体，亦即传播媒介。
（4）接收者，即受传者，又称信宿或受众。
（5）反馈，来自接受者的反应，否则传播无法继续进行或就此终止。

（二）传播附带要素

在传播中，还有一些因素与传播紧密联系、不可或缺，它们被称为附带要素。附带要素主要有以下五个。

（1）编码。编码是传播者发出信息或接受者予以反馈时进行的工作，亦即将信息或反馈内容变为对方可以接受或理解的内容，这一过程将影响传播或反馈的效果。

（2）译码。译码是接受者收到信息或传播者对于反馈予以理解的过程，译码的准确性对传播的顺利进行影响很大。

（3）干扰。这是传播过程中始终存在的一个因素，它会出现在传播中的每一个要素中，排除干扰是传播中的一项重要工作。

（4）共同经验范围。共同经验范围是指传播者与接受者在多大范围内具有共同点，共同点越多，传播效果越好，没有共同点，则无法传播。

（5）社会环境。每一个传播活动都在特定的时代和某种文化氛围内进行，它会影响传播双方对所传播信息的接受程度。

（三）公共关系传播要素

公共关系传播要素特指组织在传播过程中的基本环节，主要包括以下五个方面。
（1）组织，即公共关系主体，是信息的发出者。在公共关系活动中，组织应该是信息源，在特殊（如危机发生）的情况下，组织必须要成为第一信息源，否则组织会陷于被动局面。

（2）组织信息，即公共关系传播的内容。组织收集信息、处理信息，然后向公众发出信息，这是公共关系传播活动的主要工作。适时地发出正确的信息，且能够明确地表述，体现了公共关系传播的高超艺术性。

（3）公众，亦即目标公众，是组织信息的接受者，他们一般处于无戒备状态，既可能接受组织的信息，也可能接收后迅速忘记信息，甚至在某些情况下会拒绝或反对组织的信息。

（4）媒介是组织传播的信道，即载体，组织需要借助媒介将信息传播出去。使用什么样的媒介、如何使用，这是影响组织传播效果的重要因素。

（5）反馈。公众的反馈极为重要，如果反馈少或没有反馈，则可能说明组织公共关系传播活动是失败的。公众的反馈是组织继续传播的依据，公众积极的反馈对于组织来说是一种激励。因而收集公众反馈成为组织的一项重要工作。同时，反馈也发生在组织一方。当公众对组织的传播予以反馈时，公众也就转变为传播者，他们的反应或者诉求也需要组织予以积极反馈，组织的反馈是组织与公众增进沟通的重要方式。公众与组织的双向反馈正体现了卓越公共关系双向平衡（对称）的沟通状态，会对组织的公共关系产生重要的影响。

三、公共关系传播形式

现代社会，传播具有多种形式，大致归纳为下述三种类型。

（一）人际传播

这是古老而传统的传播形式，即传播在人与人之间进行。

人际传播又可以分为两种形式。

1. 正式的人际传播

正式的人际传播，即通过正规的或官方的人际传播渠道传播信息，主要包括集会、正式谈话、谈判、当众宣读等，这是组织有计划的传播方式。公共关系传播在人际传播中大多使用正式的人际传播。

2. 非正式的人际传播

非正式的人际传播，即以不正规的或日常生活式的方式进行的传播，如聊天、谈心、市井之中的说长道短等，这种传播又可分为个人传播与群体传播两种。

（1）个人传播是指个体与个体之间进行的传播。这种传播具有隐秘性，传播内容完整、生动，传播中反馈充分，内容往往不便公开。

（2）群体传播是指个人与群体之间或小群体与小群体之间的传播。这种传播具有一定的公开性，传播中会得到一定反馈，传播的范围局限于小群体，内容往往不完整。

非正式的人际传播，在较小范围内一般信息流传的速度快，内容具有一定的真实性，传播内容往往先于正式的人际传播，传播的效果在某种程度上也强于正式的人际传播。

在公共关系传播中,如果适时利用非正式的人际传播,往往会取得胜于其他传播形式的效果,如口碑的形成等。

> **观点链接**
>
> 人际传播从本质上来说是个人之间相互交换精神内容(意义)的活动,精神内容交换的质量如何,在很大程度上取决于它的媒介(如符号媒介)。在这里,媒介也可以理解为任何能够传递信息的手段和渠道。我们在上文讲到人际传播是一种高质量的传播活动时,提出的一个重要理由就是它的传播手段多、渠道广、方法灵活。人际传播是真正意义上的多媒体传播。
>
> 人际传播的核心媒介无疑是语言。语言又分为声音语言和书写语言,声音语言既是人际传播也是自我表达的最基础的媒介。语言的功能不仅仅在于传递信息内容,它还通过声调、速度、音量、节奏等传递着与说话者相关的背景信息。因此,即使是同一条信息内容,用词的粗俗或礼貌、声音的有力或无力、语气的坚定或犹疑,以及声调的高低、节奏的快慢、韵律的有无等,都会引起听话者的不同反应。书写语言是在文字发明的基础上产生的,在不能或不便使用声音语言的场合,书写语言便成为人际传播的最常用的沟通工具。书写语言的功能也不仅是做文章,它还是自我表达的重要手段。在手写的文字中,字的大小、笔画的粗细、笔迹的工整或潦草等,都在传递着与传播者的个性、素养等相关的重要信息。
>
> 语言是自我表达的基础媒介,但不是唯一的媒介。姿态、表情、眼神、身体接触及服装、发型等,都是自我表达的重要媒介。
>
> 资料来源:郭庆光.1999.传播学教程.北京:中国人民大学出版社:85,86

(二)大众传播

大众传播是指借助于现代媒介针对广大公众进行的信息分享活动。它是现代社会组织开展公共关系活动最常使用的手段。组织面对范围很广的公众时,往往难以利用人际传播完成公共关系任务,而恰当地利用大众传播,经济而有效。

大众传播与人际传播有很大的不同,其特点包括以下五个方面。

(1)范围广。大众传播面对的公众范围极广,有时甚至可以扩散至全世界,因此大众传播是现代社会组织经常采用的公共关系传播形式。

(2)经济性。由于大众传播覆盖面广,组织利用大众传播可以将信息传播至很广大的人群,比人际传播效果要好,因此更具经济性。

(3)速度快。大众传播依靠现代技术,传播的速度十分快捷,可以在较短的时间内将信息传达给广大公众,因此,组织在面对大范围公众时,会更多地使用大众传播的方式完成传播信息的任务。

(4)条理而严密。大众传播一般是专业人员利用专业技术设备来制作完成的,传播的信息较之人际传播更理性、更严密,条理性也更强。

（5）反馈较慢。大众传播的传播范围较之人际传播要更为广泛，且难以直接接近传播者（指大众传播媒体机构），因此，受众的反馈较慢，尽管现代科技的发展已使这个差距大大减小，但与人际传播相比较，大众传播获得的反馈更间接、更迟滞、更不确定。

因此，组织在利用大众传播手段进行传播时，要注意利用其特点，规避其不足，以提高传播信息的效率。

（三）实物传播

实物传播是指组织以实物为传播手段开展公共关系活动的一种形式。实物传播的形式主要有两种：广告标牌和商品。

广告标牌适用于所有的组织，这种用广告形式传播组织信息的活动，即为公共关系广告。在组织公共关系意识不断增强的今天，采用户外公关广告的形式主动宣传组织的重要信息，与一定地域范围的目标公众增进沟通与理解，不失为一种经济而有效的公共关系活动形式。

商品是工商企业大多采用的一种公共关系宣传形式，即将组织（工商企业）的公共关系活动内容印在商品的包装上，随商品的出售而传播到广大的目标公众（消费者）那里，可以起到较好的宣传效果。因为商品本身是会"说话"、会传播的载体，商品的包装、商标、品名、质量、生产地等都向消费者传递了丰富的信息。例如，可口可乐与大碗茶分别反映了两种文化体验与物质消费感受。

四、影响传播的因素

在公共关系传播中，影响传播效果的因素是多方面的，根据其重要程度可以分为：社会文化因素、心理因素、干扰因素和时空因素。

（一）社会文化因素

社会文化因素是指一个国家或地区，由于历史、地理因素的影响而逐渐形成的、特有的生活风俗与习惯。约定俗成的生活习性根深蒂固而鲜有变化，在组织进行信息传播的时候，要格外注意这一因素的影响。

组织在向目标公众进行传播时，首先要了解并尊重公众特有的文化风俗习惯，使组织的传播内容适应公众的接受习惯，并注意使用公众习惯的表达方式将公共关系活动内容传递给公众，以期达到最佳的传播效果。否则，用违背目标公众文化习俗的方式去传播，极可能导致事倍功半，甚至带来无法预料的恶劣后果。信息的传播必须以平等和相互尊重为前提，不能认为自己是先进或现代的代表者，而强行劝服或以信息轰炸的方式来影响公众，这样只会影响传播效果，引起公众的反感。

（二）心理因素

心理因素是指公众在面对组织的传播时所持有的情绪倾向。人的心理是复杂和微妙的，也是十分隐秘的。当组织针对目标公众进行传播时，公众可能有多种心理状态，最具代表性的是两种：先入为主和不设戒备。

1. 先入为主

（1）先入为主——接受，即目标公众在接受组织的传播时，已对组织抱有好感，故而对组织的宣传持积极响应的态度，这是组织传播时遇到的最好情况。

（2）先入为主——拒绝，即目标公众在接受组织的传播时，已对组织或参与类似活动的组织抱有敌视、怀疑或排斥的态度，故而对组织的传播活动持消极的态度。组织面对这样的心理反应去传播，会遇到很大的困难。这既与目标公众的心理有关系，也与公共关系传播的内容、形式甚至公共关系从业人员的个人素质有关。

2. 不设戒备

不设戒备的心理状态是指公众对于组织的公共关系传播处于无戒备状态。这种状态会很快转变为以下两种情况。

（1）消极接受，即公众对组织的传播，没有明确拒绝，表面上接受了组织的信息传播。这种处于某种混沌状态的接受，其效果难以测定，其结果既可能是公众逐渐接受和了解了组织，也可能是公众根本没有接受，他们实际上是心不在焉的。

（2）积极接受，即当组织针对公众进行传播时，他们似乎表示出愿意了解组织的兴趣和态度。这时，如果组织的公共关系从业人员对公众进行进一步的解释，则会有利于增进公众对组织公共关系活动的了解，最终可能积极接受组织的传播。

（三）干扰因素

如前所述，干扰因素存在于整个传播过程。组织开展公共关系活动、进行信息传播时，要始终注意有效地减少干扰，将一些干扰因素消灭于萌芽中，以此提高公共关系传播活动的效率。影响传播的干扰因素具体包括下述四个方面。

1. 亲友方面

亲友的干扰是影响传播效力最大的因素。当公众接受组织的公共关系传播时，来自亲友的干扰会很容易使接受者（受众）改变态度，弃组织而去。因此，组织在开展公共关系活动时，既要注意传播内容与传播方式，还要注意进行长期、广泛的宣传，减少来自亲友方面的干扰。

2. 竞争者方面

这也是一个重要的干扰因素。当组织针对目标公众进行传播时，其竞争者也恰好以相近的内容对公众进行宣传。这时，传播的内容就成为争取受众支持的关键因素，也对组织的传播能力提出了挑战。面对竞争者的干扰，组织应该提前防范，积极寻求有效的解决办法，减少竞争者的干扰。只要组织真正站在公众的角度考虑问题，以坦诚的态度和诚信的职业道德规范自身的行为，就有利于组织在传播中排除干扰因素，赢得更多公众的支持。

3. 其他公众方面

有时，其他公众的拒绝态度会影响一些公众，由此对组织的宣传活动形成干扰。从众心理是公众普遍存在的心理现象。在传播现场，组织由于操作问题或公众自身的原因，会使一部分公众采取排斥传播的态度，他们的情绪极容易影响其他持观望态度的公众。因而及时发现公众中持异见者，并进行耐心的解释与说服就显得格外重要了，否则可能会使更多公众拒绝组织的公共关系传播行为。

4. 突发事件

这也是传播中常遇到的干扰，主要表现为现场公众对组织工作人员的误解、公众之间的纠纷、突发事件造成的意外伤害及其他一些难以预测的意外事件。特别是当组织面对公众进行信息传播时，如果组织不当，则会导致现场秩序混乱，就容易发生意外事件，会给正常的传播活动带来干扰，严重时可能导致传播活动的终止或因外力强行干预而终止，并且还可能对组织的声誉造成不良影响。因此，组织的传播活动是一个复杂的过程，组织必须认真准备和组织，对突发事件提前做好预案，保证传播活动的顺利进行。

（四）时空因素

任何一种传播活动都是在一定的时间与空间下进行的。组织在开展公共关系传播活动时，选择恰当的时间与空间，对提高传播效果影响很大。

1. 时间

组织开展公共关系活动时，要注意时间的选择，组织应尽量把传播的内容、形式、对象与特定的年、月、日等协调一致，争取在恰当的季节、恰当的钟点针对恰当的传播对象做恰当的沟通，以实现事半功倍的效果；反之，如果在不适当的时间开展公共关系传播活动，即使传播内容没有问题，也会因时间选择不合适，而导致传播效果差，甚至可能产生不良后果。因此，组织在开展公共关系传播活动时，必须注意传播时间的选择，以努力达到传播的最佳效果。

2. 空间

空间是指传播者向公众进行公共关系传播的地点。这在人际传播中显得极为重要。人是环境中的生物，对物质环境有天然的敏感性，深受现场环境状况的影响，因此选择恰当的交流地点会直接影响沟通双方的情绪、情感。公共关系传播应努力使双方在适宜的环境下开展，让双方感觉舒适、愉快，这样，沟通就会比较顺利；如果在不合适的空间进行接触，则可能会使一方感觉不适，导致情绪受影响，严重的甚至会出现拒绝接触的情况。因此，组织在进行公共关系传播时，必须要考虑空间因素，推动组织与公众的顺利沟通。

第二节 公共关系传播媒介

在现代社会中，公共关系传播活动仅仅依靠人际传播已经远远不够了，而必须借助各种传播媒介。根据组织公共关系活动的目标和对象的不同，传播媒介可以分为三大类：大众传播媒介、组织传播媒介和个人传播媒介。

一、大众传播媒介

大众传播媒介是指在信息传播工作中针对社会广大公众、主要由专业技术人员加工制作的具有公共服务性质的物质载体。大众传播媒介根据其内容载体和表现形式的不同，可分为两大类，即电子类大众传播媒介和印刷类大众传播媒介。

（一）电子类大众传播媒介

1. 互联网

互联网是兼具电子媒介与印刷媒介之长的新兴媒介，其发展态势十分迅猛，已经成为使用者须臾不可离开的沟通载体，其特点有以下 10 个。

（1）信息广泛、查找方便。互联网媒介以电子媒介为载体，行印刷媒介之实，在信息的查找上十分便捷，还能随时下载，便于进一步保存。

（2）声、图、文并茂，内容直观。人们利用互联网可以查阅相关的图片或视频资料，便于对照感知及进一步了解详情，一些视频资料生动、鲜明，对相关信息的了解比较全面直观，而且可以反复观看，弥补了电视、广播等传统媒介不易保存的缺陷。

（3）在线沟通，反馈及时。这是互联网独有的优势。现在，利用互联网组织可以直接与公众沟通。组织可以借助电脑或手机，及时发布最新信息，快速了解公众对信息的反馈情况，并据此适时调整传播内容与方式，以达到最佳的传播效果。

（4）信息传递高效、快捷。互联网的邮件系统使信息的传递变得更为方便、快捷，而又成本低廉，为组织与组织、组织与个人之间的相互沟通，搭建了十分便利的通道。

（5）信息流动公开、平等。互联网是一个公共信息平台，每个人或组织都可以发布信息，同时也可以接收消息，信源与信宿在信息传播面前变得公开而平等、快速而流畅，体现了深刻的民主性，这是互联网又一个独特之处。

（6）专门网站，信息集中。互联网作为几乎无限制的信息分享平台，为组织网站的建立与个人博客等的设置提供了较低的进入门槛。普通公众只要连接网络，就可以轻易进入某一组织的网站或某个人的博客或微博，了解其信息甚或进行沟通，这使互联网成为极为重要的传播媒介。

（7）嵌入工作与生活，融为一体。互联网带来的办公自动化为社会机构工作的信息传递创造了便捷条件，同时也为人们的生活带来了更多的好处，足不出户，人们就可以购物、订餐、谈生意、订车票，甚至控制家中电器等。互联网完全改变了人们的生活方式与思维方式。

（8）内容庞杂，干扰大。互联网虽然查阅信息较为方便，但网上内容十分庞杂，想获得真实有效的信息并不容易，互联网中难免存在某些虚假或错误的信息，有时候甄别起来也比较困难，因而对获取有用信息造成了较大干扰。

（9）有一定的物质限制与风险。使用互联网，需拥有基本的硬件设备，如电脑、网络运营设备等，还需支付必要的使用费用，使用互联网有时还会遇到黑客袭击、网络诈骗等危险。在互联网被全社会普遍使用的情况下，互联网的物质限制已显得比较次要，但是使用的风险性则大大增加。

（10）监管难度大，负面影响多。互联网使用的低门槛，既提供了查阅信息的便利，也为各种违法违规信息的传播提供了通道。由于监管难度大，某些网站成为一些不法分子传递负面信息、不健康信息及有害信息的便利平台，成为防不胜防的藏污纳垢区域，给青少年的成长和社会正确价值观的传播带来了极大的隐患。

最近几年，一种借助手机平台而生的新型传播方式——微信开始快速在社会风行，并因无门槛介入，成为无数手机用户的新宠。微信具有可随时阅读、自我生产信息能力强、传播性强等特点，使其影响力更大，各种机构的公众订阅号与私人信息生产商的博弈也十分激烈。同时一种快速抓人眼球的短视频社区平台也异军突起，这些平台以快手、抖音等为主，通过极具动感的画面展示组织及其产品特色，获得了极大的关注，某些个人或组织代表在这些平台上通过带货直播等方式介绍当地风土人情及特色产品，迅速成为"网红"（即网络红人），从而影响人们的看法以及消费观念，无疑互联网的威力巨大，已经渗透到每个人的生活。

对于组织来说，利用互联网来传播信息变得更加快捷和直观，组织要高效地传递自身信息，必须在借助传统媒介的同时，精心打造互联网信息传播平台，特别在各类组织利用各种信息争夺公众眼球的激烈竞争中，组织应该借助网络平台把公共关系传播工作做好。正如一位美国学者所说，"一个网站并不仅仅只是传播信息、推广事业或者售卖产品/服务，而是传播一种互动或者某个组织所代表的引人注目的信息"[1]。

2. 电视

电视是现代社会中比较具有影响力的传播媒介，其特点有以下八个。

（1）声、色、画并俱，生动、形象，其良好的表现力，能够十分真切地反映事物的面貌，使受众有身临其境之感，具有极强的吸引力。

（2）传播速度快。电视可以快速地将其他地方发生的事情真实地演示出来，其间隔可以很短，甚至可以做到现场直播。这一点只有互联网可以与之媲美。

（3）信息量大。电视可以通过剪辑或技术处理，将大量的信息汇集于短时间内播放，其对信息的高密度、简洁化处理，是其他媒体无法与之相比的。

（4）受众广。电视是现代社会公众比较喜闻乐见的媒介，基本上没有什么门槛限制。由于主要依靠图像加色彩、声音来表现内容，公众通过电视媒介了解信息十分容易。不论老幼，不分文化程度，不论国籍、地域等，都能通过电视获取信息。

（5）保存性差。电视的大信息量和强表现力，易使公众陷于信息的被动接受之中，其瞬息变化的速度，使公众保留的记忆往往是碎片状的，无法完整留存电视内容；但电视的影响力是强大的，公众在接收信息的过程中，会快速接受信息内容并学习模仿。

（6）选择性差。电视节目是由制作编辑事先安排好的，受众无法选择，即使可以挑选频道，也只能按排定的档期收看，要看特定的节目，还需忍受广告的"轰炸"。

（7）物质局限。人们通过电视媒介接收信息是有一定的物质要求的。首先要有电，

---

[1] 戴伦施耐德. 2012. 企业公关实务手册. 王俊杰，甄寒，译. 北京：经济科学出版社：5.

其次要有频道服务设备，最后要有电视机。由于电视机不便携带及环境条件的限制，如旅途中，则很难通过电视接收信息。

（8）传播费用高。由于电视是公众接受面十分广泛的媒介，组织利用电视进行信息传播，其成本相对于其他媒介来说要高很多，再加上竞争的激烈，更使黄金时段的广告费用令人望而却步。这无形中增加了组织（主要是企业）选择电视作为传播媒介而投入的成本。

因此，组织在进行公共关系传播时，可以利用电视的优势来传播组织的重要信息，同时又要注意规避其缺陷，慎重选择电视媒介及其档期，考察电视传播效果，减少哗众取宠的浮躁。

3. 广播

广播是比电视历史更久的电子媒介，在电视出现之前，它曾经是媒介中的"宠儿"。迄今为止，广播是唯一不通过视觉来获取信息的大众传播媒介。通过广播接收的信息更纯粹，收听者可以产生更为丰富的想象力，其特点主要包括以下八个。

（1）使用方便灵活。广播是以声音来传播信息的，因此听广播可以兼顾其他活动，这是它独有的优势，当收音机的体积变得小巧便携时，这一优势更加突出。

（2）信息明确集中。广播没有电视媒介色彩与画面的干扰，接收者可集中而明确地接收信息，接收效果良好。

（3）信息量较大。广播的信息承载量巨大，随着声音的不断发出，各种各样的信息源源不断地传播出去，效率很高。

（4）物质限制少。广播的载体主要是收音机，收音机的价格比较低廉（较电视），使用时装入几节电池便可长时间使用；除了语言方面的限制外，听广播没有其他因素的限制，不论男女老幼，不论接收者的职业、文化，都可以通过收听广播接收信息，尤其是在物质条件极特殊的条件下（如地震、战争期间），广播更具有独特的优势。

（5）传播速度较快。广播没有电视的现场感，但传播的速度仍比较快，也能进行一定的现场播送，信息的传输速度较快。

（6）信息保存差。广播依赖于声音的这一特性，使保存广播发出的信息比较困难，这一点与电视有相近之处，因而有些广播内容常常会重复播放。

（7）选择性差。收听广播可以选择频道，但无法选择节目，只能在固定时间接收已排定的节目内容，这一点也与电视相似。听众一般也能接受这一点，会根据自己意愿收听电台节目。

（8）收听人群固定。由于电视媒介的兴起，广播被挤到比较次要的地位，收听广播的人群往往集中在某些群体，如退休职工、汽车司机、慢性病患者等，这使广播的信息传播内容更具针对性，集中传播的效率也比较高。

对于开展公共关系活动的组织来说，使用电子媒介传播信息，可根据电子媒介的特点，有针对性地确定传播方式与传播内容，注意获取公众的信息反馈，努力强化传播效果。

（二）印刷类大众传播媒介

1. 报纸

报纸是最早的大众传播媒介，其特点主要包括以下六个。

（1）价格便宜，便于携带。报纸从其产生之日起，就为大众所共享。报纸价格低廉、内容通俗，只要略有文化，即使收入微薄者也能购买；报纸轻薄，便于携带，有利于随处阅读，一般不会增加额外负担。

（2）信息量大，传播速度较快。报纸的信息量虽然没有电视那样大，但可以基本满足公众的需求，传播的速度也很快，一般本地报纸当天就可以读到，异地报纸在 2～3 天也可以读到，信息的传播比较及时。

（3）信息便于保存、传阅，有一定深度。报纸是印在纸上的，内容可以反复阅读或传阅，甚至可以保存几十年或更长的时间。报纸对某一问题能做出深度剖析，起到振聋发聩的作用，这是电子类媒介难以做到的。

（4）购买、整理烦琐。报纸与电子类媒介的一大区别是，电子类媒介一次购买永久使用，而报纸则需提前订阅或日日购买。近年来，报纸的版面呈大幅增加的趋势，一般报纸也有 4～8 版，有些报纸已达 16 版或 32 版，易使读者不胜其烦，增加了阅读与整理的难度。同时，报纸便于携带，易成为包装物，因而常被随意处置，会使组织精心制作的信息版面得不到重视。

（5）信息接收的选择性强。报纸的阅读可以不受时间、地点限制，由阅读者自己确定，报纸的版面也随阅读者自己的喜好选择特定的版面与内容，这一点与电子类媒介中的广播、电视有明显的区别。

（6）受文化水平与识读能力限制。虽然读报所需的文化水平不高，但还是会限制一些人购买，对于低年级小学生来说，理解能力有限；对于老年人来说，读报看字颇感吃力。

进入互联网时代，报纸的存在价值正在经受考验，报纸经营者也在积极改制，转变经营模式，提升办报质量，并主动利用互联网进行信息传播，构建纸媒、电媒于一体的融媒体，以期抓住读者群，使报纸的社会作用继续得到发挥。对于组织的公共关系传播来说，报纸仍然是一个十分重要的信息传递平台。

观点链接

他们从事的是冒险生意，靠的是综合贸易环境，更具体地说，靠的是发行量，它的基础不是与读者"结婚"，而是与读者"自由恋爱"。因此，每个出版商的目标，都是要把发行量从那些在报摊上抓着什么看什么的乌合之众转到一个忠心耿耿的永远的读者群中去。只有一份真正以读者的忠诚为靠山的报纸，才能成为真正独立的报纸，才能给现代新闻业提供经济支持。一个与报纸患难与共的读者群，其力量超过任何一家广告商，也足以打破广告商的合纵连横。因此，一旦报纸为迎合某个广告商的利益而背叛读者，我们就可以基本肯定地判断出，要么那是出版商的确

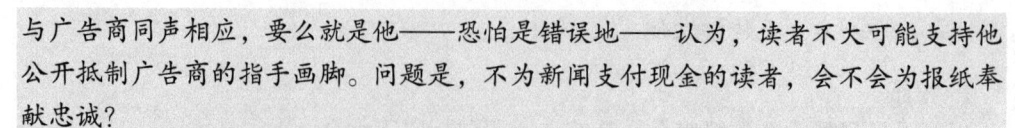

与广告商同声相应，要么就是他——恐怕是错误地——认为，读者不大可能支持他公开抵制广告商的指手画脚。问题是，不为新闻支付现金的读者，会不会为报纸奉献忠诚？

资料来源：李普曼.2006.公众舆论.阎克文，江红，译.上海：上海人民出版社：234，235

2. 杂志

杂志也是重要的印刷媒介，它与报纸具有同样的功能，但有以下六点独特之处。

（1）分类明确，内容专业。一般来说，杂志具有明确的分类，在内容上主题集中，可以进行纵深报道，信息比较精炼，便于选择阅读。

（2）针对性强，信息集中。阅读杂志的公众一般可划分为明确的类别，主要是供某些年龄、行业或专业的人士使用，因而传播的信息比较集中，如对于理论工作者来说，杂志一般被用于科学研究，不具备专业知识的人通常被排除在外。

（3）出版周期长。杂志出版的周期较长，短的有周刊、半月刊，长的则有月刊、双月刊、季刊、年鉴等。杂志的内容通常具有一定的深度，会对某些重大问题及事件发展情况做全面报道，对产生的原因进行深度剖析，这使杂志具有资料库的作用。

（4）便于携带、保存。杂志虽然没有报纸那样廉价与轻薄，但也比较便于携带与传阅。一般来说，杂志很少能衍生成为包装纸，而且杂志具有书籍媒介的特点，较报纸更容易保存，优秀的杂志可以被保留多年。

（5）价格偏高。杂志需要分期购买或提前订阅，这一点与报纸相同，但较报纸价格高，限制了其发行的数量；有些杂志装帧精美、内容新潮，但价格不菲，使一些人欲读而不舍购买。

（6）选择性强，便于归类。在阅读的选择性上，杂志与报纸相同，而且，由于杂志的专业性特点，其更容易在内容与形式上被归类。

今天，杂志同样遭受到网络媒介的强烈冲击，部分甚至难以为继，但一些学术性杂志仍然具有顽强的生命力。在公共关系传播中，组织可以主动编辑不同层级或类别的内部刊物或通信杂志，利用杂志的特点，将组织的某一方面信息进行全面、纵深的传播，使不同类别的公众能够从各自的角度来了解组织，起到深化传播的作用。

3. 书籍

书籍是历史悠久的印刷媒介，其特点有以下六个方面。

（1）内容系统完整。书籍一般是就某一方面的问题进行全面综合的论述，一本书读完，对某一问题可能就基本了然于心了。

（2）观点鲜明。书籍的作者很少，多则几人，少则一人，通过书籍可以鲜明地体现出作者的观点，使读者获得比较全面的感知。

（3）深刻生动。书籍由于内容包容量大，可以极为深刻地论述某一问题，对之进行多方面的阐述，同时，书籍可以进行细节描写，使某些内容形象生动，感染力不亚于电视，且具有电视及其他媒体难以相比的震撼力，给人留下的印象持久深刻。

（4）时效性较差。虽然现在书籍出版的速度已大大加快，但与其他媒介相比还是较为迟滞，尤其是关于时事方面的论述，更非书籍的长项，通常只能进行事后的综合分析。

（5）价格高。书籍较其他印刷媒介，价格要高出许多，这也影响了书籍信息传播的速度，在当今社会，信息充斥、生活节奏加快，公众对书籍的选择更加挑剔。

（6）保存性好。书籍具有良好的存储性，人类接收的大量知识与信息，多是通过书籍流传下来的，即使进入信息时代，通过书籍保存与传播信息，仍然具有十分重要的意义。

对于组织来说，可以利用重大活动，编辑出版一些关于组织发展历史或体现组织重要业绩的书籍，使公众对之有深度、全面的了解，发行的方式以赠送为主。组织领导人也可通过个人传记等方式来阐述组织文化，展示组织的经营宗旨与成长历史。

二、组织传播媒介

组织传播媒介是组织利用自身信息传播的条件，针对内部公众开展公共关系活动的重要手段。它也可以分为两大类，即电子媒体和文字媒体。

（一）电子媒体

1. 局域网络

局域网络是指组织自设的内部封闭式的信息平台，通过互联网的形式在组织内部传播重要信息，实现无纸化办公。

局域网络的特点是信息传递快捷，便于查阅内部资料，相关信息全面，使用不受时间限制，便于在线沟通与管理。

2. 闭路电视

在现代传播技术日益发达的形势下，很多组织已经完全有条件建立内部的电视传播网络系统，以针对组织内部公众开展信息传播活动。这种内部的电视系统，即我们常说的闭路电视。

闭路电视的特点是内容短小精炼，信息及时，针对性强，传播效果好，收视率较高。但大部分自办电视台的节目制作技术水平比较低，信息容量较小。

3. 内部广播

内部广播是指组织自己设立的、针对内部公众进行信息传播的有线播音装置，俗称大喇叭或话匣子。

内部广播的特点是广播内容及时，针对性强，传播速度快，覆盖面集中，但收听效果难以保证，信息接收的准确率低，传播内容单一。

（二）文字媒体

一般有条件的组织都会自办文字媒体，主要包括以下四种。

1. 内部报纸（简报）

内部报纸是指组织自办的宣传报纸，主要登载组织的新闻、消息、报道等，其特点是时效性强、信息量大，能起到很好的信息沟通的作用，但不便保存。

2. 内部刊物

内部刊物是指组织针对内部情况，不定期（院校除外）地出版一些专业性刊物。这些刊物也对外发行，会赠送给组织的目标公众及普通外部公众，其特点是内容集中、全面，撰稿者多为内部员工，可读性强，便于保存，对员工的指导作用大，但发行量小。

3. 黑板报（公告板）

组织利用黑板报或公告板等形式不定期地传递一些重要事项，其特点是内容新颖、时效性强、主题明确，具有鼓动性，可读性强，阅读率高，但一般更换缓慢。黑板报在20世纪50~70年代发挥过十分重要的作用，尤其是在中小学校园及广大农村地区。今天，在一些企业或学校，公告板正取代黑板报，在重要信息提醒、企业文化传播等方面发挥着独特的作用。

4. 海报与活页传单

这是组织为某一事项针对内部和外部公众发出的通知性信息，其特点是内容简单、明了，时效性极强，阅读率高，但不易保存，难以给受众留下长久记忆。

三、个人传播媒介

今天，个人传播媒介极为普及，组织针对公众开展宣传活动，就要全面了解个人传播媒介的特性，从而提高组织与个人传播沟通的效果。

1. 电话

电话包括有线电话和无线电话（手机）。今天，在组织与公众的交流中，电话是十分重要的媒介。电话在组织沟通中的特点包括以下三个。

（1）语言交流为主。电话只闻其声，未见其人，声音的作用很重要，因而，组织的公共关系从业人员以什么样的语言和语气与公众（接听者）交流显得格外重要。

（2）信息明确、清楚。电话主要以声音的形式传递信息，公众在了解信息的过程中一般注意力比较集中，因此公共关系从业人员通过电话传递信息，一定要口齿清楚、内容明确、语速适中，声音平稳、不急不躁，主题集中、内容通俗、语言简洁，能够激发起公众的收听兴趣。

（3）时间有限、讲求效率。组织的公共关系从业人员直接与公众通话，是一件较为冒昧的事情，可能随时遭到拒绝，故而通话必须控制在较短的时间内，注意讲求信息传递的效率。

今天，手机短信及个人微博、微信、钉钉等社交软件已经使用得比较普遍，视频通话、在线直播等沟通方式成为家常便饭。组织如果适当利用短信、微博、微信公众号、语音留言、小视频直播等途径进行传播，也会取得较好的效果。

2. 信件

组织通过某种渠道（如商务活动或顾客档案）获知公众通信的地址，通过书信往来进行信息传播，这也是一种效果较好的沟通方式。

书信在传播中的特点有以下五个。

（1）针对性强。书信的邮寄需有明确的通信地址。直接寄给目标公众的信件会让公众感到一种尊重，因而公众接到组织寄来的信件后，一般都会对组织留有较好的印象。

（2）阅读率高。目标公众收到信件，一般都会阅读，从而信息的传递效率较高，因此组织发给公众的信件一定要对内容质量有较高的要求。

（3）印象深刻。信件通常是以文字的形式传递，可以被反复阅读并易于保存，会令公众保持较久的记忆。

（4）贴近感情。信件内容通常寓理性和情感为一体，借此可以有效拉近组织与公众的距离，不失为一种较好的沟通方式。

（5）有一定盲目性。对于寄出的书信，组织无法测定阅读的效果，反馈的概率很低，加上地址有一定的变动性，因而难以形成固定的沟通渠道。

3. 电子邮件与在线聊天

这是利用互联网实现双方沟通的一种形式，其特点有以下三个。

（1）传递速度快、内容广。互联网使用的便捷性使即时通信与联络变得方便且经济，信息传递的效率很高，沟通的双方可以迅速实现全面的了解。

（2）交流沟通顺畅。组织与公众可以在互联网上随时进行文字或声音交流，畅所欲言，反馈及时，沟通比较到位。

（3）覆盖面较小。利用互联网通过电子邮件或在线聊天的方式进行沟通，需要事先建立起联系，如获得邮箱地址或聊天账号等。组织与公众的互动通常是一对一的，群组聊天的覆盖面也比较有限，但可以成为组织与公众进行深度沟通的补充。

4. 礼物

在现代社会，礼物早已成为组织与公众实现相互了解与沟通的一种手段，以礼物作为媒介，具有下述四个特点。

（1）意义丰富。礼物是组织与公众之间实现相互了解的重要沟通媒介。礼物是一种无声的语言，可以传递出赠送礼物者的诚挚情谊，给对方赠送礼物的话，一般会给对方留下深刻印象，也有利于较快地建立良好的关系，如果礼物寓意深刻，则效果更好。

（2）拉近距离。以礼物作为媒介与公众沟通，可以增进接受礼物一方对组织的好感，增进双方之间的了解，消除彼此的成见、疑虑或戒心，便于双方进一步坦诚沟通。

（3）覆盖区域小。赠送礼物给公众，主要是针对重要的目标公众，往往难以形成较广泛的覆盖面。此外，如果所送的礼物选择不当，则可能产生消极影响。

（4）选择礼物困难。选择何物作为礼物，也是一件十分困难的事情。确定恰当的礼物赠给重要的公众，体现了公共关系高超的操作艺术。

第三节 公共关系活动中的人际沟通

在公共关系活动中，人际传播是一种重要的传播手段。人际传播的目的，是通过组织中公共关系从业人员与公众面对面的直接沟通，为组织生存和发展营造良好的环境。

因此，在开展公共关系活动时，针对目标公众，既要使用大众传播媒介，又要善于利用各种各样的人际传播手段。

在公共关系活动中，公共关系从业人员可以在多种场合与目标公众直接交流。总的来看，有两种情况：一种是正式场合的人际沟通；另一种是非正式场合的人际沟通。

一、正式场合的人际沟通

（一）会议

在组织举行的各种活动中，最常见的形式是会议。通过举行会议，组织可以与目标公众增加认识、增进了解，通过交谈可以逐渐形成认同。

会议是组织一种极为重要的人际沟通方式，特点有以下四个。

（1）直接接触。举行会议时，参会代表大多是组织的目标公众。井然有序的会议流程可以为组织与目标公众结识、了解创造条件。在会议上，一些平时难以接触到的政治领导人、著名专家或学者等被邀参加会议，组织的公共关系从业人员有机会与他们进行面对面的交谈，有利于这些公众增进对组织的了解，拉近组织与公众之间的距离，并可能由此建立永久性的友谊。

（2）确立目标公众。会议的举行，往往设有主题发言。发言人有两类：一类是被邀请的重要嘉宾，如国家领导人、部门主管、行业协会领导人、业界知名人士，以及著名企业家、专家、海外友人等；另一类是主办方的主要领导人或重要合作伙伴等。通过主办方主要领导人的讲话，目标公众可以对会议的组织者有一个基本了解，组织也对主要发言人——重要嘉宾有了更直接的感知，组织借此易于确立重要的目标公众，并进行近距离的了解。

（3）深化了解。举办会议活动过程中，往往会安排较小型的会议，如专题讨论或者是必要的参观活动。这就给会议的组织者与参会者（目标公众）提供了更多的接触机会。通过专题讨论或参观活动，双方可以进行深入的了解与接触，特别是在某些重要问题上，组织的公共关系从业人员能够直接获知公众的意见或建议，这种沟通方式能够起到其他沟通方式所达不到的效果。

（4）增进感情。在会议召开与结束时所进行的接待和收尾工作也是公共关系从业人员与目标公众交流沟通的重要时机，尤其是在送别新老朋友时，公共关系从业人员可以利用这一机会与目标公众进行更多感情上的交流与沟通，主动强化组织在公众心目中的印象，推动公共关系目标的实现。

实际上，组织举办会议的根本目的，就是获得与目标公众直接沟通的机会。组织应该很好地利用这一形式，进行充分的人际沟通，将组织的重要信息传播出去，使目标公众对组织有比较全面、切实的了解。

观点链接

无论是专家还是门外汉，开会时都坐到一起，就一个特定的主题交流观点，共同提高认识。这种交流形式当然与记者招待会有着根本区别：记者从会上获得的东西显然比他们带来的东西多。一个企业把那些可能对某项新专利商品化感兴趣的专业公司代表请来参会，这就保证了双方可以在会上深入地谈及双方感兴趣的问题，并收到大量可能影响企业大政方针的反馈意见。为了澄清某些更具有普遍性的问题，同样也可以由同业工会邀请著名的国际专家参加研讨会。

"玻璃屋"政策使公共关系从业人员认识到，原来仅限于报刊记者参加的参观工厂的传统做法，也适用于那些对工厂感兴趣的读者。日益流行的做法是，一家公司特别是那些生产日常生活用品的公司，组织其销售网的大部分成员参观工厂。有的公司甚至形成了惯例，每年都组织类似的参观活动，让参观者直接了解生产和销售方面的情况。

资料来源：肖默利，于斯曼.1996.公共关系.侯健，译.北京：商务印书馆：95，96

（二）谈判

谈判是组织与目标公众的又一种直接接触方式，谈判较会议的范围要小，主题更加明确，探讨得也更加深入。在谈判过程中，人际沟通的特点有以下四个。

（1）接触过程直接。举行谈判是组织就某一问题与目标公众进行的直接沟通。仪式往往简单明快，双方谈话开门见山、直入主题，很快揭开直接接触、交往的序幕。

（2）沟通主题集中。谈判是组织与某一目标公众就某些具体问题进行的磋商，在谈判过程中，往往主题集中、不及其余，双方会就某一问题进行深入探讨。

（3）双方易涉及利益。大部分情况下，谈判会涉及利益问题，谈判主题虽然可能只涉及组织某一方面的问题，但都会影响到组织当前或未来的生存环境。因而，谈判也是组织的公共关系活动。不管组织与目标公众如何看待利益问题，双方通过谈判，可以实现进一步的沟通与了解。

（4）构建长远发展环境。谈判的结果无非两种，即达成协议和未达成。从公共关系的意义上说，无论成败，组织与目标公众之间都应致力于构建一种较为和谐的关系，尽量避免对营造良好的社会环境造成阻碍。组织应从长远角度考虑，在与目标公众谈判交流中，态度坦诚、平等沟通，积极为组织的未来发展做出努力。

（三）宴会和娱乐活动

在与目标公众进行直接交流沟通过程中，宴会与娱乐活动是常见的一种形式。它们在沟通中发挥着独特的作用。其特点主要包括以下四个方面。

（1）沟通气氛轻松。严肃而紧张的会议、谈判间歇或者会议、谈判结束后，步入餐厅或娱乐场所往往会使人的精神松弛、心情放松，彼此之间关系变得简单，友好的气氛也很容易形成。组织应该借此机会积极地与目标公众进行交流、沟通，以增进双方进一步了解。

（2）沟通目的明确。组织举办宴会、舞会或其他娱乐活动，不只是简单的吃饭或游乐，公共关系工作人员应利用这样的机会，了解目标公众，也让目标公众更多地了解组织。因此，宴会和舞会中的主题应更多地集中在向目标公众介绍组织的情况上，如谈一下筹备会议或谈判的过程、组织活动中发生的小故事等，语气轻松但主题明确，主要是使目标公众以轻松的心情去了解组织，为之后的公共关系活动做好积极的铺垫。

（3）增进了解。以宴乐的形式与目标公众进行沟通，还可以获得更多会议或谈判中无法获得的信息，如关于目标公众中一些人的个人情况、彼此的地域特点或风俗习惯、双方组织的管理制度或工作风格等。这会为相对枯燥和刻板的会议或谈判安排增加一些人情味，即使彼此之间在会议或谈判中未能就某一问题达成一致意见，也可以通过宴乐实现友好交流，增进双方的了解与理解，为以后的合作埋下伏笔。

（4）消除误解。安排宴乐，从公共关系的角度看，可以起到补充工作中疏漏与不足的作用。在会议或谈判过程中，组织与目标公众往往精神都比较紧张，对某一问题的看法原则性有余、灵活性不足，在某些方面易造成双方的误解甚或冲突。但是在宴席上或娱乐活动中，面对轻松的氛围，双方在某些方面的隔阂甚或矛盾则可能得到轻松的化解，组织与目标公众的交流会更加深入，有利于形成良好的沟通氛围。

总之，在公共关系传播活动中，正式场合的人际沟通是组织重要的传播形式，做好这方面的工作，对促进组织的公共关系工作具有积极的作用。

二、非正式场合的人际沟通

（一）游览

游览活动是组织在人际沟通中常会采取的一种形式，其特点主要包括以下两个。

（1）以活动促沟通。游览活动可以放松身心，如果活动安排得紧凑有序，地点选择恰当，则会使目标公众心情愉悦，对组织的印象长久而深刻；但若活动安排得不周到，则会令目标公众大为不快，快快离去，也会因此对组织产生不好的印象。因此，恰当、有序的游览活动对促进组织与目标公众的沟通和了解颇具意义，组织的公共关系从业人员一定要注意精心安排。

（2）借景传情。带领目标公众游览，不是简单的游山玩水，而是通过这样的活动，强化公众对组织的好感，增进目标公众对组织的了解。因而，公共关系从业人员应充分利用这一机会更多地介绍组织的相关情况，将山水之景与组织的公共关系活动联系在一起，使公众乘兴观景，起到借景传情的作用。

（二）散步

这是组织与公众在不经意间创造的沟通机会。其特点主要包括以下两个方面。

（1）轻松地增进了解。散步是一种良好的运动。在散步时人的精神放松而愉悦。当组织的公共关系从业人员与目标公众偶遇，继而同行散步时，可以借此营造自然坦诚的谈话氛围，这种看似不经意间制造的机会，会很自然地促进组织与目标公众的相互了解，增进彼此的好感。

（2）充分地交换意见。在散步过程中，对一些话题，如对于组织的看法、就某些问题的看法等表达自己的观点，双方可以充分交换意见，加深彼此的了解。

组织与公众进行主动的交流，其基本宗旨是平等地交换看法，努力寻求认同，让目标公众对组织留下良好的印象。

（三）聊天

聊天也是一种有利于双方加深了解的较好途径。虽然这是一种非正式场合的沟通方式，但在组织与公众缔结良好关系方面，聊天会起到重要的促进作用。其特点有以下两个。

（1）增进感情。组织的公共关系从业人员通过与目标公众聊天，会了解其较多的个人情况，如家庭状况、个人成长经历、从业感受等，同样，也会使目标公众更多地了解组织的公共关系人员，使彼此之间的感情更快地交融和贴近。这对于强化目标公众对组织的印象，具有十分重要的作用。

（2）深度接触。通过聊天，组织的公共关系从业人员有机会与目标公众进行深入接触，进一步了解相关事情的更多情况，并对公众所持有的立场、观点有一个更全面、准确地把握，便于组织的公共关系从业人员以恰当的方式与目标公众沟通，赢得对方的信任，从而实现组织的公共关系目标。

对于一个组织来说，虽然非正式的人际沟通并不显眼，但却十分重要。组织在开展公共关系传播活动时，应关注、使用这样一些渠道，使目标公众与组织建立更加牢固的信赖关系。

第四节　公共关系传播中的公众舆论引导

一、公众舆论的影响力

（一）公众的自我认知

如前所述，现代公共关系的形成需要具备四个条件，最后一个必备条件是：公众开始受到应有的重视与尊重，他们的地位在不断向着与组织平等的方向提高，这为公共关系的健康发展奠定了基础。公众是公共关系的对象，只有将公众地位提高到与组织平等的高度，公共关系的开展才具有实际意义。

中国曾经历了漫长的封建主义阶段，在此期间，官民关系极不平等，为官者高高在上，甚至拥有对属民生杀予夺的大权，同时，这种不平等关系也扩散到社会的各个层面，如所谓"上九流、下九流"观念带来的行业歧视等。因此，封建社会不会存在现代意义上的公共关系。随着社会的不断变革，普通民众的地位逐渐得到了颠覆性的提升，民声民意在公共治理中的分量逐渐加重，公共关系才有了存在的可能及空间。

社会进步最明显的标志是公众自我意识、自我认知的觉醒，即社会公众拥有了对自我、对社会行为的判断力，这成为舆论形成的基础。

公众的自我认知是指公众对自我行为、自我意识的价值判断与选择。公众具备自我认知能力需要以拥有文化知识为基础，而文化知识的获得有赖于社会进步和经济的发展。中国经过 70 余年的社会主义建设，各方面都取得了巨大的进步，公众的文化水平、社会文明程度得到了大幅度提高，特别是进入 21 世纪，互联网得到快速普及，信息全球化影响力不断扩大。至 2021 年 8 月，我国网民规模已经达到 10.11 亿人[①]，公众通过互联网表达个人的诉求、接收他人的观点，变得极为便捷，公众自我意识与认知、群体意识、社会意识、国家意识等均有了根本性的改变。互联网让世界变得一览无余，"网络空间是亿万民众共同的精神家园"[②]，在信息面前，人人平等。由此平等意识逐渐成为公众的基本认知，这为公共关系的开展缔造了必要的社会环境。

（二）公众舆论关注方向

舆论，亦即公众舆论，是指社会公众对某一涉及公共利益事件、问题时的意见和态度。舆论的本意是民众内心对所关注事件带有某种倾向性的反映。陈力丹认为，"舆论是一种群体意见的自然状态"[③]，但现代社会，传播媒介极为发达，自媒体异军突起，舆论形态呈现复杂多样的态势，舆论的走向具有更多人为操纵的色彩，但归根到底舆论本身的自由本性没有改变，舆论必须是"一般关系的实际的体现和明显的表露"[④]。

从公众关注的舆论方向看，主要包括以下几个方面。

1. 关注国家利益

公众是舆论的主体，公众对什么问题最关注，体现着舆论的内容。一般来说，公众普遍关心国家大事，特别是本国与周边国家的利益关系。在今天，国人与外界的联系更加频繁、广泛，我国与其他国家的关系自然成为中国人较为关注的问题。当国家利益受损时，往往会很快引起全社会的明显反应，有时会迅疾形成一种众多人参与的社会活动或在网上被刷屏为热搜头条等。

2. 关注社会敏感话题

平日里，公众对社会敏感话题都很感兴趣，一旦这些话题出现新的内容，马上就会形成舆论热点，如近年来的房价问题、反腐败问题、食品安全问题、环保问题等。对此，新闻媒体一有相关的报道，就会吸引公众的关注，该事件的相关人物容易迅速成为舆论中心。

3. 关注本地区的难点问题

对于很多社会公众来说，其所在地区存在的一些老大难问题也是舆论的热点，如冬季取暖问题、下水道外溢问题、地铁修建问题等，如果这些问题迟迟得不到解决，就会成为一段时间内舆论关注的重点，一旦问题解决了，这类的话题就会自然消失。

[①] 李政葳. 2021-08-28. 我国网民规模超 10 亿——解读第 48 次《中国互联网络发展状况统计报告》. 光明日报. 第 3 版.
[②] 习近平. 2017. 习近平谈治国理政. 第二卷. 北京：外文出版社：335.
[③] 陈力丹. 2012. 舆论学：舆论导向研究. 上海：上海交通大学出版社：2.
[④] 马克思，恩格斯. 1956. 马克思恩格斯全集（第 1 卷）. 中共中央马克思恩格斯列宁斯大林著作编译局，译. 北京：人民出版社：237.

4. 关注其他地区冲突或明星丑闻（隐私）

其他地区发生的一些冲突性事件或明星丑闻（隐私）曝光，尽管与绝大部分的公众没有任何关联，但也会很快成为舆论热点。在互联网便捷传播的环境下，"吃瓜群众""围观"一些冲突性的事件或明星隐私变得越来越容易，加上一些网络写手（如"大V"）的煽风点火，一些很小的冲突事件或明星丑闻可以迅疾在网上形成舆论话题，甚至可以强势排挤一些官方重大事件，"霸占"公众眼球。

5. 关注切身利益

当然公众最关心的仍然是与切身利益有关的问题，因此一些行业痼疾始终是舆论的热点素材，一旦有新问题出现，就会被很多业内人士高度关注，如建筑工人的欠薪问题、企业人员节假日的加班费问题、高校教师的科研考核问题等。某些极端案例的出现加上大量的"吐槽"，舆论热点很快就会形成。

（三）公众舆论对社会的影响

舆论从本质上来说是民意的反映，不论舆论的走向如何，都在某种程度上反映了民意，因而舆论往往会对政府决策、社会管理、经济发展等产生一定的影响。"水可载舟，亦可覆舟""得民心者得天下"等都是历代统治者挂在嘴上的"座右铭"，也常被今天的组织经营者、管理者奉为圭臬。

（1）影响政府决策（人事任免）。今天，某个特殊事件引发的公众舆论会直接导致政府一些重要决策的诞生、改变或者重大人事变动，尽管决策的做出无不经过了长期的调研分析及深思熟虑，但仍然与舆论的影响有一定关联度。如 2003 年的孙志刚事件发生后的 3 个月，即 2003 年 6 月 18 日国务院第 12 次常务会议通过了《城市生活无着的流浪乞讨人员救助管理办法》，该办法于 2003 年 8 月 1 日起实行，《城市流浪乞讨人员收容遣送办法》同时废止。2020 年 1 月底，新冠疫情在湖北省（主要是武汉市）首次出现，随后，各地先后启动重大公共突发卫生事件一级响应机制。恰逢春节期间，新冠疫情给社会公众的出行和生活带来极大不便，舆论反应强烈，随即引发人事变动。2 月 10 日，湖北省卫健委党组书记、主任双双被免职，2 月 12 日湖北省委书记蒋超良不再担任湖北省委书记、常委委员职务。

（2）影响司法判决。这些年来，个别突发刑事案件被热炒，导致舆论喧嚣，在公众中引爆了对司法工作中长期存在的某些问题的质疑，甚至直接导致某些案件的改判。比较典型的有 2009 年湖北省巴东县邓玉娇杀人案，当事人邓玉娇被免予起诉，2016 年于欢辱母杀人案中，当事人于欢由原来的被判无期徒刑改判为 5 年有期徒刑。正如英国哲学家约翰·洛克所说的，舆论常常被看成宗教与法律之外的第三种力量，这种力量是一种新兴的社会力量，不可小觑[①]，尽管其不可能参与司法判决，但也具有强大的道德审判作用。

（3）影响组织（以企业为主）经营管理。在一些严重或令人震惊的社会事件中，

---

① 转引自刘建明，纪忠慧，王莉丽. 2009. 舆论学概论. 北京：中国传媒大学出版社：15.

舆论的持续发酵，会对涉事组织带来重大影响，甚至直接导致单位领导人的更迭或者企业破产。比如，2008年下半年发生的毒奶粉事件，引发了舆论的强烈谴责。经法院裁定主要涉事企业三鹿集团宣布破产，企业董事长田文华被判无期徒刑。此事件更导致公众对中国奶粉质量的长期不信任。2018年11月，意大利奢侈品牌DG（Dolce&Gabbana）因为主要创始人和设计师在网上发表不当言论，引发舆论大哗，最终其产品在中国遭到抵制，全网电商平台下架，给企业的经营与在华发展带来难以弥补的损失。

有学者认为，"凡在舆论能够自主地发挥作用的地方，现代专业的公关工作就产生了。于是，公共关系工作从企业单位扩展到事业单位，扩展到社会上的各行各业"[1]。在一个舆论环境比较成熟的社会，组织更需要赢得公众的了解与认可，公众的接纳与信任成为组织基业长青的根本，公共关系有了用武之地。在这样的社会环境下，组织必须尊重公众，使公众意见能够得到足够重视。因此，组织的公共关系传播必须对公众舆论予以高度关注，并能够有意识地引导或推动。

二、公共关系传播影响舆论的类型

（一）新闻报道与"制造"新闻

对于有公共关系意识的组织来说，比起广告，新闻报道更能受到组织青睐。因为新闻报道具有真实性、即时性、中立性的特点。在互联网出现之前，新闻报道多由正式官方媒体掌控，内容的可信度极高，传播力度极强，公众的接受度和二次传播的主动性都处于极高的水平，对组织声誉的缔造能产生事半功倍、四两拨千斤的神奇效果，因而，组织要影响社会舆论，使用新闻报道无疑是较好的方法。

组织要想被媒体报道，并且其报道顺利通过新闻媒体编辑的审核，在正式媒体上刊载（播出），就必须要进行认真的策划和精心设计新闻事件，这被称为"制造"新闻。组织新闻的形成或者"制造"须具有一个基本的前提，即真实性，必须保证新闻符合基本的道德要求和其他本质特性。所谓"制造"新闻，绝对不是编造假新闻，而是以真实内容为基础，选择最佳的报道视角、报道时机推出对组织最有利的新闻。新闻事件天天有，但新闻记者获取的新闻十分有限，社会公众接触到的新闻更是屈指可数。组织为了能够在众多竞争者中脱颖而出，需要精心策划，像媒体的编辑一样，精心选择组织中真实发生的新闻事件，恰当编辑新闻稿件，突出组织的亮点、优点，使投出的新闻稿能够被媒体选中，以便让社会公众及时了解组织、关注组织，增进对组织的信任，提高组织声誉。这样的过程与其说是"制造"，更准确地说是策划。

观点链接

新闻报道是人的一种含有目的性的理性行为，人们在传播新闻时，必然对该新

---

[1] 孟小平.1989.揭示公共关系的奥秘——舆论学.北京：中国新闻出版社.

闻事实可能产生的影响进行评估，报道者只有在确认了它具有的社会意义，并且符合媒体报道的宗旨时，才会加以传播。这样做并不是否定新闻的真实性，因为观念性的陈述也是以客观存在的事实为依据的，只有对这一事实进行评价才会反映报道者的价值观。既然报道者要以自己的价值观去分析判断客观存在的事实，再据此决定传播什么和如何传播，策划和组织报道的本质意义也就此明了了。可以说，新闻编辑对新闻报道活动的策划和组织，本质上是根据媒介的新闻传播宗旨与原则，对报道的内容和形式加以选择，并通过对新闻报道资源的最佳配置和对新闻报道过程的组织控制，使新闻传播达到报道者所期望的效果。

资料来源：蔡雯.2001.新闻传播的策划与组织.北京：新华出版社：177，178

其实，所有的新闻报道都具有公共关系新闻的意义。因为每一篇新闻报道都服务于一个目的：增进社会公众对所报道组织的了解、理解、信任直至忠诚。过去，在大量的新闻稿件中，新闻报道的主体是政府，在市场经济环境下，媒体记者越来越多地把目光投向了市场主体——企业。当企业不断地成为媒体报道的主角时，企业的公共关系人员主动提供优秀的新闻稿以期更好地传播自身，就成了水到渠成的事情，"制造"新闻也就成为必然。与此同时，作为事业单位的学校、医院，作为希望谋求公众长期信任的大型跨国公司、国有企业、社会团体等，也开始对新闻报道格外重视，只要有合适的新闻事件，就会主动撰写新闻稿，努力通过新闻媒体报道自身，以赢得社会公众的关注，进而影响公众对自身的评价。不仅如此，多年前，一些新闻机构就开始致力于新闻报道的策划，这些媒体人在报道版面、报道视角、报道时机、报道形式、报道标题等方面都会进行精心选择。在自媒体进入媒体领域后，大量具有竞争力的媒体在新闻报道的呈现方式上展示出了高超的策划能力，全方位占领传播市场的融媒体已经成为大型媒体机构的主要存在方式。组织要想影响舆论，首先要主动报道自身的信息，在公众中赢得了解与理解。如果组织没有公共关系意识，被动等待新闻记者上门报道，那么大部分情况下不是独守一隅、默默无闻，就是负面舆情出现时，手忙脚乱、难以招架。

（二）议题设置与"制造"话题

议题设置来源于西方的议程设置理论。这一理论认为，"大众媒介或许无法指示我们怎样去思想，但它却可以决定我们看些什么、想些什么，什么问题是最重要的。换言之，大众媒介对某些事件或问题的强调程度，同受众对其重视程度构成了强烈的正比关系"[1]。进入21世纪以来，随着我国网络媒体的快速发展以及自媒体活跃程度的日益提高，议题设置开始走上公众关注的前台，一些"大V"或某些无良的信息生产企业会根据公众关注的问题或新闻事件进行趁火打劫——"蹭热点"，他们会抛出与热点新闻事件有某些关联的话题帖子，引导舆论方向，误导公众，混淆是非，甚至无中生有、制造事端。这种情况在前几年比较突出。近些年，我国经过网络媒体的法治化管理，一些

---

[1] 邵培仁.2007.传播学（修订版）.北京.高等教育出版社.352，353

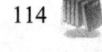

虚假的谣言或有意抹黑竞争对手的事件才有了明显的减少。

议题设置作为组织重要的公共关系传播手段也可以发挥积极的作用。当组织或组织领导人有勇于承担社会责任的优异表现或做出突出的社会贡献时，组织可以通过一个感人的小故事或者一张图片等形式，来进行设置策划，以引起公众的关注，使之成为一时的热点话题。这个话题的核心是将公众的关注点引向对组织的了解或激发公众对组织的好感上来。议题设置在表面上往往不露痕迹，公众难以察觉，但组织可以选择恰当的时机，通过"制造"话题来有效地影响舆论，为组织的生存与发展营造良好的社会环境。

（三）活动宣传（事件营销）

活动宣传是今天很多组织常常开展的公共关系活动，这一活动由于通常是企业做主角，内含明显的产品推广功能，所以也常被称为"事件营销"。各类组织进行的活动宣传最常见的主要有大型庆祝活动或纪念活动，如厂庆、店庆、校庆、院庆等，或者国家法定节日，如国庆、"三八"妇女节、"五四"青年节、"八一"建军节等；还有由企业或地方政府组织举办的产品展销活动，大型的如广交会、进博会、服贸会等，小型的有企业招商会、贸促会，以及啤酒节、动漫节等各类招商活动等；其他还有一些组织举行的开工仪式、奠基仪式、公益赞助等活动。这些宣传活动经常邀请大量媒体单位参加，在某些媒体上也会成为一时的报道主题，形成舆论热点。

近年来，我国政府在国际舞台上主动发声，讲中国故事，传播中国声音，展示中国气象，多次主办大型国际会议、举办各类国际重大赛事，赢得了极高的国际声誉，也进一步凝聚了民心，增强了国人的自信心和自豪感，取得了良好的国际、国内社会效应。会议期间的广泛深入宣传活动，形成了有利的舆论环境，并发挥出了重要的作用。因此"展形象，就是要推进国际传播能力建设，讲好中国故事、传播好中国声音，向世界展现真实、立体、全面的中国，提高国家文化软实力和中华文化影响力"[①]。

三、公共关系传播引导公众舆论

对于一个优秀的组织来说，通过主动的公共关系传播可以有效地引导公众舆论，为组织的生存与发展营造良好的社会环境。具体包括以下三种思路。

（一）顺势而为

当公众舆论呈现有利于组织发展的态势时，组织可以选择顺势而为，为组织营造积极的舆论环境。比如，园林管理机构在社会公众期望节假日景点不涨价的舆论下，主动迎合消费者需求，实施景点降价或免费措施，自然会为当地的旅游景点赢得良好口碑。对于组织来说，最重要的是识别舆论走向，不要逆势而行，否则会为组织招来众人唾骂，导致瞬间身败名裂。比如，个别房地产公司在社会"声讨"房价贵、只炒不住的舆论态势下，仍然高调推出豪华别墅、高价出租房等，企业领导人还发表嘲笑公众的言论，最终必然会引起效果反弹，对组织的声誉造成极大的损害。

---

① 习近平. 2023. 习近平著作选读，第二卷，北京：人民出版社：194.

（二）因势利导

组织在发展中，迫切需要营造有利的舆论环境，但舆论的态势往往未必符合组织的预期，对此，需要组织的公共关系人员，主动出击、因势利导，把舆论的风头扭转过来，形成对组织有利的局面。古语云"借东风送我上青云"，有利的舆论环境就是组织发展最好的东风。在传播十分便捷的今天，组织可以通过官方微博、企业领导人微博、组织官网等方式，主动宣传、及时发声，快速引导舆论走势，从而形成对组织有利的舆论环境，保证组织顺利健康发展。比如，在 2008 年北京奥运会开幕式上，主办方精心安排国际知名运动员姚明与汶川地震中表现突出的小英雄林浩一起出场，这一幕瞬间点燃公众情绪，使公众在中国首次举办奥运会的巨大喜悦中，回忆起 5 月遭遇的特大地震灾难，展示出中华民族坚定勇敢、迎难而上的精神风貌，对国家形象进行了极好的宣传。

（三）力挽狂澜

有人说，今天的时代是一个危机频仍的时代，几乎每天都有危机发生。一些经营运作看似正常的组织，常常在突发危机面前，瞬间坍塌，多年培育的声誉毁于一旦。其实，在任何一个时代，危机的存在都是常态，而当今时代信息传播更为发达、快速，面对媒体的放大镜，每一个微小的危机，都可能变成一根足以压垮原本已是外强中干的组织的最后一根稻草。其实压垮一个组织的与其说是危机，不如说是铺天盖地的负面舆论与无效迟钝的应对。面对危机，能够挽救组织的只有自己，组织只有在危机面前，保持应有的冷静，及时发声，快速行动，以最大的诚意与勇气面对媒体与公众，让真诚说话、让事实说话，把真相还给公众，这样才能挽狂澜于即倒，让组织绝地逢生，化危机为生机。

◆ 职 场 观 摩

超六成受访者 李子柒爆红，推动了传统文化传播

人红是非多。近日，关于知名短视频博主李子柒的争议引发了舆论的广泛关注。有网友赞其田园牧歌式的生活在海外圈粉无数，激起了许多"老外"对中华传统文化的兴趣和热爱，也有不少人觉得李子柒及其视频"假"：团队包装摆拍、过度美化农村生活、边拍视频边卖产品等。

短视频博主李子柒因拍摄乡村古风生活、传统美食、传统文化等内容走红，在海内外圈粉无数。

相比于那些搞怪猎奇的乡村短视频，李子柒无疑称得上是自媒体圈的一股清流。

美是无国界的。无论国内还是国外，人们喜欢李子柒的视频，是因为能从中感受到生活本真的美，是出于人们心底对美好生活共同的热爱与向往。

李子柒从最初一个人拍摄、出演、剪辑，包办所有工作，到现在组成几个人的小

团队，实现了那些斥巨资的大团队都未必能达到的传播效果。从这一点说，如果能更好地制作视频产品，有团队运作未必不是好事。

另外，李子柒拍的视频并非纪录片，如果混同了二者的区别，那么难免会有"过度美化农村生活"的观感。李子柒本来也是网店店主，以自己的影响力从事正当经营，拍视频的同时卖产品，也无可厚非。

退一步说，李子柒至少对传播传统文化起到了正向的导引作用，其制作手法如何，已经不那么重要了。

文化的传承，离不开每一个小小个体的实践，就如最近同样火爆的西安"不倒翁小姐姐"冯佳晨，一个人带火了一座城。虽然不能把李子柒、冯佳晨们所呈现的完全等同于传统文化，但每一个热爱生命、努力生活、以一己之力为社会带来热量的个体，都值得尊重。

资料来源：井彩霞. 超六成受访者 李子柒爆红，推动了传统文化传播. http://www.chinanews.com/sh/2019/12-14/9033581.shtml，2019-12-14

实务演练

1. 上网搜索李子柒的视频，讨论李子柒销售行为的公共关系意义。
2. 课堂辩论赛：微信对学习与生活是利大于弊还是弊大于利。
3. 去报社或电视台、电台了解媒介与企业的关系。
4. 沟通能力训练：走进公共场所与陌生人交谈。（操作提示：先在教室里，由其他同学扮演不同的角色，让一个同学与他们交谈，打破陌生僵局；然后，走出校门，与真正的陌生人交谈。回来后交流感受。）

第六章 公共关系对象——公众

【带着问题预习】
1. 什么是公众？
2. 在公共关系中公众主要区分为哪几类？
3. 公众的心理和行为具有什么特点？
4. 组织如何处理与不同类型公众的关系？

【课堂学习目标】
1. 掌握公众的含义、特点及分类。
2. 熟悉公众的心理倾向与心理影响。
3. 了解内部公众中员工关系、股东关系处理的意义。
4. 了解顾客关系、媒介关系、政府关系及社区关系的处理办法。

第一节 公众概述

公众既是公共关系的对象，也是组织公共关系优劣的主要评判者。对公众的研究是公共关系的重要内容。对于组织来说，只有明确自己的目标公众，系统地分析和认识公众对象，才能有的放矢地制定公共关系的目标、策略和方法，也才能合理选择公共关系的内容、方式和途径，使公共关系工作建立在科学分析的基础之上，并且切实有效。

一、公众的概念

从公共关系学的一般意义上说，公众是指与组织利益相关并相互影响和相互作用的个人、群体或其他组织。区别于一般意义上的群体概念，"公众"在公共关系中是一个特殊的范畴，通常与组织直接相关，是公共关系工作对象的总称。

（一）相关概念解析

在日常生活中，"公众"一词已被广泛使用，它在公共关系学科中的含义不同于日常生活中的含义，也不同于其他学科中的内涵，具有特殊性。在社会学中，公众即大众，指社会上的大多数人；在公共关系学中，与特定的组织相关的个人、群体或组织，都被称为公众。

为了更清晰地界定公众的概念，需要将人群、受众等易混淆概念进行区分。"人群"作为社会学用语，着重强调人与人之间的聚集状态，不论人群间是否存在相互连接的纽带或同盟关系，只要人们聚在一起就可以称之为群。

"受众"是一个传播学概念,在新闻学、广告学中也通用。其含义似乎与"公众"相似,在公共关系学中也经常使用,但是在不同的学科,受众与公众的含义有微妙的差异。在新闻学、广告学中,"受众"通常是活动、信息、资料的接收者,"受众"具有天然的被动和消极特征,处于信息接收的末端。

公众的概念强调群体与组织的内在联系。公众与组织之间的关系是相互的,公众会通过一些方式和手段影响组织。从信息传播的线路上看,公众和受众都是信息传播的对象,即信息的接收方,但是受众通常只是消极地接收,与公共关系活动的目标——激发公众积极参与没有关系。因而,在公共关系学中,我们通常认为受众特指公共关系活动的消极接受者,而公众是指公共关系活动的积极参与者。

> **观点链接**
>
> 公众是公关工作中一个非常重要、非常活跃的社会群体,以投石入水为例,把组织当做石子投入水中,就会产生一轮轮的波纹,波纹越大,层次越来越浅,这样就形成了关系的亲疏远近,最里面的波纹距离组织最近,好似内部公众,最外面离组织最远,但仍与其相连,好似外部公众。这些内外公众共同构成了组织的公关工作对象。研究内外公众的构成、特点、分类及实务操作是公共关系学的主要内容。
>
> "公众"是公共关系中一个极其重要的概念,其重要性可与"公共关系"这一概念相提并论。因为没有公众就没有公共关系,一切公关工作都是围绕着公众而展开的,没有公众,公共关系就无的放矢,毫无存在的价值和必要,这就如同没有上网的用户,互联网就只具形式,徒有空壳一样。
>
> 资料来源:陈先红.2017.现代公共关系学.2版.北京:高等教育出版社:154-155

(二)公众的内涵

在公共关系学中,公众特指任何被共同利益或共同关心的问题联结在一起的群体。更为重要的是,这种群体对组织会产生重要的影响,是公共关系活动的对象。

公众至少包含以下四个基本含义。

(1)公众是组织传播沟通的对象的总称。从信息传播的路径来说,公众是传播沟通过程中的接收方,与信息传输方构成相关联的整体。从效用反馈来说,公众的态度和行为能够对组织产生重要的影响,并进而影响组织的信息输出。

(2)公众一般以特定组织的形式而存在。由于公众与组织之间的内在关联性,公众身份的获得通常来源于组织公共关系活动的开展。现实生活中,个体因为面对的组织不同或者对公众划分方式的不同而获得不同的公众身份。公众身份的消失并不意味着个体实体的消失。

(3)公众面对共同的问题,往往会构建起利益同盟。公共关系活动中,组织面对的对象可以是分散的个体、群体或组织,但当组织发出公共关系活动时,这些个体、群体和组织就因为面对相同的问题或利益而成为公共关系活动的对象。

（4）公众是客观存在的。公众的存在不以主体的主观意志为转移。公众存在的形式是现实生活中的个体，公众身份的激活，对应组织公共关系活动的开展，同时伴随公众的需要和动机。以上过程均是客观存在的，组织必须正视并系统分析。

19世纪30~50年代，美国的拉扎斯菲尔德、霍夫兰等传播学者在实证研究中发现，传播往往只能强化人们的既有倾向，信息流通过程和说服机制比较复杂，认同效果的生成也受限于具体的前置条件和干扰因素。爱德华·伯内斯则认为，人的天性和偏见难以改变，群体心理和集体行为也难以调整，公共关系不要挑战人性的积习，更不要试图迎合所有琢磨不定的欲望，倡导双向沟通的模式是明智之举。[①]

20世纪90年代，格鲁尼格提出了著名的卓越公共关系理论。该理论依据这样的世界观：相互依存，系统开放，动态平衡，地位平等，自主自立，有效创新，民主管理，担负责任，解决冲突，尊重公共利益。在这样的世界观的指导下，组织与公众之间必须构建起双向均衡的沟通主体关系，双方通过协同性倡导和合作式对抗构建互利双赢的和谐环境。

二、公众的特征

根据对公众概念和内涵的分析可以看出，公众是不同于群众、群体、受众的特定概念，公众在公共关系领域有其特殊性。

（1）整体相关性。公众不是单一的个体或者单一的群体，而是与组织运行相关的整体环境（即社会环境），个体和其他公众构成一个统一的整体，不可分割。组织和公众构建的环境密切相关，公众环境的恶化即意味着组织生存环境的恶化。

（2）利益共同性。就公众的组成而言，公众内部的各单元并不是一盘散沙、毫无关联的，公众单元之间通常存在内在联系，使其凝聚成为共同性的整体。利益是公众共同性的主要影响因素。利益因素帮助组织区分公共关系活动的公众类型，使公共关系在不同的领域有不同的处理模式，有利于引导组织有针对性地开展公共关系活动，并有利于组织制定恰当的公共关系策略。

（3）行为多样性。公众的组成是多样的，其形式可以是个人、群体、团体的，不同的公众，其行为方式也不相同。分析公众行为的多样性能够帮助组织寻找合适的信息传播渠道，提高公共关系活动的信息到达率和活动的有效性。

（4）关系动态性。公众相对于组织而存在，始终处于一种动态的变化中。比如，出门旅行的游客在乘坐飞机期间是某航空公司的公众，而当其走下飞机后就不再是这家航空公司的公众了。基于这种关系的动态性，在公共关系活动中，组织必须监控公众环境，以公共关系管理的意识分析当下的公众环境，并及时调整公共关系活动的目标和策略。

---

① 转引自胡百精，高歌. 2017. 公共关系对公众的想象. 新闻大学，（6）：125-132, 155-156, 157.

三、公众分析

从公共关系目标设定的角度来看，公众分析能够帮助组织锁定目标公众，引导公共关系活动的方向，增强公共关系活动的有效性。从公共关系实践操作的角度看，公众的构成非常复杂，公共关系政策的制定和公共关系方法、技巧的运用，都依赖于对公众的科学分析。

1. 公众的隶属性分析

按公众的隶属关系不同，公众可分为内部公众和外部公众。内部公众一般与组织有归属关系，是组织的构成部分，它包括组织的职工、员工、股东及家属等。这类公众与组织有着密切的关系，他们的意见、态度、情感等对组织的生存与发展会产生直接影响，同时组织的境况也直接决定着他们的利益，他们是组织最重要的公众。协调好内部公众的关系，是组织公共关系工作中最重要的任务，是组织内求团结、外树形象的保障。外部公众是指那些与组织没有归属关系的公众，是组织面临的外部微观环境，包括政府公众、社区公众、媒介公众、消费者公众、同行公众、社会名流公众等。

2. 公众的生命周期分析

按公众发展过程的阶段不同，公众可分为非公众、潜在公众、知晓公众和行动公众。非公众是指与本组织无关，其观点、态度和行为不受该组织影响的公众。明确了组织的非公众，可以减少公共关系工作的盲目性，避免浪费不必要的精力和时间。当某一社会群体、个人与组织发生利益关系、组织行为引起某个共同问题时，由于这些问题尚未暴露或这些公众还未意识到问题的存在，这些公众就成为组织的潜在公众。因此，及早发现潜在问题及可能出现的后果，着手采取行动，是有预见性的公共关系工作。知晓公众是由潜在公众发展而来的，当潜在公众意识到自己面临的问题时，就会发展成为知晓公众。这时，组织就要积极沟通、主动控制，以引导局面。行动公众是由知晓公众发展而来的，当知晓公众采取实际行动或准备采取实际行动来解决所面临的问题时，他们就成为行动公众。对于行动公众，组织要冷静处理，防止事态扩大，使问题得到妥善解决。

3. 公众的利益相关性分析

根据公众和组织之间的利益相关性，公众可分为首要公众和次要公众。

首要公众是指对组织的生存和发展能够产生重大影响，甚至具有决定性意义的公众，如政府要人、社会名流、新闻记者、意见领袖等。次要公众是指那些对组织的生存和发展有影响，但影响程度不大的公众，如普通消费者。

一般来说，首要公众是少数的，而次要公众往往是大量的。所以对于首要公众来说，组织应投入大量的人力、物力和时间，将其作为公共关系工作的重点。对次要公众要注意其群体倾向，加强引导、转化。首要公众和次要公众是相对的，二者可以相互转化。

4. 公众的议题卷入程度分析

按公众对议题的卷入程度，公众可分为积极公众和消极公众。

积极公众是与组织之间的互动关系已经形成、对组织的问题认知和卷入较深，对组织积极施加影响的那部分公众。消极公众是与组织存在内在关系，但又因对这种关系的认识不够，或尚未察觉该组织的行为对其造成的影响，同时又具有察觉、卷入和认知这些问题的可能性，但目前对组织的行为和传播持消极不干预、不影响、不积极反馈态度的公众。

对于积极公众，组织只需要捕获他们的注意，并且提供完整的信息，就能够使公众主动探求信息。对于消极公众则可以密切关注其动态，随时了解其变化倾向。对公众的议题卷入度分析能够指引公共关系活动的策划方式和信息传输方式，合理配置公共关系经费。

观点链接

> 杜威提出，公众乃因特定议题而生，即为了特定议题、兴趣或合作、抗争的需要而组成的临时性群体。这个论断显然忽略了组织与公众、公众内部多元个体之间的社会关系。而在关系流派看来，公众被认为是组织利益赖以实现的合作网络，实质上是组织利益的延伸或组织主体身份的投射。换言之，公关的核心价值乃基于组织与公众合作关系的实现，传播或沟通不过是利益驱策的微观手段和技巧。如此，公关的世界便出现了两类公众，即议题公众和关系公众，对二者的延展分别确立了公关的传播管理职能和关系管理职能。
>
> 资料来源：胡百精，高歌. 2017. 公共关系对公众的想象. 新闻大学，（6）：125-132，157，155-156

第二节 公 众 心 理

公众作为公共关系活动中的对象，也是组织的目标人群。在公共关系活动中，公众的个体心理与群体心理均发挥着重要作用。

一、公众的个体心理

在公共关系活动中，公众首先是以个体的形式存在的，其对信息的接触、注意、理解、记忆等均表现出普遍的个体心理特征。

（一）公众的需要、动机和兴趣

需要反映了有机体对其生存和发展条件所表现出的某种缺乏。这种缺乏既可能是生理的，也可能是心理的。动机则是引起、维持和促进个体行动的内在力量。兴趣是指一种积极探索某种事物的认识倾向。当一个人经常主动地观察某种事物时，就可以说是对这一事物产生了兴趣。在公共关系活动中，了解公众的需要、动机和兴趣是公共关系活动的初始点，是理解公众行为的必要途径，对提高公共关系活动质量具有重要的意义。

1. 需要

1943年，美国心理学家马斯洛在《人类动机理论》一文中首次提出了需要层次理论，这一理论对揭示需要与公众行为的关系有着重要的启发意义。马斯洛认为，人类有五种基本需要，即生理的需要、安全的需要、归属和爱的需要、尊重的需要和自我实现的需要。人的需要是有层次的，有时需要决定人的行为。马斯洛需要层次理论系统阐述了需要的类别、需要的发展，以及需要和行为之间的关系，认为在个体发展的不同时间、不同情境下，其需要的结构在个体内部的优势位置也会发生变化。为了实现提高组织知名度和美誉度的目标，分析公众需要，并不断满足公众新的需要、争取公众的支持是组织公共关系工作的基本取向。

2. 动机

人们从事任何活动都由一定的动机引起的。引起动机有内外两个条件，内在条件是需要，外在条件是诱因。需要经唤醒会产生驱动力，驱动有机体去追求需要并获得满足。例如，血液中水分的缺乏会使人（或动物）产生对水的需要，从而使需要处于唤醒状态，促使有机体从事喝水这一行为。动机既可能源于内在的需要，也可能源于外在诱因的刺激，或源于需要与外在刺激的共同作用。

需要可以直接引起动机，从而导致人们朝特定目标行动，而满足需要的动机具有多样性。例如，饥饿是个体的一种生理需要，而缓解这一生理需要的动机可以有多种方式，同时对食物及觅食地点等的选择也具有了多样性，因此外在诱因在其中发挥着重要作用。在公共关系活动中，组织要根据公众的需要，激活其特定的行为动机，使公众的行为有利于组织，从而提高组织公共关系活动的有效性。

3. 兴趣

兴趣不是天生的，它是在社会实践活动中产生和发展起来的。需要是兴趣产生和发展的基础。人们的需要是多种多样的，因此，兴趣的内容也十分广泛。由一般生理性需要所引发的兴趣是暂时的，需要得到满足，兴趣就会消失或转化，而建立在高层次需要基础上的兴趣是较为长远和持久的，一般随认识的不断加深，兴趣会更加强烈和浓厚。

在公共关系活动中，公众的兴趣发挥着重要的作用。只有充分地重视、利用和引导公众的兴趣，才能使公共关系活动取得实际成效。具体表现在公众的兴趣对公共关系目标发挥导向作用，对公共关系过程发挥能动作用，对组织发挥启迪和引导作用。

（二）公众的信息接收

在公共关系传播过程中，公众对信息的接收是一个非常复杂的过程，其对信息的接收和理解受愿望、需要、态度、动机及其他心理因素的影响。一般而言，公众在接收信息时包含选择性接触、选择性注意、选择性理解和选择性记忆。

（1）选择性接触，是指个体在接触信息时，总是愿意接触那些与自己原有态度一致的传播信息，而避免那些与自己意见不符合的传播信息。接触那些与受众原有意见不符合的信息会使受众心理处于一种不和谐的状态，因此为了避免出现心理上的不和谐，最有效的方式就是避免接触此类信息。例如，一位刚买了轿车的顾客，一旦把轿车开回家，他希望避免接触的信息是轿车售价方面的广告，因为他不愿意接触那些与自己行为相悖的信息，以免后悔。

（2）选择性注意，是指人们无法事先决定信息的内容，不可能对所有的刺激做出反应，因此，人们总是倾向于关注那些与自己的固有观念、态度、行为相一致的或是自己需要的、感兴趣的信息。同时，在个体的普遍注意过程中，信息的特征也会影响公众的选择性注意，包括信息的对比、强度和变化等。

（3）选择性理解，是指不同的人对同一信息做出不同的意义解释和理解。一般来说，影响个体选择性理解的因素主要包括需要、态度和情绪三个方面。

（4）选择性记忆，是指人们只记忆对自己有利的信息，或只记自己愿意记忆的信息，而其余信息却被忘却，这种记忆上的取舍，称为选择性记忆。选择性记忆可以分为输入、存储、输出三个阶段。

公众的这四种选择过程被称为"四重防御体系"。因此，组织向公众传播信息，就必然必须要注意这四重防御体系。

（三）公众知觉偏差

知觉是人脑对当前直接作用于感觉器官的客观事物的整体反映。公众的知觉偏差，是指在一定社会条件下，由于人与环境相互作用而出现的、公众对于某一对象（人、事、物等）认知过程中产生的偏离现象。在组织与公众交往的过程中，特别是在公共关系活动中，如何利用公众普遍具有的知觉偏差，恰当对待和处理公众的知觉偏差，是组织必须认真思考的问题。

（1）首因效应。首因效应（首次效应）通俗来讲就是"第一印象"。在公共关系活动中，公共关系人员与人打交道要十分注意自己的仪表形象、言谈举止，以便给人以良好的第一印象；同时，公共关系人员与公众交往又要尽量避免出现第一印象的认识偏差，以及因第一印象的偏差可能造成的错误判断。首因效应不仅来自直接的接触，很多情况下也来自传播媒介的间接影响。因此，组织开展公共关系活动，应注意传播媒介的特殊功能，要从一开始就十分注意，让组织在各种媒体上树立起良好的形象。

（2）近因效应。近因效应是指因最后给人留下的印象而产生的影响。例如，文艺演出，放在最后的节目往往是最好的，也是最能吸引观众的。同样道理，在公共关系活动结束时，要搞得别具一格，气氛浓烈一些，要注意在结尾时制造高潮。一项公共关系活动如果"虎头蛇尾"，往往会失败。这与首因效应是一个道理，了解公众时，也要注意不要过分受近因效应的影响。

（3）晕轮效应。晕轮是一种特殊的光学效应，有月晕和日晕之分。"晕轮效应"由此引申过来，用以表示主体对认知对象的认知偏差倾向。它主要表现为"以木为林"、以偏概全的心理定式。晕轮效应也有正面和负面两个方面的影响。作为公共关系从业人员，可以利用人们的这种认知偏差，策划并开展一些公共关系活动。例如，北京的一些仿膳饭店，专门强调"皇家御用"，使顾客形成一种强烈的先入为主的印象，认为皇帝吃过的饭菜肯定不会错，因此吸引了大批的中外游客前来品尝。

（4）社会刻板印象。由于地理、政治、经济、文化等条件不同，人们往往对某一群体形成一种较为固定的看法，这种判断未必有充分的理由，但却在很多场合左右着人们对不同人群的评价和人格判断。这就是社会刻板印象。社会刻板印象也是一种以偏概全的思维方法，因为它只凭一些过去的经验，或是沿袭下来的看法，以有限的信息得出较为普遍的结论，当然容易出现偏差。刻板印象的存在，阻碍了人与人之间的正常沟通。因此，公共关系从业人员与人打交道时，切忌只凭学历、职业、地区、性别等方面的已知经验，对他人的品质、性格喜好等随意下定论。

（5）定型效应。定型效应也叫定型作用或经验效应，是指个体对对象进行认知时，凭借自己的经验进行认识、判断、归类的心理定式。也就是说，人们在认识他人或他物时，会自觉不自觉地根据自己的经验产生一种心理准备状态，这种准备状态使其对对象会做定型或定式分析。由于定型效应在公共关系活动中广泛存在，公共关系从业人员应注意利用定型效应：一是借此巩固组织在公众中的良好形象；二是要注意规避一旦因为某事或某人使组织在公众心目中的形象受损，就可能对其关联的组织产生定型效应。

（6）移情效应。移情效应是指人们在对对象形成深刻印象时，当时的情绪状态会影响其对对象本身及其关系者（人或物）的评价的一种心理倾向，即把对特定对象的情感迁移到与该对象相关的人或事物上，引起其类似的心理效应。首先，移情效应表现在"人情效应"方面，即以人为情感对象，并将自己的情感迁移到他人身上的效应。其次，移情效应还表现为由人情而"爱屋及乌"，爱某人而爱与其相关的一切。最后，移情效应还突出地表现在人们之间的情绪感染方面，即人的喜怒哀乐等情绪往往会影响其周围的人，从而产生情绪迁移。例如，现代广告的"名人效应"就是一种移情效应。乔丹成为耐克鞋代言人以后，乔丹的追随者都争相购买耐克鞋。由于移情效应的作用比较大，公共关系从业人员要自觉利用移情效应，积极提升公众的良好情感体验，有效地开展公共关系活动。

观点链接

作为社会心理学（或者他所称的"群体心理学"）的门外汉，艾维·李认为公众心理归根结底只有最基本的几条原则，这些原则来自历史的教训，而非科学实验室。艾维·李认为，自古以来所有伟大的"政治家、布道者和战士，只要他想领导人民，都曾体认这些原则"。

（1）与公众成功打交道的要诀在于赢得他们的信任。

（2）赢得公众的信任，要求领导者激发公众的想象，充分了解公众的想法。

（3）由于公众并不理性，塑造或激发公众的想法，唯有依靠象征符号和修辞。

资料来源：雷·埃尔顿·赫伯特. 2013. 取悦公众——公关之父艾维李·和美国公关发展史. 胡百精，顾鹏程，周卷施，译. 北京：中国传媒大学出版社：113

（四）公众的态度与行为

一般来说，态度由认知、情感、意图三个因素构成。态度并非行为，而行为以态度作为内在动力。态度是心理向行为过渡的临界点，态度是行为的准备状态，行为是态度的表现状态。态度的变化直接影响着行为的变化，行为的变化导致态度各个因素之间关系的变化。态度的这三个因素相互联系、相互制约，形成了一个相对稳定的统一体。态度作为一种心理现象对公众行为产生以下三方面的影响。

（1）通过公众知觉的选择性和判断性影响公众的行为。一般来说，公众的行为是由一定的外部或内部刺激引起的，但公众并不是消极地接受这种刺激，而是通过心理上的"加工"将其转化为外部行为，公众的态度在其心理活动中起着"加工"的作用。

（2）导引公众的行为方式。态度是一种内在的行为倾向，当这种行为倾向见之于实际活动时，就是完成的行为。因而，在通常情况下，公众的态度和行为是一致的。态度直接影响和决定着公众的行为，并具有预测行为的能力。

（3）决定公众行为的效果。不同的人对同一人或事的态度不同，即存在着态度差异，态度差异又影响着人的行为。一般来说，积极的工作态度会产生较高效能，消极的工作态度会导致低效能。

公众由不同的人组成，人的某种态度不是先天就有的，生活实践与学习对态度的形成或转变起着重要作用。态度一经形成之后就比较牢固和持久，但它并非一成不变，会随着外界条件的变化而变化。态度的转变一般包括两个方面：正向深化，即保持原方向，加大原有态度的强度；反向转变，即改变原有态度的方向和性质。例如，由消极变为积极，由反对变为赞成。这两种变化，前一种比较容易，而后一种难度较大。

二、公众的群体心理

公众群体心理是指公众处在某一社会群体中，在外部行为上表现出来的经常的、稳定的心理特点。公众群体由于分类与功能不同，其心理特征也就既有共性又有其特殊性。

1. 群体归属感和认同感

群体归属感是个体自觉地归属于所参加群体的一种情感。群体的成员都有强烈的归属于群体的共同心理特征，即具有依赖群体的要求。公众群体的归属感和认同感使公众在群体行为中表现出认知、评价和情感上的同一性，使公众群体成为具有内在联系的统一整体。在公共关系活动中，基于公众对群体的归属感和认同感，组织需要了解公众群体内部的凝聚力状况，关注公众群体的整体意识和排外意识。同时，为了能够使公共关系信息更好地被公众群体接受，公共关系人员要分析公众群体的结构，寻求公众群体的意见领袖的帮助，以便更好地影响群体中的其他成员。

2. 群体促进与群体抑制

在现实生活中，我们常常可以看到，个体单独不敢表现的行为，在群体中则敢于表现出来，个体在独处时很少做的事情，在群体中却做了。这种现象的产生是由于群体的存在激发或抑制了个体的行为欲望，提高或降低了个体行为的动力，我们将之称为群体促进或群体干扰。群体促进是指个体从事某项活动时，群体背景使其提高完成该项活动效率的现象。群体抑制则正好相反，通过背景设置可以起到抑制个体某种行为的作用。

在公共关系活动中，公共关系人员只有认识到群体促进和群体抑制现象的存在，才能更加有效地设计公共关系活动，设置恰当的公共关系活动背景，提升公众参加公共关系活动的积极心理体验。

3. 从众

从众是指个体在群体压力下，改变知觉、判断、信仰或行为，使之与群体中的大多数人一致的一种倾向。在公共关系活动中，公众的群体规范、群体压力是广泛存在的，个体在受到群体的暗示或提示时，会被引导做出符合群体要求或期待的行为。从众现象是一种普遍存在的心理现象，它是一种直接的、直觉的心理反应，不能与丧失立场、没有原则等混为一谈。

公众群体的从众行为使公共关系活动往往会出现一种奇特的现象，即公共关系活动更容易影响群体行为而非个体行为。组织在策划公共关系活动过程中，应系统分析公众群体的内在规范、所处文化环境、行为环境等，以便更好地引导公众的行为。

4. 社会流行心理和流言心理

社会流行和流言心理是公共关系学中公众群体心理的重要内容。社会流行既是一种心理现象，也是一种行为活动。社会流行是自发产生的，同时也能够被组织有意识引导。社会流行的产生、发展通常需要以舆论和流言为渠道。流言是一种公众愿望、公众情绪的反映，且所反映出来的情绪大多带有担心、恐惧、怀疑、不满、幸灾乐祸等消极成分，并具有煽动性。一般来说，流言传播的内容越是大家关心的，传播的速度就越快，传播的范围也越广。流言传播的途径主要是口耳相传，因此它往往会夸张和变形，使之越来越离奇；反过来，离奇的内容又更容易吸引人。从流言传播的内容来看，流言带来的往往是一些"坏消息"。俗话说"好事不出门，坏事传千里"，越是坏消息越是容易传播。因此，组织进行公共关系管理时要注意对流言的引导和监控，以确保公共关系活动的方向与既定方向保持一致，避免受到流言的干扰和影响。尤其在进入新媒体时代，手机用户的剧增，使流言借助网络媒体，更快、更隐秘地传播开来，其带来的后果更加难以控制。

5. 集群行为

集群行为是一种在人们激烈互动中自发产生的无指导、无明确目的、不受正常社会规范约束的众多人的狂热行为。集群行为不同于群众运动和群众活动，具有自发、狂热、非常规、短暂等特性。集群行为的产生首先需要有聚集的人群，以达到无法辨认个体地位和角色的要求，并且个体之间彼此互动，使激发的情绪能够被迅速传播，从而达到产生消除社会约束力的效果。集群行为的产生是由于群体感到做出反常行为会得到在场人的赞许，并且不会承担责任，于是群体就能够消除罪恶感、放纵自己，抛弃通常的法律与道德规则。

在公共关系活动中，公众集群行为往往可能在公共关系出现危机时产生，并快速蔓延，会对组织的生存和发展产生极为恶劣的影响。社会心理学家认为，群体的去个体化[①]是集群行为产生的重要原因，防范公众的去个体化能够有效预防集群危险或犯罪行为的产生。

第三节 内 部 公 众

一、内部公众的含义及特点

1. 内部公众的含义

内部公众是组织内部沟通、传播的对象，是指组织内部全体成员构成的公众群体，如企业的内部员工，政府部门内部的干部、工作人员等。内部公众一般包括三个部分：决策层（领导层）、管理层（执行层）、员工层（基层），对于股份制企业来说，还有股东。[②]内部公众与组织利益关系最密切，许多成功的企业都十分重视自己的内部公众。内部公众是组织内部公共关系工作的重要对象，同时也是其外部公共关系工作的主体。

2. 内部公众的特点

内部公众相较于外部公众，具有稳定性、密切性、可控性等特点。

（1）稳定性。稳定性是指在一定时间和条件下，组织内部的公共关系是相对稳定的。如果组织关心员工，保障其应有利益，组织内部的员工积极工作，以组织的利益为最高利益，公共关系工作面对的内部公众就会保持基本稳定。这种稳定性是内部公共关系工作努力追求的目标，同时也需要内部公共关系工作长期、连续地进行才能巩固这种状态。

（2）密切性。密切性是指内部公众与组织的关系最为密切和直接。根据组织行为学家的研究，影响人际关系亲、疏、好、坏的因素除了个性特点外，还包括距离和相似性。空间距离越近，越容易建立密切的人际关系；对各种事物的态度越相似，相互间的关系越密切。

正是由于这种密切性，内部公众对组织的情况较外部公众更加了解和熟悉，同时内部公众的利益同组织的整体利益息息相关，他们的工作效率直接关系到组织目标的实现。因此，组织可以充分利用这种密切关系，让员工为同一个发展目标共同努力。

（3）可控性。可控性是指与外部公众相比较，内部公众易于控制。组织一方面可以利用行政管理关系来控制和调节内部公众的活动；另一方面，由于员工与组织之间有着最直接、最密切的经济利益关系，在利益的直接驱动下，员工本身也具有自我控制的能力。

---

① 去个体化是指个体在群体中时，被群体的行为意识和目标所控制，失去大部分的自我意识和评价，难以意识到自己的价值与行为，自我控制能力严重下降，自觉加入群体中情绪化的、冲动性行为的一种现象。也就是说，在一个较大规模的群体中，个体往往受身边人或事的影响，他们无法以自己内在的价值标准和态度来支配自己的行为，而是根据别人的反应来行动。

② 对于一个股份制企业来说，股东是其投资者，是企业的"财源"，也属于组织内部公众的范围。尤其是现代企业制度普遍确立，股东公众已普遍成为现代企业的重要公众。

内部公众的三个特点是相互联系、相互依存的。内部公众的可控性是由其稳定性和密切性决定的。一个组织如果内部是相对稳定的，便易于控制和协调，同时，如果组织与内部公众的关系较为密切，信息便易于反馈，也使内部公众更具有可控性。

二、搞好内部公众关系的目的及意义

美国公共关系学专家 F. P. 塞特尔指出："公共关系如果没有良好的职工关系，想建立良好的外界关系几乎不可能。如果公司职工不支持公司，而要外界支持公司，也必无可能。公共关系人员已经逐渐认识到'良好的公共关系来自公司内部'。"[1]内部公众既是组织内部公共关系工作的对象和目标，又是代表组织开展外部公共关系工作的主体和实施者，是与组织自身相关性最强的一类公众对象。

1. 搞好内部公众关系的目的

内部公众是与组织关系最密切、最重要的公众，其心理状态、工作状态和协调合作状态，直接关系到组织工作效能的发挥。搞好内部公众关系，目的在于培养组织成员的向心力、凝聚力，激发其工作积极性、创造性，树立组织成员的主体意识和形象意识，从而提高组织的抗风险能力，实现组织的经营目标。

2. 搞好内部公众关系的意义

良好的公共关系应该从内部做起。内部公众和组织之间相互依赖、共存共荣。一方面，组织生存和发展离不开内部公众。组织各项目标的制定与实施，首先必须获得内部公众的理解与支持，依靠内部公众去实现。人才是组织管理走向现代化的可靠保证。美国通用汽车公司总裁斯隆曾说过："把我的资产拿走吧，但是要把我公司的人才留下，五年后，我将使拿走的一切失而复得。"[2]从中可以看出，人才（内部公众）对于组织生存和发展的重要性。内部公众对外也代表着组织的形象，组织应处理好与内部公众的关系，增强他们对组织的忠诚度与荣誉感，从而使其更加地努力为组织工作。另一方面，内部公众归属于组织，依赖于组织。对于组织来说，内部公共关系就是要通过有效的传播沟通方法在组织内部形成较强的凝聚力和向心力，培养内部公众的主体意识。任何组织领导者和公共关系人员都必须树立危机意识，高度重视内部公共关系的处理，只有内部团结一致，才能稳定发展。可以说，内部公共关系是组织公共关系的基础，是组织开展外部公共关系并取得成效的前提和保证。习近平曾指出："各族人民亲如一家，是中华民族伟大复兴必定要实现的根本保证。实现中华民族伟大复兴的中国梦就要以筑牢中华民族共同体意识为主线，把民族团结进步事业作为基础性事业抓紧抓好。"[3]

观点链接

21 世纪，雇员关系至关重要。根据一项获得好评的调研得出的结论，大约 60%的公司首席执行官将自己的时间更多地花在与雇员的沟通上。

---

[1] 转引自姚伟坤，等. 2018. 公共关系学. 徐州：中国矿业大学出版社：78.
[2] 转引自何春晖. 2011. 中外公关案例宝典. 3 版. 杭州：浙江大学出版社：3.
[3] 习近平. 2020. 习近平谈治国理政. 第三卷. 北京：外文出版社：299.

考虑到近年来内部沟通变得日益重要，原因是显而易见的……

调查结果显示，那些与自己的员工进行有效沟通的公司的赢利程度要远远高于未能与员工进行有效沟通的公司。一项研究发现，能够进行最有效沟通的公司带给其股东的回报率比内部沟通最缺乏效率的公司高57%。

上述现象表明"人力资本"的价值变得越来越重要了。在新的信息经济时代，企业管理者已经意识到自己最重要的资产就是雇员。因此，与雇员沟通已经成为培养和留住人才的重要手段。

资料来源：西泰尔. 2008. 公共关系实务. 10版. 潘艳丽，等，译. 北京：清华大学出版社：209

三、员工关系

员工是组织最为直接的公众，与组织的相关性最强。员工关系是组织公共关系中最重要的关系之一。组织希望员工对本组织产生认同感、归属感，员工则希望企业肯定和尊重个人价值，希望自己在组织中受到重视。美国伟达公共关系公司总经理罗伯特·L.狄思达曾说，好的公共关系始于家庭，而雇员是企业大家庭的组成部分。美国著名公共关系学者斯科特·卡特利普也指出："作为公共关系职能的一个组成部分，雇员决定着企业的成功或失败。"[①]北京长城饭店经理有一句至理名言：欲使长城饭店跻身世界一流饭店之林，有三件事至关重要——第一是员工，第二是员工，第三是员工。[②]因此，良好的员工关系是公共关系工作的起点，每个组织的公共关系的基本任务之一就是内求团结，搞好员工关系。要与员工形成良好的关系，可以从下面三个方面着手。

1. 尊重员工的个人利益和价值

马克思说过，"人们奋斗所争取的一切，都同他们的利益有关"[③]。离开了物质利益的经济关系是不存在的。只有充分尊重员工的个人利益，组织才能够得到员工的理解、认可、支持，组织的发展目标才可能实现。美国著名公共关系学者弗雷齐尔·穆尔认为："合理的人事政策是良好雇员关系的基础。"[④]现代化管理的主体是人，组织中人与人的关系如何，尤其是组织内部上下级之间的关系，各个职能部门、科室、班组之间的关系及员工之间的关系对劳动生产率有很大的影响，如何在人事管理中构建人与人之间的和谐关系，增强人的内在动力，是管理的一大难题。如果组织能够真正把员工利益放在突出的位置，时刻关注员工的需求，那么组织就能够处理好与员工之间的关系。稳定的工作、良好的工作条件、公平的报酬、为个人发展提供充分的机会、对工作成就的重视、有效的监督、有自由表达个人意见的机会和员工的要求得到满足等均是员工个人需求的重要体现。只有充分尊重并保障员工的个人利益，帮助他们更好地实现个人价值，组织才能获得员工的认可，组织的各项工作也才会得到员工的配合与支持。

---

① 转引自黄昌年. 2007. 公共关系学教程. 2版. 杭州：浙江大学出版社：75.
② 转引自丁军强. 2008. 公共关系原理与实务. 北京：清华大学出版社，北京交通大学出版社：82.
③ 马克思，恩格斯. 1956. 马克思恩格斯全集（第一卷）. 中共中央马克思恩格斯列宁斯大林著作编译局，译. 北京：人民出版社：82.
④ 转引自单振运. 2001. 新编公共关系学. 北京：中国审计出版社：291.

2. 尊重员工获知组织信息的权利

美国一项民意调查数据显示，90%的员工都渴望知道组织的最新动态，希望了解组织的内情，只有10%的员工认为组织的事与自己无关。[①]因此，尊重员工获知组织信息的权利，将组织的信息及时告知员工，是公共关系从业人员的重要工作。

员工不仅是物质资料的生产者，还是组织的主人，尊重员工的民主权利，组织在进行生产、经营、人事变动、对外交往等重大政策调整时，应及时告知员工，让其享有知晓组织信息的权利，尤其是当组织处于危急关头时，如何在第一时间争得员工的理解与支持，对组织的稳定和一致对外来说十分重要。因此，要向员工分享信息、让员工参与决策、参与管理，最大限度地激发员工的积极性和创造力，并努力在组织内部营造彼此信任的良好氛围。

组织可以通过健全内部传播渠道、完善沟通机制等形式达到与员工进行信息沟通和分享的目的，如采用出版内部刊物、出黑板报和墙报、定期召开会议、进行电话交流、进行网络沟通等形式，为内部沟通与信息分享提供更为广阔的空间，以便增强组织的凝聚力，使员工与组织紧密结合成有机整体。

3. 重视与员工的情感交流

在进行内部管理时，制定严格的规章制度是必要的，但这并不意味着管理不能带有感情色彩。能够用微笑来管理员工，创造宽松的工作环境，把员工当朋友、知音，在和谐、团结的气氛中真诚坦率地探讨问题，同样能达到和员工之间的双向沟通和交流的目的。如松下幸之助多次强调"人情味"管理等，感情投资和感情激励有时候比物质奖励还要重要。尤其在处理上下级关系时，领导对下属态度和蔼，不摆架子，视员工为朋友、兄弟，员工才能够而且乐意与领导交流、沟通感情。

组织可以通过员工大会、意见箱、设置领导接待日等方法，为员工发表意见、反映问题、参与管理提供机会，并及时答复相关建议和意见。组织还可以通过座谈会、茶话会、旅游、体育比赛等方式，让领导与员工之间及员工与员工之间直接接触，以达到情感沟通的目的。此外，祝贺员工的婚事和生日、帮助困难员工等均有利于加强与员工的情感交流。与员工持续进行情感交流，有利于培养员工对组织的忠诚度和归属感，增强员工的向心力。

资料链接

益普索"521"花艺沙龙深情告白活动

益普索是全球第三大市场研究集团，也是目前中国最大的个案研究机构。益普索的员工工作勤奋努力，为公司创造出骄人的业绩，公司也秉承"员工是公司最大财富"的理念，经常举办活动帮助员工放松身心和缓解压力，如设置"六一儿童节"的亲子日、读书日等，鼓励员工享受生活。为了丰富员工的文化生活，营造温馨和谐的工作氛围，（2018年）5月21日，益普索举办了"装点家园 助力公益"公

[①] 蔡炜. 2014. 公共关系学. 上海：华东理工大学出版社：90.

益插花活动，用花语表达公司对员工的"深情爱意"，来自公司各部门的数十名员工接受了此次"爱的告白"。此次花艺沙龙活动吸引了益普索员工的广泛参与，经过专业插花老师的耐心指导及员工的倾情投入，一件件生机盎然、清雅别致的插花作品悄然绽放。大家意犹未尽、兴致盎然，纷纷拿起手机对自己的作品拍照，沉浸在艺术与美之中。活动结束后，每位员工的插花作品都得到了专业老师的点评，并在现场进行拍卖，所得款项将全部捐赠给"儿童希望之家"。参加活动的员工纷纷表示，学习艺术插花使人修养身心、陶冶情操，自己将更加身心愉悦地投入到工作中，此外自己还将为公益事业贡献绵薄之力，感谢公司举办的这次插花活动，让自己的生活得变得更美丽、更阳光。

资料来源：佚名. 爱员工就要这样表达 益普索"521"花艺沙龙深情告白. https://www.ipsos.com/zh-cn/ipsos-news-aiyuangongjiuyaozheyangbiaoda-yipusuo521huayishalongshenqinggaobai，2018-05-22，有改动

四、股东关系

股东既是组织的"权源"和"财源"，又是组织的赞助者和支柱，同时也是最忠诚可靠、可依赖的内部公众。股东关系是企业内部公共关系的重要组成部分，对于公司的生存和发展来说将产生重要影响，有时甚至还会起到决定性作用。美国蒙森托公司总裁奎恩内认为："公司的事务与雇员、股东及消费者之间的利益有着不可分割的联系。这三个方面组成了公司赖以生存的三角支架。管理部门的工作必须使其中的每一方面都得到公平、合理、恰当的对待。"[①]

（一）处理股东关系的重要意义

目前，股东与企业之间的关系日益复杂化。股东成分不断变换，股东关系的对象不能简单理解为股东，它应包括以下几类人群。①股东，即分散在社会各地，或多或少地持有企业股份的投资者，这些公众不直接参与企业的决策管理，但出于自身利益的需要而对组织的各方面状况极为关注；②董事会，由股东代表大会选出，代表广大股东的利益，直接对企业进行决策管理；③金融专家，他们因特殊的身份对广大投资者的判断产生直接影响。因此，企业要搞好股东关系，必须将这三类人群同时纳入工作范围，有针对性地开展公共关系工作。

处理好股东关系就要稳定既有的股东队伍，坚定其信心，激发他们对企业的自豪感，增强其主人翁意识，同时争取潜在投资者的支持，吸引更多人成为股东、加入组织，这样做有利于开拓资金来源。根据国外公共关系专家的调查，股东的需求主要包括受到尊重和知晓公司情况，其中，公司情况主要包括公司的经营管理情况、公司的经营状况（赢利还是亏损）、公司的产品或服务项目、公司的业务拓展情况、公司的分红政策，以及公司在行业中的地位等。因此，处理股东关系就要对股东予以尊重并

---

① 转引自陈先红. 2009. 现代公共关系学. 北京：高等教育出版社：176.

与他们保持充分、频繁的信息沟通。国外的一些公司在印发向股东报告公司新消息的文件上，总是客气地写道："首先，我要把这令人兴奋的消息奉告给各位老板。"对股东除了充分尊重外还要勤于联络，及时通报信息，除好消息必报外，如果有必要，坏消息也应向股东通报，这样做在公司或企业遇到困难时才可能得到股东的谅解或帮助。

（二）做好对股东的公共关系工作

处理股东公共关系时，可以从以下三个方面入手。

1. 鼓励股东关心组织事务，视股东为自己人

股东是企业的投资者，企业的收益关系到股东财产的增值情况，因此，应鼓励股东关心组织事务，利用股东代表大会影响企业的经营管理决策。企业要充分尊重股东的权利。股东享有的权利有：参与企业经营管理权、优先认股权、经营成果分享权、剩余财产分配权、股份转让权等。企业在处理与股东的关系时，应不论其占有股份多少，都应当努力维护股东的正当合法权益，视股东为自己人。

2. 通过有效方式，及时介绍企业各方面的情况，消除股东对企业的误解

股东出于自身利益的考虑，对企业的经营状况十分关注，企业也要充分把握股东的心理，加强与股东的信息沟通，争取现有股东和潜在投资者的理解、信任，创造有利的投资环境，稳定股东队伍，吸引更多的投资者。企业应经常向股东汇报企业的经营管理情况和运营状况，如企业的方针政策、发展目标和计划，资金流动和运用情况，股利分配政策，盈利预测和企业财务报告，等等。美国的证券交易法规中明文规定，无论在什么时候，出现了有可能影响证券价值或者影响股东及投资公众投资决策的重大事项，都应该迅速予以公布。这就是所谓的信息公开原则。因此，企业在汇报相关情况时，不论企业经营状况好还是坏，均应如实告知，以期获得股东的帮助和支持，争取股东与企业共度时艰、同舟共济。有些企业采取有意掩盖企业的真实财政状况、发布过于乐观的盈利预测等不正当手段试图蓄意抬高或操纵证券价格，一旦真相揭开，对企业声誉和投资者信心均是严重打击。因此，尽可能地让股东全面了解企业经营活动方面的真实信息才是明智之举。

3. 提高企业在股东心目中的地位和威望，争取新股东的支持

股东关系的两大基本目标：维持已有股东，坚定他们的信心；吸引更多的股东，拓展企业的财源。企业股票价格影响着企业的声誉和发展。企业如果信誉良好、经营业绩良好，投资者争相购买其股票，股票价格也会随之上升，从而有利于增强企业的经济实力；反之，企业信誉不高、经营不善，股东纷纷抛售股票，股价下跌，企业就会亏损甚至破产。因此，企业公共关系从业人员要努力在股东面前塑造可以信赖的企业形象，除了及时公布企业生产经营状况等信息外，还应当征询股东的意见和建议，赢得他们的依赖与支持，使股东对企业的发展充满信心。

第六章　公共关系对象——公众　　　　　　　　　　　　　　　133

> **资料链接**
>
> **与股东的沟通**
>
> 　　洛克菲勒在创业之初，曾一度发生经营危机，种种传闻使股东人心惶惶。人们络绎不绝地找上门来了解究竟。洛克菲勒了解股东的心情，干脆把仅有的一些钱堆在桌上，另一边放着股票。他向每位来访者详细地报告了企业的实际情况，并客观分析了即将走出低谷、迅速发展的现实前景。最后，他告诉每一位来访者，如果感到没有保障，要想退股，现在即可提走现金。现金和股票让股东自由选择。结果竟没有一个要现金的，他们全被洛克菲勒那客观、自信又深刻的分析所折服，有的原想退股的，临走时反倒带走了更多的股票。这个事例告诉我们，只有了解股东、双向沟通，才能"对症下药"，真正解决问题。
>
> 资料来源：王光娟，赵悦. 2016. 公共关系学. 上海：上海财经大学出版社：93

第四节　顾　客　公　众

一、顾客公众的含义

　　顾客是企业外部公众中最直接、最大量、最主要的公众，没有顾客的支持，任何组织都不能生存。企业公共关系的目的就是使顾客对企业及其产品产生良好印象和给予较高评价，提高企业及其产品的知名度和美誉度，以争取更多的顾客，持续开拓和稳定市场。

　　顾客公众是购买、使用组织提供的产品或服务的个人、团体或组织，包括个人消费者和团体组织。顾客是与企业具有直接利益关系的外部公众，是企业传播沟通的重要目标对象。英国企业家托洛·沃特林在《管理艺术论》一书中写道："要树立顾客至上的观点，花时间了解他们的需要，建立与他们联系的桥梁。在一个市场经济社会里，顾客和潜在顾客是一个公司成功的关键，你的顾客是你最有价值的财产，要尊重他们。"日本企业家浅野喜起在《经营心得》中告诫："无论什么时候，无论企业规模有多大，都不应该忘记客户，即使已经门庭若市了，也不应忘记自己的饭碗是顾客给的，企业应树立起创业之初的决心以及必要时即使牺牲经济利益也不能置顾客于不顾的严格的社风。"市场经济越发达，顾客对企业的生存和发展所起到的作用越重要。

二、建立良好的顾客公共关系

　　建立良好的顾客公共关系目的在于，促使顾客形成对组织及其产品的良好印象，提升组织的知名度、美誉度，从而实现组织与顾客利益的双赢。在现代市场经济社会中，服务至上、顾客第一的观念已经形成，是"利润第一"还是"顾客第一"这种看似对立的经营理念，在公共关系意识强的组织里，是可以相融的。只有尊重消费者权益，把消费者的利益放在第一位，组织才能获得丰厚的利润回报。

1. CS 战略

CS 是英文 customer satisfaction 的缩写，意为"顾客满意"。CS 战略源于 20 世纪 80 年代瑞典的斯堪的纳维亚航空公司"服务与管理"的观点。[①]该观点认为，企业利润的增长首先取决于服务的质量。后来这一观点逐渐发展成为一种企业营销战略，并迅速在欧洲、日本等国家和地区传播开来。目前，CS 战略已成为当今世界企业经营管理的重要发展趋势，成为企业处理顾客关系的行动指南。CS 战略的基本指导思想是：企业的整个经营活动要以顾客满意度为指导，要从顾客的角度、用顾客的观点来分析、考虑消费需求。

CS 战略大致分为三个层次："顾客至上""顾客永远是对的""一切为了顾客"。一切从顾客出发，站在顾客的立场上研究和设计产品，最大限度地使顾客感到满足和放心，重视顾客意见，以顾客为中心，建立顾客对企业的信任感和忠诚度，使企业和顾客之间建立起彼此友好和真诚的关系。

2. 多与顾客进行信息交流

企业要及时收集和了解顾客的相关信息，通过调查分析、跟踪服务、接受投诉等方式，掌握顾客的各种信息，并对之进行分类、归纳，依此调整和改进企业的工作。在互联网时代，企业可充分利用公司网站、公司博客等平台宣传公司产品和企业文化，接收顾客的信息与反馈，从而适时调整企业的营销策略。此外，企业还可以通过举办展览会、新闻发布会及做广告等形式，向顾客传递企业的经营理念、发展现状，让顾客了解企业，以融洽双方的关系，激发顾客对企业产品或服务的兴趣，建立和发展企业与顾客公众之间相互依赖、相互推动、互惠互利的亲密关系。

3. 正确处理顾客投诉

当组织与顾客发生冲突和纠纷时，一个成熟的、负责任的企业公共关系从业人员应该秉承"顾客永远是对的"原则，站在顾客的角度为其着想，千方百计地为顾客解决问题。职场有一种说法，每收到一次顾客投诉，就意味着还有 20 名有同感的顾客，只不过他们懒得说罢了。因此，企业应当把顾客的投诉看成反映企业产品、服务质量的一种信息来源，对此应全面收集和处理，从而将其当成改进企业产品、提高服务质量的重要依据和契机。再好的顾客关系也不可能保证不发生任何差错和纠纷，因此应该重视投诉者义务宣传员的作用，让顾客带着怒气而来，开心满意而归。企业公共关系部门和领导层应善于并乐于倾听顾客意见，及时处理顾客投诉，努力改善同顾客的关系。

> **资料链接**
>
> 美国最大的汽车销售商乔·吉拉德有句名言："我坚信销售真正始于售后，并非货品出售以前。"他正是由于坚信这一条，在短短 11 年中，从一个普通的汽车推销员，成为全美销售量位居第一的汽车经销商。为了做好售后服务，吉拉德每月要向消费者公众发出 13 000 多封信，主动征询消费者公众对销出车辆的意见。一旦汽车在使用中出现什么问题，消费者公众只要同吉拉德联系，就一定能够获得最佳服务。因此，购

---

① 朱丹蓬. 2012. 中小企业生存的 66 个法则. 北京：中国财富出版社：116.

买吉拉德汽车的客户越来越多，消费者不但感到放心，而且感到了人情的温暖。

资料来源：周朝霞．2014．公共关系实务．2版．北京：北京邮电大学出版社：116

第五节 媒介公众

一、媒介公众的含义

媒介公众是指新闻传播机构及其工作人员，如报纸、杂志社、广播电台、电视台的编辑及记者。新闻媒介的传播内容具有信息量大、覆盖面广、权威性强和传播速度快等特点，能够较快深入人心，引起公众的共鸣。欧美将新闻媒介视为"第四权力"。

媒介公众具有双重性：一方面它是组织与广大公众沟通的重要中介；另一方面又是组织需要特别争取的公众对象。媒介公众对组织的新闻传播具有"双刃剑"的作用，既可以从正面为组织与公众架起信息传递的桥梁，也可以从反面向公众传递组织的负面信息。大众传播媒介利用手中的宣传工具，利用舆论的力量对组织产生有利或不利的影响，既可以为企业"扬名"，也可能使组织"毁誉"。大众传播媒介既代表了社会舆论，也代表了顾客的意愿，因此，媒介公众是公共关系工作对象中最敏感、最重要的一部分。组织需要与媒介公众保持良好的互动关系。

媒介公众与组织相互需要、相互依存。一方面，组织需要通过媒介公众扩大在公众中的影响，树立组织的良好形象；另一方面，媒介公众需要组织及时、准确地为其提供新闻素材，及时向社会报道组织的发展经营情况。要特别注意"真实性是新闻的生命。要根据事实来描述事实，既准确报道个别事实，又从宏观上把握和反映事件或事物的全貌"[1]。大量的研究表明，公共关系对整个新闻报道的贡献率为40%～70%。[2]从这个意义上说，公共关系从业人员使媒介公众的工作变得更加容易，他们既节省了时间和精力，又得到了其他途径可能无法得到的信息。在组织的对外公共关系工作中，与媒介公众的关系往往被放在最显著和最重要的位置。

二、恰当处理媒介公共关系

毋庸置疑，组织企业与媒介公众之间形成良好的合作关系，可以使大众传播媒介成为实现组织公共关系目标的重要工具，也能够达到组织与外部公众沟通了解、协调认同的目的。随着互联网的普及，信息突破了时空的限制，迅速把世界各地任何一个角落发生的事情传达到社会各个阶层、各个地域，因此，大众传播媒介的作用是组织不可忽视的。有了大众传播媒介的支持，组织就可以利用见报率和出镜率，大范围、远距离地迅速传播信息，也容易得到广大公众的理解与支持。处理好媒介公共关系，应主要做好两方面的工作。

---

[1] 习近平．2017．习近平谈治国理政．第二卷．北京：外文出版社：333．
[2] 丹·拉铁摩尔，奥蒂斯·巴斯金，伊丽莎白·托特，詹姆斯·范·勒文，等．2006．公共关系：职业与实践．朱启文，冯启华，译．北京：北京大学出版社：209．

1. 与新闻界保持密切、长期的联系，建立良好关系

从某种程度上说，良好的媒介关系等于良好的舆论关系。现代社会是一个信息社会，新闻媒介在传播信息方面具有其他组织无法比拟的优势，组织良好社会环境的营造，离不开新闻媒介对公众潜移默化的影响，新闻媒介报道的热点往往也是公众议论的热点话题。同时新闻媒介可提供有关顾客需求的信息，这也是组织预测市场、完善决策的重要信息来源。因此，组织应该从长远考虑，多与新闻界保持联系，与媒介公众保持积极的合作关系，未雨绸缪。英国《星期日电讯报》采访部主任阿列克斯·莫雷（Alex Murray）曾说，"如果公司只在其受到关注时才与金融记者沟通，是不可能得到好的看法的"①。任何关系的建立和维系都要经过持之以恒地不懈努力，通过与新闻界建立的经常性联系，公共关系人员与编辑、记者间建立友谊，会使组织公共关系人员能够充分利用新闻媒介，实现其公共关系目标。

2. 尊重媒介，平等对待各家媒体

一个组织对新闻界的尊重应该表现为：以礼相待，以诚相待，平等对待，严阵以待。媒介公众具有自己独立的权益，组织及其公共关系从业人员要充分尊重其权利，不要对刊登时间、版面安排等事务横加干涉。在提供组织信息时，应以诚相待，积极主动地提供真实的、有新闻价值的资料。准确、诚实、开放和完整是赢得媒介公众信任的基本要素，信任一旦失去，就很难再获得了。此外，不论是中央新闻机关，还是地方新闻机关，对他们派出的记者，都应一视同仁、以礼相待，不能厚此薄彼。面对新闻媒介，要尽可能地使它们获得相同的信息量和平等采访的机会，使之对组织产生良好的印象，一旦组织发生重大危机，新闻媒介也能以公正、客观的态度、立场报道组织信息。

> **资料链接**
>
> **凤凰网联合习酒推出《未央歌》纪录片**
>
> 《未央歌》是凤凰网联合贵州习酒共同打造的纪实类音乐纪录片。节目邀请民谣教父、台湾民歌运动发起者胡德夫为讲述人，联合汪峰、张惠妹、马頔、张艾嘉、周华健在内的海峡两岸重要音乐人，以歌看时代，畅聊对音乐、历史与当下生活的理解。让饱经喧嚣的城市耳朵聆听音乐背后的大江大河。
>
> 良心制作获得口碑、流量、荣誉多重收获，成功地将"小众"民歌文化推向大众视野；完美地将习酒的"君品文化"融于音乐故事，让品牌深入人心的同时也收获了较为强势的曝光。
>
> 资料来源：佚名. 凤凰网斩获 2018 互动创意奖&媒介营销奖 42 项大奖. https://www.chinapr.com.cn/263/201810/1741.html，2018-10-08，题目为作者所加

---

① 转引自萨姆·布莱克. 2000. 公共关系学新论. 陈志云，郭惠民，等，译. 上海：复旦大学出版社：181，182.

第六节 其他公众

除了内部公众、顾客公众和媒介公众外,组织所面对的目标公众还有政府公众、名流公众、社区公众等。

一、政府公众

政府是国家权力的执行机关,政府公众是指作为公众对象的政府各行政机构及其工作人员。例如,省、市、县政府及其所属的公安和司法部门,海关、税务、财政、工商行政管理部门,质量、物价监督部门和环境保护部门等。政府公众是组织所有目标公众中最具权威的对象。美国企业管理专家彼德·萨勒尔博士认为,政治和经济是一对连体儿,有远见的企业家不应当孤立地讲经营、讲发展,而应当把经济与政治结合起来,既研究现实问题,也研究战略性问题[①],政治素质应当成为企业家的重要素质之一。与政府保持良好关系的目的是,争取政府及各职能部门对组织的了解、信任和支持,为组织的生存和发展争得良好的政策环境、法律保障、行政支持和政治条件等。

搞好政府公共关系,对组织来说具有十分重要的意义,是组织生存、发展的重要保障和重要前提。与政府保持良好的关系应该做到以下三点。

1. 服从政府的领导和管理

政府是国家的权力部门和指挥机关,任何组织必须遵守政府制定的各项路线、方针、政策、法律,自觉接受政府的指导,遵纪守法,照章纳税,不以非法手段谋求政府官员的支持。只有服从政府的指导和管理,做模范公民,才能赢得政府的信赖,提升组织在政府部门中的良好形象。

2. 与政府多进行沟通

与政府多进行沟通,一方面是让组织熟悉政府的政策、法令及其变动,了解政府机构运作情况,这样做能够较方便地争取到优惠性政策的支持,对组织发展有利;另一方面是提高组织在政府部门中的信誉度与影响力,使政府了解组织对社会、国家所做的贡献和所取得的成就,增强政府对组织的信心和重视程度。组织应采取以人际传播为主、大众传播为辅的沟通方式,多渠道、多层次地与政府部门进行双向沟通。

3. 积极参与地方的公益和建设事业

当某些地方遇到突发困难时,如受到自然灾害、社会危机的影响,而地方政府又财力不足时,组织要伸出援手,帮助地方政府渡过难关,扶危济困,勇于承担社会责任,积极做出自己的贡献,同时多参加地方的公益事业,在社会上树立良好的企业形象,也有助于密切同政府公众之间的关系。

---

① 刘苍劲,罗国民. 2011. 国际市场营销. 3 版. 大连:东北财经大学出版社:47.

> **资料链接**

同仁堂的政府公关

同仁堂于 1669 年创建,它经历了多次战火的洗礼,从清朝到民国再到现在的社会主义新中国,已经有约 350 年的历史。

清朝时,同仁堂专为皇室制作成药,民国后为广大人民群众服务。新中国成立后,同仁堂虽然体制发生了变化,但依旧坚持药品品质,"仁行天下,救死扶伤"。

改革开放后,同仁堂更是注重品牌的推广,把企业和政府公众紧密结合。如今已经成为一家大型跨国成药企业。

2003 年,我国暴发"非典"疫情。在抗击"非典"过程中,同仁堂毅然决然地将两条王牌药酒的生产线改为抗击"非典"瓶装代煎液的生产线。尽管药材价格猛涨,但是同仁堂却承诺保证药品质量,保证药品数量供应,坚决不涨价。

同仁堂以默默的行动供应着北京将近一半的"非典"药品。同仁堂人没有休息,日夜工作在生产线上,只为了传承"同修仁德,济世养生"的精神。

同仁堂的经营告诉我们,企业不是独立的,也需要承担社会责任,社会责任与企业发展是密不可分的。

资料来源:陈艳蕊.2013.公关力 7 天养成手册.广州:广东经济出版社:129

二、名流公众

名流公众即所谓的舆论领袖,又称意见领袖,是指在某时因某事通过大众传播媒介提出自己的看法,施以舆论影响,在公众中产生较大号召力的人。他们产生的影响可能是积极的,也可能是消极的。他们或是靠自己的专业常识和社会名望,或是靠自己人际关系方面的优势及在群体中的威望来发挥作用,对组织生存环境产生重大影响。特别是在互联网普及的今天,名流公众的言论通过网络传播,对周围环境施加的影响范围更广,由于人容易受自己喜欢的人的影响,因此一位偶像级人物对某件事情的评价会改变很多粉丝的态度,进而影响更多人。如果一个偶像对某人或某事有不好的评价,就会带动更多人病毒式传播对该人或该事的负面信息。此外,某些网络"大 V"也会迎合大部分粉丝的态度,以维系粉丝群体对自己的喜爱,这时夹在中间的当事人往往会成为牺牲品。现实中,很多网络舆论事件的形成与扩散多是由网络"大 V"的转发、点赞与评论而引发的。

与名流公众建立良好关系的目的在于,借助名流公众在社会上的影响力,增强组织对公众的号召力,以提升组织的社会声誉。处理好组织与名流公众之间的关系应该做到以下两点。

(1)坚持互惠原则,选择形象正面的名流公众为组织服务。组织可以利用"名人效应",借用名流公众的知识和专长,从其身上获取必要的专业知识和宝贵的专业信息,以增加组织的知识财富和信息财富。

(2)抓住适当时机,与名流公众保持良好的关系。一般公众普遍存在崇拜明星、效仿名人的心理，组织选准时机，使公共关系活动得到公众名流的积极配合，会提升组织的知名度，提高组织的美誉度。例如，现在非常盛行"粉丝经济"，企业为其产品聘请明星、名人、专家学者等做代言人，其主要目的便是利用名流效应，依靠名流的众多粉丝，提高企业的知名度和美誉度，为企业产品打开销路。

> **观点链接**
>
> **明星代言产品的正负效应**
>
> 社会名流代言产品已经成为产品在市场竞争中获胜的重要手段。品牌形象代言是以形象代言的方式体现品牌独特、鲜明的个性，使产品得以与目标消费群建立某种联系，顺利进入消费者的视野和生活，实现与之心灵的深层次沟通，并在其心中留下某种印象，使品牌变成一个有意义的带有附加价值的符码。
>
> 但凡事皆有两面。若明星本人出现负面新闻，则会使其代言的产品信誉受损。或者，随着一些商品信誉出现问题，其代言明星也被推到舆论谴责的前台。例如，×××吸毒消息出现后，他在炫迈口香糖的广告中的一句台词"吃了炫迈，简直停不下来"遭到网友恶搞，"×××吸毒简直停不下来"的段子很快在社交网络上传播开来，而台湾媒体在得知这一消息后，竟然误认为炫迈是一种新兴毒品，在电视新闻中报道出来，致使产品形象受到严重损害。而三鹿奶粉事件出现后，曾为三鹿奶粉代言过的一些明星也因此受到炮轰，大多数网友认为明星代言产品出问题，明星"应负很大责任，他们辜负了大家的信赖"。
>
> 资料来源：李兵. 2016. 现代公共关系管理. 昆明：云南大学出版社：123

三、社区公众

社区是人们共同生活和活动的区域，如村落、城镇、区、街道等。社区是一个相对独立的地域性社会，每个社区都有其特定的人口和地理区域，居民之间有着共同的利益、价值观念及共同的社会来往。社区既是组织的生存空间，又是组织的服务对象。

社区公众是指一个组织所在社区的区域关系对象。美国公共关系学家罗伯特·L. 狄恩达在《公共关系手册》中指出："公共关系学是从社区关系开始的，而且应该认为社区关系是公共关系中一个专门组成部分，值得特别考虑、计划与实施。良好的社区关系将使公司受益无穷。"[①]组织搞好社区关系，就是在组织和社区之间建立和保持一种亲情和相互理解的关系。其目的是争取社区公众对组织的了解、理解和支持，为组织创造一种稳定的生存环境，同时组织可以利用社区公众扩大组织的区域性影响力。

在处理社区公众关系时，应该注意以下两方面。

（1）加强与社区公众的信息沟通。远亲不如近邻，加强与社区公众间的信息沟通，是搞好社区关系的基础。组织应该通过各种方式与社区公众加强交流与沟通，将组织的

---

① 转引自熊越强. 2006. 公共关系实务. 北京：清华大学出版社：49.

政策宗旨、工作业务、员工人数、产品用途等情况及时有效地传递出去,增加透明度,提高知名度,求得社区公众对组织的理解与支持。

(2)将组织社区化。社区居民可能成为组织的员工或组织最稳定的顾客,社区的其他组织也可以成为组织良好的合作伙伴。因此,组织应该视自己为社区的普通一员,鼓励组织中的各级人员积极参加社区的各种活动。组织在社区中不仅享有权利也要尽自己该尽的义务,如参加社区政治、经济和文化活动,在社区内积极参与赞助或公益活动,积极为社区排忧解难,将组织文化与社区文化相融合,主动将社区文化纳入组织文化之中,将组织社区化。

资料链接

社区关系:远亲不如近邻

案例一:美国俄亥俄州某陶器厂,一夜之间被大火吞没,该厂没有买任何保险,看来似乎注定要从俄亥俄州永远消失了。然而,就在失火的第二天清晨,竟出现了颇为壮观的场面:工厂的员工、镇上的家庭主妇、茶馆酒店的老板、小商贩及教师等,都不约而同地聚集到废墟上,清扫残砖碎瓦。在短短的几个月里,大家有钱的出钱、有力的出力,竟在废墟上重新建立起一座3万平方米的新厂房,陶器厂很快就恢复了生产。

这家陶器厂何以有如此的"人缘"呢?其原因就在于该厂长期以来十分重视与社区公众的关系,正如那句俗语所说的:"远亲不如近邻。"

案例二:美国有一个名叫安塞的公司发现其所在的社区中,一些单位或居民家中经常会发生各种事故:大至房屋倒塌、火灾爆炸,小至设备故障、电器失灵。公司领导决定,成立一个抢救队,由职工自愿参加,天天日夜值班,只要社区发生事故一打电话,他们就赶至公众家中或出事单位,帮助其解决问题,不计报酬。公司这种举动,深受社区公众欢迎。

资料来源:方莉玫,熊畅.2013.公共关系实务.北京:机械工业出版社:144

职 场 观 摩

网易暴力裁员风波

2019年11月24日一篇题为《网易裁员,让保安把身患绝症的我赶出公司。我在网易亲身经历的噩梦!》的文章广泛传播。文中,一位网易前员工称"在身患绝症的情况下亲身经历逼迫、算计、监视、陷害、威胁,甚至被保安赶出公司"。网易公司很快做出回应,向这位前同事及其家人致歉,承认"经过反思我们的沟通和处理,相关人员确实存在简单粗暴、不近人情等诸多不妥的行为",但同时也指出,经复核该员工的绩效确实不合格。网易公司还公布了与这名员工长达8个月的沟通过程,包括该员工一度自行取消仲裁申请,又再次提出仲裁申请,要求网易公司赔偿60多万元的细节。11月

29日，网易与当事员工同时发布公告，宣布双方已经消除误会、达成和解。网易在公告中再次公开致歉，并公布了5项反思及改进措施，尤其是已明确各环节的相应责任人，对涉事的4名主管和1名员工进行了不同层级的处分，并表示下一步将尽最大努力，协助这位同事寻求妥善的治疗方案，帮助他渡过难关。当事员工也表示，网易高层几次联系并当面做了很诚恳的道歉、沟通和慰问，双方一致同意放下争议，网易会全力协助其治疗，一起共渡难关。

资料来源：佚名. 央视谈网易暴力裁员事件：人心散了，还聚得起来吗？[EB/OL] https://news.sina.com.cn/s/2019-11-26/doc-iihnzhfz1895216.shtml，2019-11-26，有改动

实务演练

（1）该案例中反映出什么样的公共关系理念？
（2）你如何评价网易公司此次的公关活动，还需要从哪方面进行改进？
（3）查阅网易公司的有关资料，讨论面临竞争压力企业应如何处理与离职员工的关系？

第七章　公共关系调查

【带着问题预习】
1. 为什么说公共关系调查是公共关系工作的一个重要环节？
2. 如何科学设计调查问卷？

【课堂学习目标】
1. 了解公共关系调查的工作程序。
2. 熟悉公共关系调查的内容。
3. 掌握公共关系调查的方法。

第一节　公共关系调查的含义与特点

被誉为"公共关系圣经"的《有效公共关系》指出，公共关系的工作程序分为四个步骤，即公共关系调查、公共关系策划、公共关系实施、公共关系评估，亦称"四步工作法"。这四个步骤既相互独立又相互联结，贯穿于公共关系活动的整个过程。其中，公共关系调查是公共关系工作的第一步，是做好公共关系工作的基础和前提。公共关系部的日常任务就是利用自身与各类社会公众之间的广泛联系，开展调查，获取信息，为组织的最高决策层提供信息服务。

一、公共关系调查的含义和目的

要想成功地开展公共关系工作并取得预期的效果，首先要进行公共关系调查，公共关系调查是公共关系工作的起点。公共关系调查是组织运用科学合理的方法，为准确地收集有关公众和社会环境等方面的资料而开展的有目的、按计划、分步骤的调查。美国管理学家和决策理论学派的创始人赫伯特·西蒙说过："不论人们如何表达公共关系活动的流程，调查研究都是举足轻重的。如果把公共关系流程视为一个'车轮'，那么，调查研究便是这个'车轮'的'车轴'。"[1]缺少了公共关系调查这个"车轴"，公共关系这个"车轮"将无法运转起来。

公共关系调查的目的不仅是知己知彼，了解公众意愿，还在于把握社会环境的发展趋势，帮助组织及时发现潜在威胁，为组织成功开展公共关系活动、正确制订公共关系计划提供科学依据和基础。

---
[1] 徐美萍. 2012. 商务公关与礼仪. 北京：北京交通大学出版社：28.

二、公共关系调查的特点

根据公共关系调查的含义，我们可以看出公共关系调查具有以下几个特点。

1. 公共关系调查的对象具有广泛性

公共关系调查的第一步就是确定对象。公共关系调查的对象不仅包含相关公众、组织自身及社会环境，而且随着经济全球化和一体化的快速发展，公共关系调查的范围正在逐步扩大，涉及社会经济、政治、文化生活的各个领域。由此可见，公共关系调查的范围具有广泛性。

2. 公共关系调查是有目的的实践活动

进行公共关系调查时，必须带有一定的目的，只有在目的的指引下，调查才更有意义。开展公共关系调查时，要根据调查目的进行调查方案设计，搜集资料，统计整理资料，撰写调查报告。进行公共关系调查前必须首先对组织的公共关系状态进行一定的估计与分析，初步判定组织在哪个方面存在需要解决的公共关系问题，并从验证和解决这些问题的需要出发，精心操作，从而更好地确定调研的任务、范围、规模和目标。

3. 公共关系调查依靠的是合理的科学方法和技术手段，而不是主观猜测

公共关系调查是公共关系工作的基础，是公共关系部和公共关系咨询公司的专业技能之一。它运用的是定量分析和定性分析相结合的方法，通过科学地、准确地调查和预测，以检验公共关系效果。公共关系调查是进行公共关系预测的基础，预测并非凭空想象、主观猜测，而应建立在对历史和现实的考察上，建立在对科学的调查方法和技术手段的运用上。

资料链接

本田竞争之道

在现代社会中，影响企业发展的各种因素越来越多，能否及时发现和识别与组织发展相关的公众对象，意义十分重大。按照传统观念，美国的环保运动与日本的工业是没有什么关系的。因此，1975 年有几个美国环保主义者到日本去谈判汽车废气问题时，就受到了日产、丰田这些大汽车公司的冷落。但是，直到 1963 年才开始生产第一批汽车的本田公司，其总裁却独具慧眼，他从这些人的活动中发现了有用的信息。为此，该公司派人把这批人请到公司，热情款待，奉为上宾，并请他们给设计人员讲解环保主义者的要求以及美国国会 1970 年通过的《清洁空气法案》的内容。在这一基础上，本田公司开始了新型汽车的设计，确定的设计目标为突出"减少排废"和"节省汽油"两个优势。由此在本田的新产品——主汽缸旁增加了一辅助汽缸的"复合可控旋涡式燃烧"汽车面世一个月后，就遇上了第一次石油危机。本田汽车凭借排废少、省汽油的优势，一举打进美国市场，公司总裁因此为日本本田赢得了声誉。

资料来源：申作兰，崔敏静. 2017. 公共关系理论与实务. 北京：中国轻工业出版社：43

第二节 公共关系调查的原则与程序

一、公共关系调查的原则

公共关系调查的基本原则是客观性原则、系统性原则、时效性原则和经济效益原则。

1. 客观性原则

公共关系调查就是为了准确、客观地了解公众对组织的真实评价，因此，公共关系调查人员在调查过程中，应尊重客观事实，实事求是，不能有任何虚假成分。要注意区分公众的客观态度和主观臆想，从而对公众的认识、态度、看法和评价做出科学、准确的结论，同时，调查人员在调查过程中不可以随心所欲地加入主观猜测，从而影响调查结果的客观性、可信性。

2. 系统性原则

公共关系调查是全面而系统的。首先，公共关系调查的对象是广泛而全面的，选择调查对象时应注意其代表性，并能够广泛收集各类公众的意见，不然无法反映社会公众对组织的整体态度；其次，调查的内容是系统而全面的，在进行公共关系调查时，调查者必须真实、准确地记录被调查者对组织的各种意见，包括反对的声音，不能一叶障目、以偏概全。

3. 时效性原则

公共关系的调查资料不仅应当准确、真实，同时还要注意时效性。人们的观点和想法不断地在发生变化，因此，在进行公共关系调查时，要把握及时、准确的信息与反馈，提高信息传递的时效性，便于组织迅速地对之进行反应和处理，不贻误良机，避免对组织带来损失。"面对永远不断变化的客观实际，管理是否有效，关键在于是否有灵敏、准确、有力的反馈"[1]。尤其是在危机公关时，需要把握黄金 24 小时准则，若超过了这个期限，组织可能就错过了挽回危机的最佳时机，就会给组织的声誉带来负面影响，甚至产生严重后果，这就要求公共关系调查人员及时提供信息，并快速处理信息。

4. 经济效益原则

开展公共关系调查其主体、对象、目的和任务应相对明确、具体，调查的规模一般不要太大，周期也不可太长，经费投入也不要很多，尽量在短时间内以较低的成本、较高的质量、较快的速度及时获取调查结果。此外，公共关系调查的经济效益原则还体现在调查是为了了解情况，为组织开展公共关系活动提供科学依据，预测社会经济发展趋势，以便为组织的经济利益服务。成功的公共关系从业人员必须能够评估公共关系活动的效果，为预算及资金需求提供准确的预测，并能说明公共关系活动经费的具体去向。

---

[1] 赵宏中. 2005. 公共关系学（第3版修订本）. 武汉：武汉理工大学出版社：185.

二、公共关系调查的程序

公共关系调查是一个完整的系统过程,需要科学地安排其运作程序。调查程序一般包括确定调查选题、做好调查准备工作、实地调查、整理分析调查资料、撰写调查报告,可概括为调查准备阶段、资料收集阶段、整理分析阶段和撰写调查报告阶段。公共关系调查的主要步骤,如图 7-1 所示。

```
              确定调查选题
                  │
             做好调查准备工作
         ┌────────┼────────┐
     确定调查总体  问卷设计   抽样设计
                  │
               实地调查
                  │
            整理分析调查资料
                  │
              撰写调查报告
```

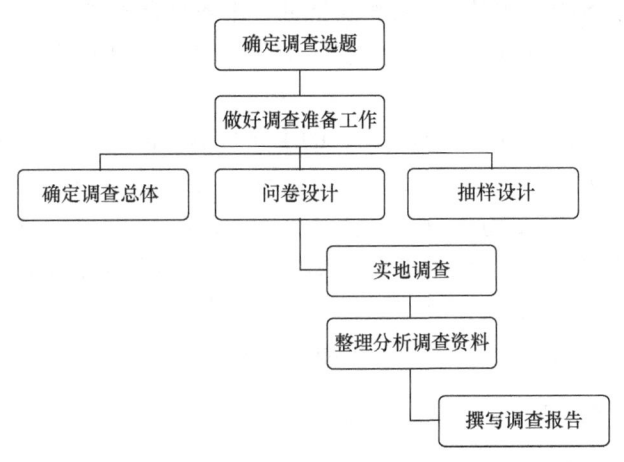

图 7-1 公共关系调查程序

(一)调查准备阶段

调查准备阶段是公共关系调查的基础阶段和首要环节。公共关系调查能否达到既定的目的,在很大程度上取决于调查准备阶段的工作做得是否充分。

1. 确定公共关系调查的任务和项目

在进行公共关系调查前,明确此次调查的任务和项目是首要前提,即为什么要进行调查,调查要了解什么问题,了解这些问题有什么用处,围绕这些问题应该收集哪些资料,等等。公共关系部门和人员应该根据组织的整体计划、目标和任务,或根据公共关系活动中发现的新情况、新问题,有的放矢地提出此次调查的课题,明确到底要解决什么问题,并突出重点。如果公共关系调查没有针对性,任务不明确,就难以解决任何问题。

公共关系调查在任务和项目设定上,与一般的社会调查不同,在保证科学、客观的前提下,更强调针对性、实用性、创新性和预测趋势的敏感性。

2. 设计公共关系调查方案

方案包括调查总体方案设计、调查指标设计、调查方案可行性研究等。在该方案中,应该明确具体调查目标,选择调查课题,确定调查对象、调查内容和调查工具,划定调查范围和抽样数量,确定调查时间及经费预算,等等。调查方案是否合理、完善,决定了调查活动的成败。好的方案能够起到指导作用,确保活动的顺利进行。

（二）资料收集阶段

资料收集阶段是整个公共关系调查过程中最为重要的阶段，也是调查的实施阶段，组织应专门成立调查小组开展实际调查，主要任务是按照调查计划的要求与安排，系统地收集各种资料，包括收集原始资料和二手资料。收集原始资料的方法包括访问法、观察法、实验法等。收集二手资料的方法有文献法，问卷法等（具体请见本章第四节公共关系调查的方法）。调查人员可运用各种调查方式，进行有明确目的的调查，既可现场观察，也可走访相关人员，召开座谈会，还可查阅文献资料，以收集到尽可能多的信息。

在资料收集阶段，应该时刻牢记调查的主要目的，即为什么调查，要了解什么情况，要解决什么问题，资料的用途是什么。同时，收集资料时一定要多。"任何质量都表现为一定的数量，没有数量就没有质量。"[1]材料多了，便有了选择的余地，也便于比较鉴别。如果运用观察法和访谈法等手段收集资料，则要注意观察公众的言行，收集公众在言谈举止中流露出的真实信息，并及时做好记录。利用这种方式收集到的资料，比用问卷收集到的资料更加真实、典型、更加具有参考价值。

（三）整理分析阶段

这是对调查资料的研究阶段，即运用科学的方法，对收集到的各种调查资料进行分析、整理，并加以研究的过程。

公共关系调查中所获得的材料，往往是零散的，甚至可能是片面的或者虚假的，必须去粗取精、去伪存真，加以提炼、梳理，舍弃那些非本质的、虚假的、无用的材料，保留那些本质的、真实的、有用的材料，从而让资料更好地发挥作用。

公共关系调查多为明确、具体的实证性研究，较少运用宽泛的学理性研究。如前所述，分析资料时应将定量分析与定性分析相结合。在公共关系调查中，定量分析常用的四种方法是集中趋势测定法、离散趋势测定法、相关系数计算法和多元回归分析法。定性分析常用的五种方法是因果分析法、功能分析法、区位分析法[2]、历史分析法和比较分析法。

（四）撰写调查报告阶段

这是调查的收尾阶段，通过对调查材料的分析、整理与研究，撰写调查报告，总结经验教训，以便用来改进今后的公共关系调查工作。调查报告的内容主要涉及两方面：一方面总结回顾公共关系调查的目的是否实现、收获及不足之处；另一方面根据调查结论，为组织提供合理化的意见、建议。调查报告一般采用书面形式，这样做既可以使调查结果条理化，又有一定的保存价值。

---

[1] 毛泽东.1960.党委会的工作方法//毛泽东.毛泽东选集（第4卷）.北京：人民出版社：1442.
[2] 将社会现象在地图上一一标明，研究现象与环境之间的关系。

第三节 公共关系调查的内容

公共关系调查需要为组织提供较为全面的信息，一般涉及公众、组织及其所处社会环境三个方面。一个组织在社会上的形象主要取决于公众对其的意见和态度，因此，公共关系调查应以公众为主要调查对象，兼顾组织自身及其所处社会环境等方面的调查。

一、对公众的调查

对公众进行调查，主要围绕公众对组织形象的评价展开。组织形象是公众对组织的认知和评价、整体要求和印象。《美国周刊》曾刊登过这样一段话："在一个富足的社会里，人们都已不太斤斤计较价格；产品的相似之处又多于不同之处。因而，公司的形象就变得比产品和价格更为重要。"[1]由此可见，在现代社会中，组织形象间的竞争更加重要。哪个组织能够在公众中树立更良好的形象，该组织便会赢得更多的公众，获得更多投资者的支持。

组织形象分为组织的理想形象和实际形象。理想形象是组织内部的自我期望形象，而组织的实际形象则是通过对公众的调查，帮助公共关系从业人员全面了解组织在公众心目中的形象。组织的实际形象，一般通过知名度和美誉度两个指标来衡量。

知名度，表示社会公众对一个组织知道和了解的程度，是组织刻意宣传自己或被动地被别人宣传及组织对外提供服务的结果。知名度可以通过下面的公式计算得出

$$知名度 = 知晓人数/被调查人数$$

美誉度，表示社会公众对一个组织的好感和赞许的程度。组织的美誉度说明，公众对组织的存在和行为的认可与信任程度。美誉度可通过下面的公式计算得出

$$美誉度 = 称赞人数/知晓人数$$

在组织形象中，知名度是基础因素，美誉度是决定性因素。二者反映了社会公众对一个组织的看法和评价。一个组织的知名度和美誉度可分为以下四种情况（图7-2），组织可根据不同情况开展不同的公共关系活动。

如果一个组织拥有高知名度、高美誉度（图7-2 区域Ⅰ），说明该组织的公共关系处于最佳状态，组织应该考虑的是如何维持住这种荣誉，并且应该向更好的方向发展。

如果是低知名度、高美誉度（图7-2 区域Ⅱ），说明该组织的公共关系具有良好的基础，已经有高美誉度了，但公关状态一般，组织的对外形象不太理想，处于该阶段的组织应当把公共关系工作的重点放在提高组织的知名度上，使知道组织的人增多，以提高组织的影响力。

如果一个组织知名度低、美誉度低（图7-2 区域Ⅲ），说明该组织的公共关系处于很不理想的状态，基础较为薄弱，公众对该组织的评价不高，但因其知名度低，对该组

---

[1] 董兰. 2011. 公共关系学. 长春：东北师范大学出版社：64.

织印象不佳的人也较少，则组织的公共关系活动应暂时保持低调，努力提高业务水平和服务质量，先争取高美誉度，然后在此基础上尽力提高组织的知名度。

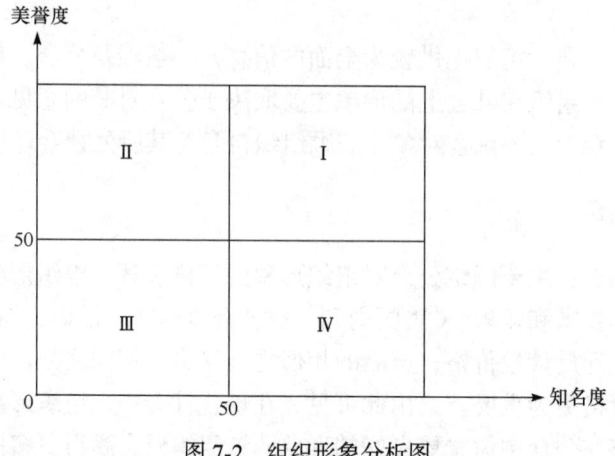

图 7-2　组织形象分析图

如果是一个高知名度、低美誉度的组织（图 7-2 区域Ⅳ），说明该组织的公共关系状态极为不佳，公众对组织知之者甚多，但信任和认可该组织的人甚少，组织面临生存危机。因此，组织的工作重点应该先降低已有的知名度，改变恶劣境地，再寻求新的发展机遇。

二、对组织自身形象的调查

公共关系从业人员不仅要"知彼"，更重要的还要"知己"，不仅要通过对公众的调查了解组织的实际形象，还要调查组织自身情况，从而了解自我期望的形象，或者说理想形象。

对组织形象的调查包括以下三个方面。

（1）对领导层的调查。领导层决定和掌握着组织的发展战略、长期目标、重大工作项目，是组织的决策者和领导者，领导层对组织形象的期望，代表了组织整体对自身形象的期望。因此，了解领导层的意图和经营管理方法，了解其对组织形象的期望与要求，研究领导层拟定的各项目标和政策，甚至了解领导层间的人际关系等，均会成为组织形象设计的重要依据。

（2）对员工的调查。对员工的调查包含调查员工基本情况和调查员工对组织形象的评价两方面。调查员工的基本情况包括调查员工的年龄构成、知识水平、心理状态等，此外，对员工的人际关系、价值观及工作态度等方面也需要进行了解。调查员工对组织形象的期望和看法，主要包括员工对工资和待遇的满意度、对主要负责人的满意度，组织短期面临的问题、长期的发展方向、潜力和突破口，以及组织已取得的成绩和存在的失误，规章制度的执行力等。调查员工对组织形象的期望和看法，有利于组织形象的全方面建设。习近平在谈到政府工作人员下基层进行调查时指出：调查时"要拜人民为师、向人民学习，放下架子、扑下身子，接地气、通下情，深入开展调查研究，解剖麻雀，发现典型，真正把群众面临的问题发现出来，把群众的意见反映上来，把群众创造

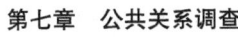

（3）对组织的基本状况进行调查。分析组织形象的现状，包括组织建立的时间、历史情况、职责任务、机构设置、组织管理、工作方针、活动原则、资金来源、技术设备、财务状况、人员构成、领导班子情况等。如果是工商企业，还应包括生产或经营的产（商）品品种、质量、规格、型号、花色、款式、包装、生产成本、销售情况、市场占有率、技术开发、价格、服务项目、服务水平、名牌效应等。

三、对组织所处社会环境的调查

社会环境调查包括政策法律环境、经济环境、文化环境及其他同类组织的公共关系状况调查。

对社会环境的调查包括以下四个方面。

（1）政策法律环境调查。一个组织在开展公共关系活动时，需要了解本国政府的方针、政策、法律、条例等，了解政府近期相关政策方针的调整、变化及变化趋势。尤其要注意国家在国际政治大背景下制定的对组织有影响的各项政策和法令，及时了解这些政策和法令的变化趋势，评估政策和法令的变化，关注其对组织生存、发展和前途会带来哪些直接或间接的影响。

（2）经济环境调查。经济环境对于一个组织的发展来说具有十分重要的意义。经济环境调查主要包括了解国内外经济发展战略，资源和能源的储量及开发情况，当前国民经济的整体水平，国民收入的现有水平和发展的特点、趋势，社会购买力的特点和发展趋势，人口的数量、构成及分布情况，消费结构、特点和趋势，外贸的现状与前景，以及公众的价值观念、行为方式、消费倾向、宗教信仰、文化素质、道德规范，社会重大事件，社会流行思潮等，以及这些方面对公众消费行为的影响，等等。

（3）文化环境调查。了解一国文化环境背景能够提高公共关系工作效率，营造良好的生存与发展环境，如果不注意文化环境调查，可能会使组织的生存与发展遭遇危机。文化环境调查主要包括对文化背景、风俗习惯、伦理道德、意识形态、社会心理、社会价值及其评价标准、领导方式、人际关系等方面的调查。

（4）其他同类组织的公共关系状况调查。对组织所在行业情况的调查，可以发现组织在市场竞争中所处的地位。调查同行业内其他组织的工作现状和历史、成功经验和在社会公众中的形象状况等，可以为提升组织声誉和竞争力提供决策参考。

通过以上调查，分析组织自我期望形象与实际形象之间的差距，发现和分析组织面临的问题，了解组织所处的地位，从而可以进一步明确公共关系调查的重点和目标。

第四节 公共关系调查的方法

公共关系调查的方法主要包括文献法、观察法、访谈法、问卷法和抽样法。

---

[1] 中共中央党史和文献研究院、中央"不忘初心、牢记使命"主题教育领导小组办公室. 2019. 习近平关于"不忘初心、牢记使命"重要论述选编，北京：中央文献出版社，党建读物出版社：386.

一、文献法

文献法是从有关的各种文献资料中搜集信息的调查方法。使用文献法主要是为了整理、积累资料，并迅速查出已经发表过的有关论文，分析其中的观点，为我所用。

文献资料包括图书、报刊、会议文献、产品样本、档案资料、录音录像带、光盘、磁盘等。可到互联网、图书馆、档案馆等资料集中的地方搜集资料，以节省时间、提高效率。资料的搜集要既全面又准确。调查人员摘取其中与调查目的和任务相关的资料，归类、汇总，然后予以分析，进而得出结论，为公共关系策划工作提供参考依据。

在现代信息社会中，大众传媒为增加人们的认知提供了浩瀚的知识和广博的信息，其中许多可以为公共关系从业人员所用。如何合理、科学地利用这些信息资源，成为公共关系调查中一项重要内容和经常性工作。

公共关系从业人员进行文献调查时，首先应确定文献资料的范围、来源、类别，以及信息的取舍和评价标准，同时还要注意平时积累，养成经常阅读相关书籍、报刊、报表和定时收看电视新闻、收听广播的习惯，并应做好随手记录。定期对所累积的文献资料进行归类、编目、检索和分析，提炼出与组织有关系和有利用价值的信息，那么一旦有需要就可以马上查找到相关文献信息。这样既节省了时间和精力，提高了效率，同时也可以经常给自己补充知识和信息，开拓公共关系从业人员的眼界和思路，激发其创造的灵感。

二、观察法

观察法是调查人员亲临现场通过感官和辅助工具仔细察看而获取信息的方法。在公共关系调查中，调查人员可以通过参与被观察者的活动来进行观察，也可以以旁观者的身份进行观察。观察法可以掌握第一手资料，观察者不仅可以感受当时当地的情境和气氛，还可以了解整个现场情况，而且在很多情况下观察是在自然环境中进行的，对研究对象扰动较小，可以得到真实直接的资料。但观察法的主观性和情感性较强，易受观察者价值观和感情因素的影响，同时囿于观察者个人感官和思维能力有限，观察所得到的结论多带有个人色彩，易产生误差。因此，在公共关系调查中，观察法常与其他调查方法共同使用。

观察法按照观察者进入环境的程度，可分为完全参与观察、半参与观察和非参与观察。

（1）完全参与观察。观察者可以对被观察者隐瞒自己的真实身份，以"普通成员"的身份加入对方群体及其所处环境中进行观察。例如，现在一些公司，为了了解雇员的服务态度和顾客对其产品与服务的反馈，常常派调查员以普通顾客的身份不定期地到店里购物，进行观察。

（2）半参与观察。观察者将自己的身份告诉观察对象，以"外人"的身份参与对方的活动，借此进行观察。这种观察法有利于让观察者公开保持客观立场，但同时也不免会对被观察者行为的真实性产生一定影响。

（3）非参与观察。观察者不参与观察对象的活动，只是作为局外人旁观，如实记录。例如，通过闭路电视等在另外的地方进行观察。

三、访谈法

访谈法是通过与调查对象有目的、面对面地交谈，从而收集材料的一种调查方法。访谈法是一种最古老、最普遍的收集资料的方法，也是调查中最重要的调查方法之一。公共关系访谈的对象包括组织内部与外部公众中的典型代表，或对组织有相当影响的重要人物，通过他们可以了解组织公共关系的状况。访谈法具有真实、灵活、直观等优点。

1. 访谈的形式

（1）根据对访问过程的控制程度，访谈句分为标准化访谈、半标准化访谈、非标准化访谈。

1）标准化访谈，又称结构性访谈，是按照调查者统一设计的访问表，询问被调查者。使用这种方法时，调查者易于控制过程，便于比较和量化分析，但较为呆板。

2）半标准化访谈，是使用事先拟定的提纲和主要问题，在具体发问时根据访谈过程灵活掌控。它在一定程度上摆脱了标准化访谈中访问表的束缚，同时也便于汇总。

3）非标准化访谈，又称非结构性访谈，是一种自由漫谈的形式，访问者可以围绕一个主题自由地提问并自由试探被访问者叙述中含糊的部分，还可能会涉及某些敏感性问题。为消除被访问者的防卫心理，一般采用事后记录的方式。

（2）根据一次被访问的人数，访谈又分为集中访问和个体访问。

1）集中访问是指通过集体座谈的方式搜集资料，了解情况。在公共关系调查中，座谈会是使用频率较高的一种访谈法。它将调查对象集中起来进行共同讨论，不仅有利于调查者与被调查者间的互动，也有利于调查对象之间进行互动。这种形式可以集思广益，但被访问者之间容易相互影响和牵制，不一定讲真话。

2）个体访问，以个体作为访问对象，可以排除干扰和从众心理，被访问者易于讲真话，有利于深入讨论某个主题。

2. 访谈的实施过程

访谈实施过程大致分为以下四个步骤。

（1）访谈准备。访谈准备包括思想准备、拟订访谈提纲、地区划分与人员安排、访谈必备工具等。其中，访谈提纲的主要内容包括：访谈的日的（为什么谈）、访谈员（谁去谈）、被访谈者（和谁谈）、访谈时间（何时谈）、访谈地点（何地谈）、访谈种类（怎么谈）、访谈记录方式（怎么记）、访谈报告（怎么写）。

（2）访谈开始。访谈法多数是从陌生人那里获取材料，而这些材料又往往不是陌生人主动提供的，同时不同的人有不同的个性特点，因此访谈者要完成调查任务，需要注意一定的方法和技巧。访谈一般通过开门见山、投石问路等方法，获取被访者的配合，消除其顾虑，当对方进入话题后，再按照预定的内容和问题设计的次序进行发问，谈话最好在融洽、轻松的气氛中进行。

（3）访谈高潮。当问到调查中的核心问题时，应力求详细、具体，并设法引导受访人提出更深刻的看法，力求促成访谈高潮的到来。

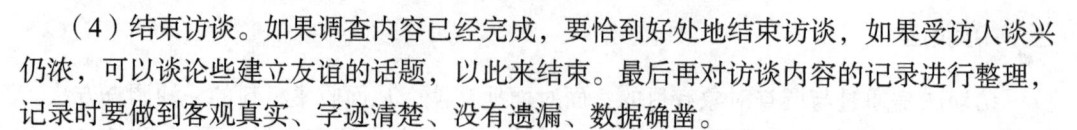

（4）结束访谈。如果调查内容已经完成，要恰到好处地结束访谈，如果受访人谈兴仍浓，可以谈论些建立友谊的话题，以此来结束。最后再对访谈内容的记录进行整理，记录时要做到客观真实、字迹清楚、没有遗漏、数据确凿。

四、问卷法

问卷法又称民间测验法，即用书面问答的方式直接了解公众的需要，了解其对组织或企业产品、服务及相关问题的认识、看法、意见等。调查者将事先设计好的问卷或调查提纲，通过邮寄或其他方式交给调查对象，让调查对象在规定时间内回答完毕，寄回或由调查者收回，进行汇总分析，以取得所需的调查资料。

问卷法在公共关系调查中已得到广泛的应用，是目前社会调查中使用得最广泛的一种方法。问卷法适用于调查范围较广、不易当面调查时，要求调查对象具备一定的文化水平，而且问卷的回收率在65%以上最为理想。问卷少则一两页，多则可达数十页。

问卷法成功的关键在于问卷设计。问卷设计必须准确而严谨，确保被调查者对问题的回答是在没有任何偏见或受干扰的情况下完成的。设计问卷时应注意以下问题。

1. 问卷说明

一般在问卷的第一部分。用来介绍调查的目的、对象、范围、意义、保密性原则、填写方法和注意事项，以引起调查对象的兴趣，并得到其信任和支持。

2. 问卷内容

问卷一般包括四种类型的问题：第一类是客观事实问题，即有关被调查者社会背景等方面的问题，如年龄、性别、文化程度、职业、经济状况、政治面貌等；第二类是主观态度类问题，如"你喜欢这项产品吗"；第三类是趋向性问题，如"您对哪些候选人有好感"；第四类是解释性问题，如"您考取研究生的目的是什么"。

问卷设计时按对问题的回答方式可分为封闭式问卷、开放式问卷和混合式问卷三种。

（1）封闭式问卷，又称结构式问卷。问题是封闭性，在每一种提问后都列出了所有可能的备选答案，被调查者只能在这些备选中选择自己的答案。这种设置对于被调查者来说，通常较易回答且答案可信度高。封闭式问卷根据提问方式，可分为单项选择、多项选择、对比选择、排序选择和意见程度选择等。

（2）开放式问卷，又称非结构式问卷。问题是开放性的，不加限制，被调查者根据自己的情况自由回答。因为被调查者可以自由回答，答案不标准，整理资料较为困难，不利于资料的统计分析，因此大规模调查不宜采用此种方式。

（3）混合式问卷。一份问卷中既包含封闭式问题又包含开放式问题，多以封闭式问题为主，再加上若干开放性问题。

问题设计时最好先易后难，混合式问卷一般前面是封闭式问题，后面是开放式问题。

3. 围绕调查目的

问卷设计时应紧密围绕调查目的来进行，避免提出与调查目的无关的问题。

4. 简单明了

问卷设计时避免使用多义词和含糊不清的词句,措辞应准确规范,尽量避免使用"经常""一般""很多""较少"等词语,如"你经常看电影吗"就不如"你一个月看几次电影"这种提问准确。

设计问卷时还要避免使用诱导性语句,如"大多数人认为该产品很好,您是否也喜欢那种产品",设计问题时要保持中立的提问方式,使用中性语言。

此外,不要直接询问敏感性的问题,避免提出难以回答的问题,如问涉及个人隐私的问题时,被问者往往产生一种本能的自我防卫心理,直接提问此类问题,往往会被拒绝。对该类问题最好采用间接询问的形式,语言要委婉。

问卷设计出来后,应多方征求意见,进行认真修改、补充和完善,最好小范围内进行试验调查,听取被调查对象的意见,看是否符合设计的初衷与调查的需要,从而保证问卷调查的实际效果,避免出现大的失误。

资料链接

第一份民间测验报告

乔治·盖洛普(George H.Gallup,1901—1984)是美国数学家,抽样调查方法的创始人、民间调查的组织者。半个多世纪前的一天傍晚,乔治·盖洛普博士接到美国白宫打来的电话,内容是总统想知道社会舆论对政府某一外交政策的看法,由于国际事务的需要,这份报告必须在 13 个小时内交给总统。

短短的 13 个小时,找谁收集和怎样收集公众舆论?盖洛普博士突发奇想,并立即行动起来。他先找来 6 位助手,他们以最快的速度拟出若干与那项外交政策相关的题目。然后,分头打电话给 6 位不同地区的新闻记者,请他们即刻分别采访 10 位不同文化层次的公众。被采访者对那些题目发表了意见,总括这些意见,便形成了对外交政策的看法。

深夜之前,得到回音。盖洛普博士列出表格,把人们的意见反映在上面,并写出报告。在规定时间的前两个小时,报告出现在美国总统的办公桌上,成为美国总统处理这一重要外交事务的公众舆论依据。乔治·盖洛普博士在 11 个小时内完成了民意测验。这就是有史以来的第一份民意测验报告,乔治·盖洛普因此成为民意测验的创始人。

资料来源:王光娟,赵悦.2013.公共关系学.上海:上海财经大学出版社:136

五、抽样法

在公共关系调查中,抽样法也是常用的一种方式。抽样法是在总体中抽取一定数量的样本进行调查,进而推断出总体特征的一种调查方法。抽样法灵活机动,花费的人力、物力、财力较少,并有较强的时效性。对于大规模调查来说,一般受人力、物力、财力和时间限制,大多采用抽样法。

抽样法的理论基础是概率论和大多数法则。由于抽样是根据样本的特征推导总体的特征，因此，抽样设计是否科学合理，直接关系到调查结果的准确性。抽样设计主要解决两个问题，一个问题是抽样的方法，另一个问题是样本的容量。

抽样法可分为随机抽样法和非随机抽样法两种。随机抽样法是指按照随机原则，利用随机数，从总体中抽取样本的方法。非随机抽样是指调查者根据自己的主观经验，有选择性地抽取样本的方式，主要包括判断抽样①、任意抽样②、定额抽样③等。非随机抽样简便易行、速度快，能够在较短的时间内用较少的人力、物力大致了解调查对象的某些特征。但因为其科学性较差，无法保证样本对总体的代表性，有效性较低，不适合进行定量分析。

随机抽样在公共关系调查中被广泛运用。随机抽样以概率为依据，在抽取样本时，总体上每一个体被抽中的概率相等，这样做可以避免抽样过程中的人为误差，代表性最强。它又分为简单随机抽样、系统抽样、分层抽样和多段抽样。

1. 简单随机抽样

简单随机抽样方法不分组、不排队，简单方便，能够保证目标公众中的每一个样本都有同等的被抽中的概率。如果样本足够大并且完全是随机抽样产生的，那么就能比较准确地代表整个目标公众的特点。

2. 系统抽样

系统抽样又称等距抽样，是使用一个名单，然后从中随机选择样本。通常会使用一组随机选择的数字来确定该列表中的起始数字和选取样本的间隔。例如，一名研究人员可能从一列数字中随机选取了 293 006 这个数字。该研究人员可以使用前三个数字，如从电话目录的第 293 页开始，然后使用后一个数字，即每隔 6 个选择一个名字作为抽样对象。

3. 分层抽样

分层抽样是公共关系调查人员根据需要，把调查对象划分成若干层次，各组层次间有较大差异，然后在若干层次中按照同一比例或不同比例进行抽样，确保调研对象群体中每个层次或分类中都有个体被随机抽到。例如，如果决定从一年级新生中随机抽取 5%的调查对象，那么从二年级到六年级的每个年级都要随机抽取 5%的学生作为调查对象。这种抽样方式与对整个学生群体直接进行随机抽样比较起来，其样本的代表性更全面，有助于调查差异较大的对象。

4. 多段抽样

多段抽样是将抽取样本的范围在总体上逐步缩小，直到最后在一个较小的范围内提取样本。例如，以高校老师作为研究对象，可以分成几段：第一段随机抽取某一所学校作为原始调查对象，第二段随机从该学校抽取某一学院，第三段随机从该学院中抽取某

---

① 由调查者根据其主观判断抽样。
② 调查者为了方便，在公共场所从自己遇到的人中任意抽样。
③ 先按一定标志将调查对象分成若干类，在每一类中预设一定数额的样本，然后根据调查者的主观判断人为地如数抽取样本。

一专业的教师为调查对象。

除了以上调查方法外，还有案例法、媒体舆论调查法、引证分析法等调查方法可供选择，在公共关系调查中，可根据实际需要加以选用。

资料链接

> 美国 ITT 公司是一家在业界影响相当大的企业，公司的管理层和员工都认为公司的知名度没有问题，但通过调查却发现，知道公司的人数还不到被调查对象的 1/3。对此，ITT 公司调整公共关系策略，坚持每半年对目标公众进行一轮 1500 人以上的全国性电话抽样调查，作为公共关系决策和检验公共关系效果的依据之一，最终使得知道公司的人数提高到了公众对象的 3/4 以上。
>
> 资料来源：余明阳. 2005. 公关经理教程. 上海：复旦大学出版社：52

第五节 公共关系调查报告

撰写公共关系调查报告是公共关系调查的最后程序。作为调查工作的结束，撰写调查报告的目的是对调查工作成果进行总结汇报，为制订科学的公共关系计划方案提供依据，为领导者的决策提供参考。因此，调查报告要具有实证性、实用性和针对性等特点。

公共关系调查报告的内容一般包括调查对象的基本情况、调查问题的事实材料、分析说明、调查结论和建议等，此外还可以包括调查目的、方法和调查步骤等的说明。

规范的调查报告一般应包括序言、摘要、引言、正文、附录五个部分。

一、序言

序言主要介绍开展调查的基本情况，通常包括扉页和目录或索引。

1. 扉页

扉页一般包括以下四个方面的内容。

（1）调查报告的题目或标题。有时可加副标题，文字可长可短，但应将调查内容概述出来。

（2）执行该项研究的机构名称。如果是多个机构合作进行的，应将所有机构的名称都写上。

（3）调研项目负责人的姓名及其所属机构。

（4）注明报告完稿日期。

2. 目录或索引

列出报告中各项内容的完整一览表，但不必过分详细，一般只列出各部分的标题名称及页码即可。

二、摘要

概括说明调查活动所获得的主要成果。摘要是调查报告中极其重要的一部分，阅读报告的人往往对调查过程的复杂细节没有什么兴趣，他们只想知道调查所得的主要结果。因此，摘要部分应当简明、扼要，概括说明调研的主要结论。此外，还要附上关键词。

三、引言

引言部分介绍调查的背景和目的或为正文的撰写设置引子，为正文做好铺垫。

调查背景即调查的由来或受委托进行该项调查的原因，背景资料不一定面面俱到，但必须与调查主题有关。

调查目的通常是针对组织所存在的问题提出的。一般是为了获得某些方面的资料或对某些假设做检验。

四、正文

正文是对调查方法、过程、结果，以及所得结论和建议做详细阐述。正文是调查报告的主体。调查报告的正文必须包括研究的全部事实，从研究方法确定到结论的形成及其论证等一系列步骤都要包括。一般正文均应包括三个部分：研究方法、调查结果、结论和建议。

1. 研究方法

研究方法包括调查地区、对象，样本容量、结构，资料采集方法，实施过程及问题处理方式，资料处理方式及其所使用的工具，访问员介绍及访问的情况，等等。研究方法在描述时要尽量简洁。

2. 调查结果

在一份调查报告中，调查结果通常以表格或图形的形式呈现，同时，调查人员还必须对图表中数据资料呈现的趋势、关系或规律加以客观描述。调查结果有时可与结论合并阐述。

3. 结论和建议

结论和建议就是调查结果有什么实际意义。结论提出的方式应尽量简洁、明晰；建议则是针对调查所得到的结论提出可以采取哪些措施、方案或具体行动步骤，如公共关系策略应如何调整或改变，如何开拓市场打开局面，等等。大多数的建议应当是积极的。

五、附录

附录是指可以附上辅助说明问题的相关资料。这些资料可用来论证、说明或进一步阐述已经包括在正文之内的内容。附录上呈现的资料应与正文有关，每个附录应编号，以备读者参考，如调查问卷、调研获得的原始数据图表、原声资料的来源等。

公共关系调查报告的文体格式与写作要求见表7-1。

表 7-1 公共关系调查报告的文体格式与写作要求

文体格式		常见形式	基本内容	写作要求
标题		公文式标题 新闻式标题	事由＋文体	醒目、精练、新颖
正文	引言	叙述式 提问式 总结式	介绍调查工作概况，如调查时间、范围、方式、内容、目的等	点明主题、高度概括、精练简短
	主体	逻辑分叙式 表格说明式 条文列举式	（1）基本资料分项目汇总叙述 （2）分析造成目前现状的内外原因和影响因素 （3）提出建议和措施	主题明确、中心突出、材料典型、逻辑性强、条理清晰
	结尾	归纳式 警告式 口号式	全文小结	画龙点睛，简洁明晰
署名		标题之下或全文之后	调查单位、写作时间	要写出单位的全称
附件		原件 资料卡 表格	调查表、典型材料、数据库	资料准确、真实，来源可靠

职 场 观 摩

暗访海底捞

今年（2017 年）5 月初，记者通过面试和入职培训后进入海底捞××店。入职第一天，记者就在后厨的洗杯间发现了老鼠的踪迹。接下来的几天里，记者陆续在海底捞××店后厨的配料房、上菜房、水果房、洗碗间、洗杯间等各处发现了老鼠的踪迹。有的老鼠会爬进装着食物的柜子里。在海底捞××店暗访近两个月的时间里，海底捞××店请除鼠公司清理过一次老鼠，但没过几天，又有老鼠出现。

不仅如此，当洗碗间工作并不是特别繁忙的时候，工作人员会一边打扫卫生，一边洗碗。用来清扫地面、墙壁和下水道的扫帚和簸箕，还会用来清理洗碗机和储物柜。清扫工作完成后，簸箕和抹布会被放入洗碗池内清洗，扫帚则会被放在洗碗机传送带上面沥水。当记者认为此举不妥，向洗碗间工作人员建议不要把工具和餐具混在一起的时候，工作人员这样告诉记者："做好你自己的事情就好。"

资料来源：佚名.记者卧底北京两家海底捞：老鼠在后厨乱窜，火锅漏勺掏下水道……. https://www.sohu.com/a/167460951_622204，2017-08-26，资料有删改，题目为编者加

实务演练

1. 调查海底捞 XX 店的记者主要采用的是哪种调查方法？
2. 请上网追踪海底捞集团对这次事件采取的后续措施，讨论并评价这些措施。

第八章 公共关系策划

【带着问题预习】
1. 公共关系策划与商业炒作有什么区别？
2. 怎样整合创造性的思维方式？
3. 如何理解公共关系策划在整个公共关系活动中的地位？

【课堂学习目标】
1. 明确公共关系策划的步骤。
2. 掌握公共关系策划书的写作方法。
3. 掌握不同类型的公共关系活动的策划方法。

第一节 公共关系策划的原则和步骤

公共关系策划作为整个公共关系活动的核心环节，其完成质量的高低直接决定组织公共关系运作和发展的成败，进而对组织的生产或经营活动产生直接或间接的影响。因而，在开展公共关系策划活动过程中，必须统一谋划、科学可行、崇尚道德、切实有效、开拓创新，这些都是公共关系策划工作所要遵循的基本原则。"古人说：'有一定之略，然后有一定之功。略者不可以仓卒制，而功者不可以侥幸成也。'正确的战略需要正确的策略来落实。要取得各方面斗争的胜利，我们不仅要有战略谋划，有坚定斗志，还要有策略、有智慧、有方法"[①]。

一、公共关系策划原则

（一）统一性原则

首先，公共关系策划的主题要符合组织总目标。一个组织的公共关系工作要按总目标的要求来完成、时刻保持二者之间的统一，不可发生偏离，公共关系策划工作应对完成组织总目标起到积极的辅助作用。其次，公共关系策划要符合组织的自身现状，不同的组织其公共关系策划模式及工作重心也不相同。开展公共关系策划活动时一定要统筹全局，突出重心。

（二）可行性原则

这一原则要求公共关系活动的策划既要有开展的必要性更要有现实的可操作性。这就要求公共关系的策划者能够分析形势，进行策划时要考虑多方面的因素，除了要有奇

---
① 习近平. 2023. 习近平谈治国理政. 第二卷. 北京：人民出版社：585.

思妙想外,更多地要考虑如何落地。再好的方案,不具备现实完成的条件,也只能是空中楼阁、纸上谈兵。

(三)道德性原则

公共关系从业人员的职业道德要求,公共关系从业人员注定永远是低调的幕后英雄。从事公共关系策划的人员,对于组织(主要是企业)的商业秘密应严加保守。在信息传播过程中,不应该留下任何人为加工的痕迹,这应该是公共关系策划的最高境界。然而,在当代我国公共关系事业迅猛发展的背景下,却出现了大量的无良策划者,他们只为图一时的轰动效果,有时不惜以牺牲社会道德为筹码,满嘴谎言、欺骗公众的做法层出不穷。鉴于此,公共关系策划者应该更加重视策划的道德底线、自觉地将道德原则作为策划的出发点和落脚点,这样做不仅能产生良好的社会效益,也有助于维护组织的良好形象。

(四)真实性原则

公共关系策划必须以真实、准确、丰富的信息做依据,才能保证策划出根植于现实、符合公众需要、更有说服力的真实方案。因此,公共关系策划必须有效调查和如实反映以下五个方面的信息。

(1)社会环境信息,包括政治、经济、文化、科技、外交、社会、舆论等方面的信息。

(2)目标公众信息,包括目标公众的特点、态度、行为、需求、目前各方面的状况等。

(3)组织自身信息,包括组织的发展目标、组织领导层对公共关系工作提出的要求、组织的运作情况等。组织的发展目标是公共关系策划的重要依据,也是策划的起点。

(4)公共关系工作条件信息,包括公共关系组织建设情况、人员构成情况、经费预算情况、物资设备和技术及场地使用情况等。

(5)文献资料信息,包括储备一定的策划理论知识、成功的实践案例经验等。

只有在充分拥有这些信息之后,策划者才能做到知己知彼,再运用策划的技巧和方法,拟订出公共关系策划方案。

(五)创新性原则

公共关系策划作为一种高层次的思维活动,一方面需要发挥团队的主观能动性,创造性地提出一些思想、观点和创意;另一方面公共关系工作要获得良好的传播效果,就必须有效地影响公众,善于引起公众注意,了解公众心理,调动公众参与的热情。要达到此目的,策划必须要有创意,以新颖的、奇特的目标、主题、活动方式等吸引公众。当然创新要区别于哗众取宠的庸俗"创新",要符合健康向上的审美情趣。

公共关系策划尽量要求新、奇、特。公共关系策划的"新",主要是指点子出得新,主题新颖,活动方式不落俗套。公共关系策划的"奇",主要是指角度选得巧,时机把握得准,对势的运用恰到好处,能够调动公众的参与热情。公共关系策划的

"特",主要是指策划方案中有独特的东西,具有独创性。如果只是跟在别人后面模仿或套用已有的思路和方法,则很难吸引公众的注意,难以充分发挥策划的作用。

二、公共关系策划的步骤

广义上的公共关系策划(图8-1)通常应遵循以下三个步骤,具体分析如下。

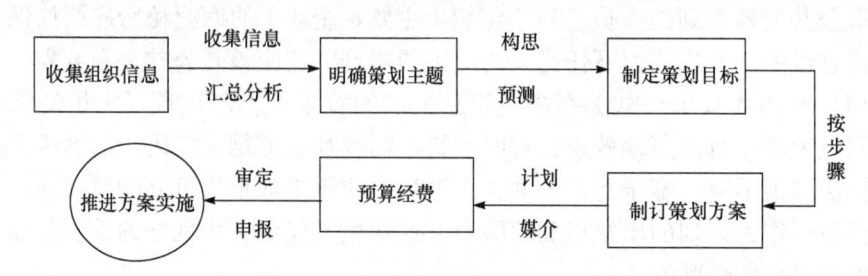

图 8-1 公共关系策划的一般步骤

(一)收集组织信息、明确策划主题

公共关系调查程序完成之后,便进入到策划阶段。要想制定出标的清楚、指向正确的策划主题,就必须完成对现有信息的重新筛选和组合利用的工作,其中最为重要的是对那些与组织经营决策和环境营造相关的信息进行整理。具体包括以下五个部分。

1. 公众对组织声誉的评价

公共关系工作的核心就是围绕着营造组织生存与发展环境、打造组织声誉这一主题展开的,研究组织声誉的价值和作用有助于确立公共关系活动的战略目标。

(1)公众对组织声誉、形象的综合印象,这是贯穿整个公共关系策划活动的核心线索,它主要是社会公众对于组织的总印象和总评价,是主客观印象的统一体。

(2)公众对组织实际行为的反馈,是指一个组织通过各种信息传播手段,与公众进行沟通,使公众对组织的认知和评价与组织的追求和实际行为趋于一致。

2. 组织自身状况

组织的自身状况包括组织的"本我"和组织的"超我"。

所谓组织的"本我",即组织的实际社会印象,是指公众对一个组织真实的看法和评价,是组织形象的客观存在,也是对组织真实现状的反映。了解组织的实际形象,即"真我"定位是制定公共关系目标的基本依据,也是开展公共关系策划工作的现实起点。

所谓组织的"超我",又可以叫做组织的理想形象或组织的自我期望形象,这是组织的内部公众及公共关系工作人员对组织理想目标的设定,也可以看成组织的自我社会定位,即该组织希望在社会公众心目中塑造的形象,这往往具有一定主观感情超然的色彩,有时可能存在定位过高、自以为是、曲高和寡的认知和定位误区。

3. 整体印象和特殊印象

组织的整体印象是指社会公众心目中对组织的全部看法和评价。组织的特殊印象是指与组织有特殊利益关系的和对组织有特殊要求的公众对组织的看法和评价。这是特殊公众从特定的角度对组织形成的看法和评价。

组织必须善于处理好特殊公众和其他公众的关系，使特殊印象和整体印象达到平衡统一，以便为组织营造良好的生存和发展环境。

4. 外观印象和内在印象

组织的外观印象是指社会公众对组织的名称、标记、环境、建筑、设备、设施、组织行为等方面的看法和评价。组织的内在印象是指通过组织的外在形象表现出的内在品质给公众留下的印象，如组织的信誉、职工的精神风貌、组织的特征与风格等。

5. 组织危机预警

无论是组织管理者还是公共关系从业人员都应具有强烈的危机意识和危机应变的心理预备。组织危机预警包括建立危机预警系统，组建一个由具有较高专业素质的人员和高层领导组成的危机处理小组；建立高度灵敏、准确性强的信息监测系统；建立自我诊断制度；面对员工开展危机管理教育和培训，增强全体员工的危机管理意识和技能等。

（二）制定策划目标、确定公共关系对象

公共关系目标对于整个公共关系策划来说具有鲜明的导向性，具体是指组织通过公共关系活动的实施所希望达到的理想状态和标准，这一目标是在了解和明确目标公众的基础上，有针对性地解决在公共关系调查环节中发现的潜在的和现实的各种问题。公共关系策划目标按照不同的标准可以分成很多类型，最为常见的公共关系目标有如下四类。

1. 以信息传播为公共关系目标

主要是指通过信息传播让公众增进对组织的了解。在某个特定的时期，如组织刚刚成立之时、组织机构发生重大的调整变动、正式出台了一个重要的政策、做出了重大的人事变更、推出了一个新的服务项目或产品、有重要的信息需要迅速地传递给特定公众等，组织的公共关系部门就需要策划推出旨在有效、快速地传播重大信息的公共关系活动，以便扩大组织的知名度和提高公众对组织新信息的知晓度。

2. 以增进了解为公共关系目标

对特定公众的关注既是公共关系人员的长期工作目标，也是一项维护与加强组织公共关系工作的近期目标。因此，将加强公众感情联络、增进公众了解确立为公共关系目标，通过公共关系工作，努力使特定公众，特别是关键公众、重要公众与组织建立较为牢固、深厚的情感基础，在短期内可以达到联络组织与公众感情的良好效果。

3. 以改变态度为公共关系目标

一般来说，社会公众对某一组织的态度可以分为正面与负面两种基本类型，正面态度包含同情、亲近、了解、信赖、好感等心理倾向；负面态度则包含敌视、偏见、冷淡、怀疑等心理倾向。在公共关系实务活动中，以知晓为主要目标的信息传播经常难以改变公众持有的、对组织较为坚定的负面态度，公共关系从业人员要改变公众的上述态度，就要有效地使用多种信息传播手段，努力使这些特定对象增进对组织的了解，促使其对组织产生好感，最终促使公众形成对组织的正面态度。

4. 以改变行为为公共关系目标

改变行为的公共关系目标在于促使公众行为发生改变，即直接策动或引发公众对组织实施具体、良性的行为。而改变行为是以改变态度为前提的，因此，一般来说，公共关系从业人员在考虑需要引发公众什么样的行为之前，要仔细地考察公众的基本情况、对组织相关信息的知晓程度、态度情感状况等，然后才可能制定出正确得当的目标。

公共关系目标是一个完整的体系，总目标与各个子目标之间应形成一种严密的逻辑关系。公共关系人员应要求组织内所有部门及其人员都知晓、理解并赞同公共关系目标体系，以便于形成全员公共关系的强大合力。

（三）制订策划方案、推进方案实施

在明确公共关系目标的基础上，组织需要将公共关系目标细分，制订具体的策划方案，且应确保该方案具有可操作性，这一阶段的工作需要着重完成以下三方面的具体任务。

（1）选择适当媒介。选择适当媒介，其实质就是要在特定的公众与组织之间，建立起畅通无阻的双向沟通信息的渠道，寻求组织与目标公众之间信息沟通的最佳方式。不同的传播媒介的特点和传播效果各不相同，针对不同目标公众，选择适当的传播媒介传递信息可以达到事半功倍的效果。同时对于公众而言，媒介是否权威、报道客观与否、信息是否可靠、信息传播技巧是否运用得当、传播过程能否蕴含真情实感、能不能更多地关注公众利益等这些细节，也都会让传播活动的影响力相差甚远，因此选择传播媒介时应该精心策划。

（2）编制经费预算。公共关系活动同样是一种市场行为，虽然不像促销等行为那样产生立竿见影的营销效果，但作为一项长期投资，也必须考虑投入和产出的关系，这就需要对公共关系活动的经费进行合理预算，使策划活动具有可行性。公共关系活动预算主要包括以下几方面内容。①劳务工时报酬；②行政办公经费，包括办公用品、电话费、房租、水电费、保险费等；③专业器材和成品购买费用；④宣传费用，公共关系广告费用及各项宣传费用；⑤实际活动费，包括座谈会、宴会、参观、大型纪念活动或庆典活动及其他接待应酬的开支等；⑥赞助费，即用于赞助社会文化、教育、体育等福利事业或慈善事业的费用；等等。

（3）审定方案、促进方案实施。审定方案是推进公共关系策划实施的"桥头堡"，它是对公共关系策划活动进行的再分析工作，并起着承上启下的作用，既是对前期策划工作的总结，又是对具体方案的启动。审定方案一般是由组织的领导、专家及具体工作人员对方案进行答辩、论证，对既有的公共关系策划方案进行修改、完善和定稿。方案审定一般应该考虑到公共关系目标的导向性、方案的可行性、预算费用的合理性，还要关注潜在问题，通过制订备选方案和应急预案，来进行风险防范。

第二节 公共关系策划的创造性思维

公共关系策划的吸引力源于创造性思维。要使公共关系策划有创意、能吸引公众的兴趣，策划者必须要合理运用各种各样的创造性思维方法，并有效地将这些思维方法转变成卓越的策划方案。这一过程应该说是整个公共关系策划的核心环节，能否掌握创造性的思维方式，对成功地举办公共关系活动意义重大。

一、创造性思维的概述

（一）基本概念

创造性思维是指人们在对客观现实材料进行抽象概括的基础上，通过抽象推理，提出前人未曾提出过的新思路或新理念或针对未能解决的问题提出新的解决方案。著名美国心理学家马斯洛认为，创造性有两种，一种是特殊才能的创造性，另一种是自我实现的创造性。前者是只有科学家们才能完成的，而后者则可以由每个平凡个体完成。现代公共关系的实践表明，"创意是公共关系策划的灵魂，是公共关系活动持续推进的内在动力，是展现企业形象的必备元素，是吸引公众对组织形象关注的必要条件"[1]，因而，创造性思维必须基于脚踏实地的现实。

（二）基本特征

1. 创造性

创造是人类所特有的一种活动，而创造性思维就是人类在思维领域中的创造性活动。它是人类创造力和创造性的集中反映与突出体现。创造从思路、方法到结果，贯穿于创造性思维的始终，创造性体现出思维的独特性和开拓性。

2. 新颖性

创造性思维是原始性创新，能为人类文明宝库增添新的资源。创造性思维的结果必须是前所未有的，因此具有新颖性。创造性思维的新颖性体现出创造性思维的空前性和先进性。人类就是在不断推出新颖事物的过程中获得自身的飞跃和进步的。

3. 非重复性

创造性思维是相对于再现性思维（重复性思维）而言的，是对已有思维的扬弃。创造性思维所要解决的问题都没有现成的答案，靠重复、模仿等都无济于事。对创造性思维而言，只有可供借鉴的思维程序与方法，而没有完全能照搬套用的思维程序与方法。创造性思维的结果必须与已有认知范围内的思维结果有所不同，即具有非重复性。非重复性体现出创造性思维的批判性和革命性。

4. 超越性

创造性思维具有新颖性和非重复性，因此就必然具有超越性。所谓超越性，就是指

---

[1] 范振杰. 2000. 公共关系策划谋略. 北京：高等教育出版社：58.

创造性思维的结果超出人类已有认知范围而达到新的认知水平。当然，超越的含义是十分广泛的，如超越已知、超越常规、超越逻辑、超越已有思维等。超越性体现出创造性思维的突破性和飞跃性，从而充分展现出创造性思维独有的魅力。

5. 价值性

人类所取得的一切科学技术和文化艺术成果归根结底都是创造性思维的结晶，创造性思维必须为人类文明宝库增添新的资源。这说明创造性思维的产物必须对人类有益、具有社会价值，即创造性思维必须为人类发展做出重要贡献。

（三）影响创造性思维的基本因素

创造性思维的形成与发展除了受先天遗传因素影响外，还会受到家庭、学校教育、社会文化及个性品质的影响。家庭因素对个体创造性思维的发展产生了重大影响，它可以促进或抑制个体创造潜能的发挥。许多关于杰出人物儿时家庭环境的研究都为此提供了有利的证据。作为一种有目的、有组织的教育活动，学校教育在影响学生创造性发展、潜能开发方面比家庭教育具有更重要的意义。社会文化因素也与个体创造性思维的发展存在密切联系，许多跨文化研究已经证明了这一点。而个性品质则与创造性的关系更为密切。很多个性特点，如好奇心、自信心、恒心、独立性等就是创造性思维形成的重要条件。具有创造性的人，首先必须能自我激励。因为他们一开始的尝试行为有可能得不到教育者的积极评价。另外，具有创造性的人还必须具有冒险、敢于挑战权威和不怕失败的精神。个体不按常规进行的、与众不同的探索行动有时不一定能顺利进行，经常会遇到这样那样的困难，甚至最终会失败。如果没有冒险精神和不怕失败的精神，那么创造的火花早就泯灭了。

二、创造性思维方式的类型

（一）灵感激发法

灵感激发法是利用灵感这种突如其来的创造性思维进行公共关系策划的方法。灵感的产生，往往要借助外物，即外部信息的激发。外部信息与人们头脑中的知识信息突然碰撞并进行巧妙的组合，便有助于产生灵感。因此，对于公共关系策划者来说，要想产生策划灵感，就要善于发现与利用各种信息，来进行自我激发。

（二）风桶联想法

风桶联想法又称风桶创意法，是一种大胆联系的方法，即将"风吹时，卖茶桶的也会赚钱"的大胆联想法应用于公共关系策划中的创意思维方式。这种方法虽然有时可能会导致一些无厘头的想法或牵强附会的念头产生，但往往能获得大量意想不到的创意整合。所谓突破想象，是指策划者对记忆中的表象进行加工后得到的一种新的形象思维。它是在对以往事物感知的基础上，对策划对象产生新的想象，是一种在联想的基础上形成的特殊形式的思维活动。在公共关系策划中，突破想象是指策划者把对组织公共关系现状的认识和对组织未来的预测等各种感知,通过想象,不断突破,从而建立新的形象概念的过程。因此,公共关系策划的成果往往也是突破想象思维的结果。

(三)头脑风暴法

头脑风暴法出自"头脑风暴"(brain-storming)一词,它的创始人是美国的创造学家奥斯本。"头脑风暴"最早是精神病理学中用语,是就精神病患者精神错乱的状态而言的,现在转而指无限制地自由联想和讨论,其目的在于产生新观念或激发创新思维。因此,头脑风暴法对于公共关系策划来说,是一种有效激发创新思维的方法。这种方法的核心是高度自由的联想,通过小型策划会议,使与会者毫无顾忌地提出各种想法,彼此激励,诱发联想,最终产生创新性方案的群体策划方法。这种方法,在全世界得到了广泛应用。

使用头脑风暴法要把握以下四个基本原则。

(1)禁止批评。在群体创意会议上,禁止批评或批判别人的想法,即使别人的想法有时是幼稚的、错误的、荒诞的,也不得批评。如果有人不遵守这一条原则,会议主持人将提出严厉的警告:"请闭上尊口,动动你的脑筋吧!"所以,这一原则又被称为保留判断原则。

(2)自由畅想。思维越狂放,构思越新奇越好。有时看来是很荒唐的设想,却是打开创造大门的钥匙。

(3)多多益善。新设想越多越好。数目越多,可行性办法出现的概率就越大。

(4)借题发挥。巧妙地利用他人的想法,在其基础上提出更新更奇的设想。与会者应该善于利用别人的想法来开拓自己的思路。

(四)要素排列法

1. 案例排列法

案例排列法是指通过案例联想进行构思的方法,主要是通过对过去案例的回顾激发出新的构思方法。这种方法由与会者将与议题相同的过去同类案例排列出来,在此基础上再进行新的构思。假设会议议题是讨论某庆典活动的设计方案,则与会者既可以轮流发言,也可以随时发言。发言前先将使用过的活动庆典形式尽可能地排列出来,发言者可以随时提出新的庆典活动的构想。记录员要将发言者的意见记录在黑板上。记录板分为两边,一边记录已有的案例,另一边记录新的构想。案例排列法一般要力求穷尽与会者头脑中已有的案例,主持人要善于引导与会者进行联想推理,以便有利于其产生新的想法。

2. 缺点排列法

缺点排列法是改进旧事物、提升固有做法的一种常用技法。策划者需要发扬打破砂锅问到底的精神,力求把现有组织中的所有的缺陷和可能出现的缺陷都逐一列出,近乎鸡蛋里挑骨头。这样做既可以全面彻底地摆脱旧事物的束缚,又可以提升创造性思维的整体完善程度。

（五）逆向思维与类比启迪

（1）逆向思维法。人们在进行思维活动时，往往喜欢按照习惯的思路去探求问题的答案，这种解决问题的方法往往陈旧俗套、缺乏新意，问题也难以顺利解决，如此就需要人们从与习惯思路相反的角度，来突破常规定式，做反向思维，以找到出奇制胜之道。

（2）类比启迪法。类比启迪法是指根据已知的事物或道理，比喻性地启迪头脑以类似的方法去解决未知的问题。美国的创造学家将之称为"提喻法"，它是将不同知识背景、不同气质类型的人组成小组，相互启发、集体攻关。提喻法的出发点主要有两个：一是变陌生为熟悉，即进行拟人类比、直接类比、象征类比、幻想类比；二是变熟悉为陌生，对已知的各种事物，运用新知识或新角度来观察、分析和处理，在这一过程中同样必须进行各种类比。最后，再通过特定的标准，对通过想象力产生的各种类比进行选择和判断，最终得出最佳的创造性思维成果。

三、创造性思维的训练方法

（一）积极暗示法

每个人在工作或生活中接触的各种信息，既有"明示"，也有"暗示"。"明示"指直截了当、毫无疑义的明确信息，"暗示"则是特定环境和氛围下的个体肢体语言或其他形式的信息传递方式。"暗示"根据产生的正负面影响，可分为积极暗示和消极暗示。积极暗示能够开发人头脑中的思维潜能，而消极暗示则会压抑思维潜能。所以人应该尽可能多地从周围环境或别人那里得到积极暗示，或直接对自己实施积极暗示，同时要善于拒绝和抛弃各种消极暗示。

美国著名的成功学研究专家拿破仑·希尔认为，积极的、带有创新意识的暗示会让人自发地、努力地实现自己的目标。[①]

运用积极暗示的方式进行思维训练，要牢记以下五大原则。

（1）简洁，即默念的句子要简单有力。例如，"我的好想法越来越多""我的进步越来越快"等。

（2）正面，即暗示中尽量不用否定句，这一点对于暗示极其重要。例如，"我不想表现太糟糕"，就应该正面地说："我的表现得越来越好"。不要让"糟糕"的观念印在你的潜意识里。

（3）信念，即暗示要具有可行性，避免内心产生矛盾与抗拒。如果你觉得"我在今年之内读 50 本书"不太可能，就选择一个你能够接受的数目。例如，"我今年之内读 10 本管理类经典图书"。

（4）观想，即默诵或朗诵自己定下的语句时，要在脑海里清晰地形成意象。例如，你要想自己受到员工的欢迎，首先就要在脑海中见到自己受员工欢迎的场景。

---

① 拿破仑·希尔. 2013. 思考创富——拿破仑·希尔成功学全集. 宋奕婕，译. 北京：中国妇女出版社：23.

（5）感情，即在默念或朗诵自己定下的句子时，不光是嘴上念，还要把感情注入进来，因为潜意识是靠思想和感受共同作用产生的。例如，认为自己健康，就会有浑身是劲的感觉。

（二）组合创新法

这是一种较为常见的创新方法，目前，大多数创新成果都是通过采用这种方法取得的。组合创新的形式主要有以下六种。

1. 功能组合

功能组合就是把不同物品的不同功能、不同用途组合到一个新的物品上，使之具有多种功能和用途。例如，按摩椅就是按摩功能和椅子功能的结合体，具有计算功能的闹钟也是一种新的组合形式。

2. 意义组合

意义组合是指不同物品组合后，赋予该物品新的意义。例如，在文化衫上印上旅游景点的标志和名字，就变成了具有纪念意义的旅游商品。同样，一部著作有了作者的亲笔签名，其意义也会不同。

3. 构造组合

把两种东西组合在一起，形成了新的结构并具有了新的实用功能。例如，房车就是房屋与汽车的组合，它不仅可以作为交通工具，还可以作为居住的场所。电脑桌也是一种新的组合形式。

4. 成分组合

两种物品成分不相同，组合在一起后，就构成了一种新的产品。例如，柠檬和红茶组合在一起，就开发出了柠檬茶。调酒师调制鸡尾酒采用的也是一种新的成分组合方式。

5. 原理组合

原理组合是指把原理相同的两种物品组合在一起，产生一种新产品。例如，将几个相同的衣服架组合在一起，就可构成一个多层挂衣架，可以分别挂上衣和裤子，从而达到充分利用衣柜空间的目的。

6. 材料组合

材料组合是指不同材料组合在一起，不仅可以改善原物品的功能，还能产生新的经济效益。例如，现在电力工业使用的远距离电缆，其芯用铁制造，而外层则用铜制造，由两种材料组合制成的新电缆，不仅保持了原有材料的优点（铜导电性能好，铁坚硬不下垂），还大大降低了输电成本。

（三）质疑习惯法

国外思维训练师又把质疑习惯法称之为"乔治热身练习"。这是一种打破"习焉不察"心态的练习，它有助于人们认识日常习惯中的合理部分与不合理部分。习惯一旦形成就会产生惰性，并阻碍人的开拓和创新，因而不断地质疑习惯、打破习惯，也是培养创造性思维的一种方法。例如，人们找对象时，习惯男性比女性个子高的搭配方式。确实，如果一件事情在我们生下来时就已经存在，我们自然会把它纳为生活经验的一部分，而打破这些习惯就是成功开启创新之门的钥匙。

（四）强化记忆法

"记忆"是潜意识通向显意识的一种重要途径，尽管它本身不是思维活动，但是它能为思维奠定材料基础。强化记忆法就是在有意识地增强记忆的同时，又有意识地调动记忆，为改善创造性思维服务的方法。人的大脑可分为左半脑和右半脑，左半脑负责数字、逻辑、语言、文字等思维，而右半脑则负责想象、色彩、节奏、空间等思维。美国著名数学家诺伯特·维特认为，"每个人即使他是做出了辉煌成就的人，在他的一生中利用他自己的大脑潜能还不到百亿分之一"[①]。因此，人脑开发尤其是右脑开发的潜力巨大。人们应通过全脑运动改善记忆，尤其要注意激发右脑思维。

观点链接

创新人士的七个习惯

习惯一：充满激情

所有成功人士都有一个共同的特征——充满激情地投入到自己喜爱的事业中。史蒂夫·乔布斯说过："生命是有限的，不要浪费时间过别人的生活。通向伟大事业的唯一道路是热爱你的事业。如果你还没找到自己的方向，坚持去找，不要放弃。"

习惯二：勇于尝试

我们从来不能预知未来究竟是什么样！很多人在做事前会反复推理，希望找出确定的后果，或者说只有在有较大把握的情况下才开始行动，但事与愿违的是分析永远不会正确，因为未来的变量太多，即使是最尖端的计算机也无法描述未来的情形；相反，机会可能在分析的过程中消失。

习惯三：要事为先

柯维认为应该优先做重要的事，其实我们应该更进一步，你甚至不应该去想那些对最终结果没有意义的事情。因此，我们要改进很多人都熟知的一句话："不要为小事流汗。"真正需要做到的应该是："不要去做甚至是想那些小事。"

习惯四：追求结果

很多人在创新的道路上都不时地暗示自己"我追求的是过程，而不是结果"，实际上所有的成功人士都是二者兼顾的，他们在享受过程的同时，竭尽全力地追求最终的结果，因为只有结果才是对他们最好的表彰。

习惯五：理解创新

创新的关键首先在于了解目前还没有人能解决的难题，只有了解了问题后，你

[①] 陶理. 2004. 控制论之父：诺伯特·维特的故事. 广州：广东教育出版社：56.

才能开始考虑解决这一问题有无意义，否则再伟大的产品也会无人问津。

习惯六：领导他人

成功的创新者通常都是具备独特的激励他人能力的高能人士，用一个专业的词语描述，即领导力。没有领导力，即使你有着世界上最有效或者最好的想法，没有人关心它，也就没人能知道它。

习惯七：质疑现状

创新来自对现实的不满，对现状的质疑。比如，英特尔前总裁安迪格鲁夫把对现状的质疑总结为两条指导原则——"只有偏执狂才能生存"和开展"建设性冲突"。

资料来源：史蒂芬·柯维. 2008. 高效能人士的七个习惯. 北京：中国青年出版社：153，内容有改动

第三节　公共关系策划的类型

在公共关系学界，着眼于不同的角度、依照各式的标准，人们对公共关系策划进行了不同的类型划分。本书结合公共关系策划实践发展的现状，将公共关系策划按照策划内容的复杂程度分成常规公共关系策划和大型公共关系策划两种类型。

一、常规公共关系策划

（一）公共关系广告

公共关系广告是指按照组织制定的公共关系目标，通过付费的方式在报纸、杂志、广播、电视等新闻媒介上宣传自身、传播品牌，增进公众对组织的了解，争取社会公众好感的活动。

公共关系广告的策划程序包括以下三点。

（1）确定广告主题。要做好公共关系广告，首先要有明确的主题。特别是对于企业来说，比较好的办法是，以企业政策作为广告主题来树立企业形象。例如，主题的选择可从以下几个角度考虑：企业的声望、服务、经济贡献、员工关系、特殊事件、人事关系等。

（2）选准诉求对象。由于组织所面临的问题及所处的具体公共关系环境时有变化，因而，在进行公共关系广告策划时，应该根据情势不同进行调整，但要尽可能广泛地向所涉及的公众传递诉求。例如，日本三菱重工曾在中央电视台播放的广告中提到"三菱重工愿为中国人民的现代化建设作贡献"。

（3）有效把握发布时机，具体包括以下几种情况。①配合节日发布公共关系广告；②利用组织的各种重要纪念日发布公共关系广告；③利用组织的重大工作成就发布公共关系广告；④利用政府举办活动的有利时机发布公共关系广告；⑤利用社会普遍关注的重大事件发布公共关系广告（图8-2）。

资料链接

图 8-2　2020 年 5 月 22 日光明日报第 16 版碧桂园集团的公共关系广告
注：当日十三届全国人大三次会议在全国人民胜利抗击新冠疫情的大背景下开幕

（二）公共关系新闻传播

新闻传播是组织实施公共关系行为的重要媒介和活动渠道，其在具体的策划工作中包括两种类型：第一，常规新闻发布活动——新闻发布会；第二，新闻报道活动——策划公共关系新闻。

1. 新闻发布会

新闻发布会又称记者招待会，是组织直接向新闻界发布有关组织信息、解释组织重大事件而举办的面对面的沟通活动。

新闻发布会的策划过程包括以下六个步骤。

（1）选择合适的新闻素材、明确新闻发布会主题。组织尤其是工商企业，在选择新闻发布会的主题时应注意三个方面：第一，避免直接使用"新闻发布会"的字样，可以直接把发布会的名字定义为"某某信息发布会"或"某某媒体沟通会"等；第二，在发布会的标题中说明发布会的主旨内容，如"某某公司 2020 新品信息发布会"；第三，为新闻发布会选择一个具有象征意义的标题，一般可以采取主标题加副标题的方式，来全面阐述新闻发布会的宗旨，即主标题表现发布会的意义，副标题说明发布会的内容。

（2）寻找得当的发布时机、安排合适的发布场地。策划者应尽量避开重大节假日和其他容易聚焦公众注意的时间节点。新闻发布会的场地需要选择在交通便利、设施完备、功能齐全的酒店多功能厅或专业会场。

（3）明确各大媒体的邀请方案。结合发布的主题，考虑组织的实际情况，确定邀请媒体的范围。注意对待所有的记者应当一视同仁。

（4）巧妙设计新闻发布会的流程、控制好信息发布的节奏。发布会最好能设置一些悬念，让记者层层挖掘，以激发其报道兴趣，争取提高各大媒体对此的关注度。通常要避免一开始就将所有信息全部公之于众。

（5）编制经费预算。经费预算可以依照新闻发布会的规格与规模进行制定，制定预算时应留有余地，以备不时之需。经费预算具体包括场地租赁费、会场布置费、印刷费、茶点费、礼品费、文书用具费、音响器材费、交通费、通信费、网络费等。

（6）制订应对突发状况的应急方案。新闻发布会的传播速度比较快、舆论反馈也很明显，因此，传播风险也会相应增加，必须事先制订一套应对突发状况的应急方案。

2. 策划公共关系新闻

策划公共关系新闻又称"制造"新闻。这是一种不需要传播成本的宣传方式，具体是指利用或针对新近发生的、与组织有一定关系的特殊事件，策划形成对组织有积极影响的、能吸引广大媒体关注的新闻事件的过程。策划公共关系新闻在效果上比广告更有说服力和吸引力，更有利于提高组织的知名度。策划公共关系新闻往往会结合新闻发布会的一起进行，以获得最大化的传播收益，这对策划者的工作技巧和创意水平提出了更高要求。

策划公共关系新闻时需要注意以下七点：①应该就公众在这段时期内比较关注的话题来"制造"新闻；②策划的新闻应比一般新闻更富有吸引力，更能引发新闻界及公众的兴趣；③新闻事件能明显提高组织的社会知名度；④必须符合新闻规律，要真实可靠，绝不允许编造，欺骗舆论；⑤应该抓住"新、奇、特"三个特点去策划新闻，注重和热点事件的关联性；⑥策划公共关系新闻时，策划者要有意识地把组织和某些权威人士及社会名流联系在一起；⑦策划者应尽量寻找与传统的节日或纪念日相联系的时机，以有效形成新闻热点。

（三）日常公共关系调查

日常的公共关系调查其实是一种采集社会信息、监控组织社会环境、及时掌握社会发展趋势的一般公共关系活动。其目的是通过信息采集、舆论调查、民意测验等工作，加强组织与公众的双向沟通，使组织了解社会舆论、民意民情、消费趋势，为组织的经营管理决策提供信息咨询服务，使组织的行为尽可能地与国家的总体利益、市场发展趋势及民情民意一致；同时，组织通过调查分析，可以向公众传播组织的有关信息，增进公众对组织的了解。

1. 公共关系调查的策划内容

（1）访问重要用户、供应商、经销商等。

（2）调查内外公众，如征询客户使用意见，鼓励职工提出合理化建议等。

（3）开展各种咨询业务，建立信访制度和设置相应的接待机构，设立监督电话，处理举报和投诉等。

2. 公共关系调查的策划重心

公共关系调查的策划重心在于活动的具体操作，即通过科学的调查获取真实、有效的信息，以调查人员的敬业精神与公众开展有效的互动沟通，来实现组织赢得公众支持的公共关系目的。

（四）开放参观活动

1. 基本概念

开放参观活动是组织的一项常规性公共关系活动，组织安排媒体与公众到组织进行参观，有助于组织良好形象的传播，增进社会公众对组织的全面了解，特别是当组织遭遇虚假负面信息攻击时，开放参观活动显得十分必要。

2. 策划过程

（1）选好开放的时机和缘由，确定开放参观的要旨。开放参观活动的时间，应尽可能地安排在一些具有特殊意义的日子里，如周年纪念日、开业庆典活动等，使参观者有充足的时间与较为强烈的兴趣到访。同时，应避开一些重大政治新闻事件与节假日。另外，还应考虑季节与气候因素，如暮春、初秋气温适宜，是理想的参观时间，太冷太热都不宜安排开放参观活动。

（2）明确开放的内容。一般的开放参观活动，包括现场观摩、介绍、实物展览三种。

（3）确定参观活动的范围。开放参观是全局开放还是局部开放，应由组织决策部门审定。活动组织者在此基础上确定开放参观的路线，保证参观者按路线有秩序地参观。

（4）编制宣传手册。要准备好宣传手册，公共关系工作人员现场将之发给到访的记者与公众，同时再配合讲解员的讲解和现场观摩，带领记者与公众参观工作现场，以实物或员工的实际行动来说明组织的真实情况。

（5）确定新闻记者与公众代表的名单。根据组织公共关系活动的目的，确定有代表性的媒体记者及公众代表，保证有的放矢，富有针对性。

总之，组织要精心策划整个开放参观活动，保证以真诚和热情的态度对待所有来访者，让他们高兴而来，满意而去。

（五）公共关系交往活动

1. 基本概念

公共关系交往活动是一种促进双方有效互动的公共关系工作方式，它能促使组织与公众的沟通进入情感交流阶段，是一种具有直接性、高效性和富有情感色彩的活动。

2. 活动类型

交往活动一般有两种类型：团体交往和个人交往。

（1）团体交往，包括各式各样的招待会、座谈会、宴会、茶话会、慰问会、舞会等。

（2）个人交往，具体包括交谈、拜访、信件的往来等。

3. 策划过程

策划这类活动需要在平凡之处见真情，以小见大，具体有以下三点要求。

（1）情真意挚。公共关系工作人员对公众要报以真挚的感情，真心实意地交往。要说真话，向公众提供真实的信息。对公众要一视同仁，不受社会地位、经济条件、文化程度的影响，一律平等相待。

（2）讲究礼仪、注重礼节。公共关系人员要按基本礼仪规则行事，注重个人的仪表、言语、行动和精神风貌，以良好的形象出现在公众面前，并善于巩固和增进彼此的友谊。

（3）关注日常工作细节。公共关系从业人员要将主动沟通、尊重公众的意识深刻灌输于组织员工的脑海，在与公众进行交流和沟通时能够从每一个细节上体现公共关系的职业素养。

二、大型公共关系策划

（一）展览活动

1. 展览活动的基本概念

展览活动是一种综合运用各种传播方式展现组织风貌或特定内容的公共关系活动。展览活动通过现场展览、展映、讲解等形式，来传递组织信息、增进公众对组织某一方面的了解，这是一种涉及部门和组织层面较多、影响范围较广的综合性公共关系活动，也是一种相对简单易行、便于掌控的大型公共关系策划活动。

2. 展览活动的策划流程

（1）确定展览活动主题，以言简意赅的标语体现出来。

（2）设计布置展览厅的基本要求。①展览活动的布置应考虑角度、方向、背景与光线等综合因素，应使展品展出后，布局整齐、美观、富有艺术色彩，给人以美感。②现场的布置应通过直观的实物、精致的艺术造型、生动的解说、悦耳的背景音乐，营造出一种真实的现场环境。这种环境更容易促进组织和公众良性互动，增强沟通效果。

（3）展览活动开幕仪式的方案设计。①确定邀请参加展览会开幕式的贵宾名单；②确定邀请展览会的记者名单；③开幕式现场布置，场地搭建要求风格庄重大方，简约而不奢华；④确定开幕式主持人；⑤组织发言人讲话内容的审定及嘉宾讲话内容的审定。具体要求：简单明了，突出主题，在最短的时间内表达中心思想。

（4）安排对外信息发布机构，制订现场宣传方案。较大规模的展览会通常都应成立专门的对外发布新闻的机构，因为展览会期间有很多具备新闻价值的信息，这就需要专人不断地去挖掘、整理，然后写成新闻稿向有关媒体发布，从而扩大展览会的社会影响力，因此，应由专人负责制定新闻发布会的日程安排，确定发布内容、时机和形式等，并负责同新闻媒介的沟通联络。

（5）确定展览活动经费预算。展览会的经费预算，通常包括场地租金、设计装修费、展品模型制作费、交通运输费、广告宣传费、交际联络费、设备租赁费、水电费、保险费、劳务费、招待费及其他不可预见的费用。组织应把这些费用加以核算，有计划地分配使用，防止出现超支与浪费的现象。当然，在预算资金里应备有适当的机动费用。

（二）庆典活动

1. 庆典活动的基本概念

庆典活动是组织利用自身或社会环境中的有关重大事件、纪念日、节日等所举办的各种仪式、庆祝会和纪念活动的总称，包括节庆活动、纪念活动、典礼仪式和其他活动。组织通过庆典活动，可以渲染气氛，提高组织的影响力；也可以广交朋友，广结良缘。成功的庆典活动还可能具有较高的新闻价值，从而有利于进一步提高组织的知名度和美誉度。

2. 庆典活动的主要类型

（1）节庆活动，是指利用盛大节日而举行的表示快乐或纪念的庆祝活动。不同国家甚至同一国家不同地区，都有自己独特的节日。节日又有官方节日和民间传统节日之分。常见的官方节日有元旦、妇女节、建党日、建军节、国际劳动节、儿童节、国庆节等，民间传统节日有春节、元宵节、清明节、端午节、中秋节等。还有些国家和地区根据自身文化传统、风俗习惯等，组织举办一些具有地方特色的节庆活动，如在我国有北京地坛庙会、内蒙古那达慕大会、山东潍坊风筝节、青岛啤酒节等。

（2）纪念活动，是指利用社会上或本行业、本组织的具有纪念意义的日期而开展的公共关系活动。可供组织举办的纪念活动很多，如历史上重要事件发生纪念日、本行业重大事件纪念日、社会名流和著名人士的诞辰或逝世纪念日；而本组织的周年纪念日、逢五逢十的纪念日及组织内部取得重大成就的纪念日等，更是举办纪念活动的极好时机。通过举办这样的活动，组织可以传播自己的经营理念、经营哲学和价值观念，使社会公众了解、熟悉进而支持组织工作。

（3）典礼仪式，包括各种典礼和仪式活动，如开幕典礼、开业典礼、项目竣工典礼、毕业典礼、颁奖典礼、就职仪式、授勋仪式、签字仪式、捐赠仪式等。

3. 庆典活动策划的基本要求

（1）庆典活动的策划应建立在充分的调查研究基础上，明确公众对象，做到有的放矢。

（2）庆典活动的主题必须明确而集中、有号召力、富有感染力。

（3）庆典节目要新颖、别致、不落俗套，以期最大限度地吸引公众的注意力，引起社会关注。

（4）要求整个策划活动以"喜庆"的基调贯穿始终，并将其落实到具体活动中去。

4. 庆典活动策划的具体步骤

（1）确定庆典活动主题。公共关系人员应依据庆典活动内容，以及组织与公众的情况，精心设计主题，然后围绕主题来安排活动内容与活动形式。

（2）设计庆典活动。庆典活动应尽量富有创意，不要流于俗套，在庆典活动中，应举办既具有新闻性，又具有公益性和公众性的活动，把庆典活动变成富有社会效益的公众活动。

（3）确定嘉宾与记者名单。嘉宾名单不仅要考虑长期的合作伙伴与所在地区、社区的领导，还要邀请一些社会知名人士、记者等，另外，也还应包括一些公众代表与员工代表。

（4）准备新闻稿。应将富有特色的庆典活动撰写成新闻稿。

（5）策划将庆典活动和其他公共关系活动充分结合的创新性活动方案。

（6）经费预算。庆典活动往往需要较多的资金投入，经费预算最好根据组织情况量入为出，不要铺张浪费、哗众取宠。

（三）公益活动

公益活动是指组织举办的旨在扩大组织的社会影响、提高组织的信任度、塑造组织良好口碑的各种社会性、公益性、赞助性的公共关系活动。公共关系公益活动往往不会给组织带来直接的经济效益，并且短期内会增加组织的额外费用，但从长远来看，它却为组织传播良好的社会声誉、为组织创造顺畅的外部公共关系环境提供了良好的条件。

1. 公益活动策划的切入点

（1）以组织的重要活动为主题配合策划恰当的公益活动。

（2）组织可以从赞助公共服务设施建设、文化教育事业等入手，来从事社会福利事业和慈善事业。

（3）组织可以与大众传播媒体等合作举办各种活动。

2. 公益活动策划的注意事项

（1）善于选择合适的时机，灵活策划公益活动，以期引起新闻界和公众的兴趣与重视，并通过大众传播媒介达到扬名在外的目的。尤其要注意公益活动的成本，将其同单纯的慈善活动相区别。

（2）在对外传播策略中，要坚持利他原则，特别是尊重公众利益，重视社会整体效益，主动参加社会慈善、公益活动等，做好外部公共关系工作，以便为组织营造良好的社会环境。

（四）网络公共关系

网络公共关系活动作为一种新型的公共关系类型，是指组织借助联机网络、计算机通信系统和数字交互式媒体，在网络环境下，组织与内外部公众进行信息沟通、关系协调的实践活动。

这种新型的公共关系，由于其独特的价值效应，日益受到广泛重视，掌握这种公共关系运作模式，是在新媒体迅猛发展背景下，组织赢得商机、获得良好声誉的制胜法宝。可以说，互联网时代，"无组织不公关"。

1. 网络公共关系策划的关键点

在进行网络公共关系策划时，必须要明确以下七个关键点。

（1）为何传播。传播的目的无非两种：一是组织声誉层面，提升组织在公众中的影响力；二是品牌层面，提升组织的知名度与美誉度，树立组织品牌形象，传播组织文化。不同的传播目的决定着不同的传播策略。

（2）向谁传播。网络媒体便利的双向互动性，使公共关系的对象更加明确、具体。因此，组织必须明确并研究自己的传播对象——公众的诉求，这样才能有的放矢、对症下药。

（3）传播什么。从传播学上说，在网络上通过口碑宣传，信息会快速扩散，使受众在不知不觉的状态下受到影响。网络公共关系策划必须在传播内容上解决话题的成长性问题，即能否抓住传播的核心点，能否制造出引起公众关注与共鸣的话题。在网络上迅速而广泛传播的信息，都是围绕公共话题或娱乐话题进行的，能否把组织个体话题演绎成行业话题，由行业话题演绎成社会话题，由社会话题演绎成热点话题，这都是在策划时需要考虑的。

（4）选择网络媒体的适当形式进行传播。不同公众的网络习惯是什么，是阅读新闻，还是玩网络游戏，抑或是热衷于网络聊天？他们喜欢浏览哪些网站，围观哪些论坛？只有了解清楚社会公众在网络上的行为特征，才能确定网络公共关系策略，把钱花在刀刃上。

（5）能否在最短的时间内获取舆情反馈。在网络时代，任何一点火星，都有可能引爆一个事件。这就要求我们建立360度无缝衔接的监测体系，使组织能够在第一时间获得全面的网络舆情反馈，从而做到胸有成竹。

（6）能否做好网络危机公关。可否进行有效的网络舆论管理？也就是说，如何迅速处理网络危机、清除不利舆论，遏制负面新闻蔓延，捍卫组织形象。

（7）网络公共关系策划同样需要恪守公共关系的职业道德，那些无下限的收费策划、人为操控网络排名、收费删帖的行为并不能归类于网络公共关系策划活动。

2. 组织网络公共关系的形式

（1）策划网络新闻发布会。今天，互联网在现实中的应用已经十分普及，组织有重大事件发布可能会举行线下新闻发布会，邀请相关媒体参加，或与媒体合作，同期举办网上新闻发布会或设立新闻专题，向更多的公众全面传达组织信息。由于网络信息容量大，不受篇幅限制，也可兼有声音、视频等效果，并可即时与公众互动，因此，网络新闻发布会往往会产生更佳的公共关系效果。

（2）策划网络公共关系活动。与线下的公共关系活动相对应，网上的公共关系活动主要是指组织在网络上开展或组织的公共关系活动。活动的平台可以是主流媒体网站及其公众订阅号、企业官网、门户网站等。近年来，随着互联网的发展，中国手机网民数量快速增长，主流媒体或门户网站发挥着重要的信息传播功能，在其平台上开展各种活动，比较容易吸引网友的关注和参与。因此，一方面大多数组织会选择这些平台开展公共关系活动或者为线下的活动做宣传铺垫；另一方面网络媒体也通过这种方式，丰富其平台的内容来源，吸引更多的网络公众。目前，在一些网络媒体上形成的社区圈子，吸引人们通过这种社区化的交流方式分享各种信息与经验。组织可以利用网络论坛或社区圈子策划公共关系活动，传递组织的信息，吸引公众参与，并有针对性地对公众施加影响，以实现组织的公共关系目标。

第四节　公共关系策划文案

公共关系策划文案，也称公关策划方案或公关策划书。在某些公共关系业务书籍中又将之称为"公共关系专题建议书"。它是指组织或公共关系公司的公关策划者根据组织生存发展的需要，以及实现组织未来目标的要求，分析组织内外的软件与硬件条件，运用公共关系智慧策略，进行构思谋划，形成严谨可行的行动计划，并以文字与图表的形式形成的书面文书。不同专题的公共关系策划活动通常对文案的要求也是略有不同的，下面按照共性的特征对公共关系策划文案的基本格式及写作要求予以介绍。

1. 标题

标题可以直接写成"某某单位某某活动策划书"，也可以将点明某一活动主题的词语作为主标题，而将"某某单位某某活动策划书"作为副标题列在其下。

2. 前言

前言也称背景介绍，即简略地介绍组织策划这份文案的背景。因为组织的任何一项公共关系专题活动的策划、组织和实施，都不是无缘无故的，均有其特定的背景和需要。只有阐明了这一背景和需要，才能引出后面的具体策划内容（方案），也才能说明举办这一活动的迫切性和意义所在。脱离了一定的活动背景，会使策划内容（方案）看起来无的放矢，没有针对性。

3. 调查分析

公共关系策划是建立在调查分析基础上的，调查分析是公共关系活动策划的先期工作。调查分析主要是对组织状况提出具体意见，可以从当前组织的优势、存在的问题和面临的机遇三个方面进行讨论，从而明确下一步公共关系工作的重点和发展方向。

调查分析要注重调查对象的代表性、调查手段的适用性、调查方法的科学性、资料收集的真实性与全面性及调查结论的可靠性。

4. 目标战略

为了提高公共关系活动的效果，必须确立公共关系目标。应根据组织的具体情况选择分类方式，如将目标分成总目标与分目标、长远目标、阶段目标、具体目标等。目标战略主要考虑所设目标是否符合组织的发展战略，是否符合组织的定位要求，是否符合公众需要，是否符合社会文化及其发展需要，等等。

5. 创意说明

创意是公共关系活动成败的关键。创意是公共关系人员根据调查结论、组织现状和公众需求所设计的具有创造性的活动，它是整个公共关系策划活动中的画龙点睛之笔。一个富有创意性的公共关系策划活动，能吸引和感染公众，使公共关系传播收到良好的效果。

创意的内容包括四个方面：①活动主题，活动主题要新颖，富有独创性，有意境感和吸引力；②活动名称和项目；③活动的标语；④活动宣传印刷品等。

6. 媒介策略

公共关系活动过程也就是组织向公众进行信息传播、双方进行信息沟通的过程，因此，正确选择传播媒介是保证活动取得成功的重要因素。媒介的选择要有针对性、可行性、有效性。

7. 活动计划

活动计划是对具体活动的指导，应根据不同的活动项目分别制订不同的活动计划。活动计划要周密、具有可操作性。

8. 经费预算

科学、合理的经费预算是成功举办活动的保证。经费预算要合理、全面、留有余地。

9. 效果评估

正确地评估此次活动的效果，有助于组织了解公共关系方案的实现程度，衡量公共关系活动的实际效果，调动公共关系从业人员的积极性，并为下一轮公共关系工作提供参照。

组织效果评估要依据目标，实事求是，给出恰当的评估结论。

10. 署名

文案最后需写明：撰写策划书的公共关系公司名称或组织公共关系部名称及策划人员姓名，以及策划书写作时间，如某年某月某日等。

职 场 观 摩

"吃不起榨菜"让涪陵榨菜笑了

（2019年）8月8日，有博主发微博——"现在我们连榨菜都吃不起了"。博文配图中使用的是台湾某档节目截图。随后，在头条新闻、观察者网等媒体和网络"大V"的推动下，该则消息迅速引起网民的关注，大量网友的围观与互动推动舆情达到峰值。在舆情发展过程中，主角@乌江涪陵榨菜借助热点发起了微博抽奖活动：【买不起，送！】转发这条微博，每天抽取10个人，并将赠送每人一箱价值188元的榨菜礼盒！涪陵榨菜的这次活动吸引了大量网友的参与，推动舆情再次达到峰值。截至8月9日下午4时许，@乌江涪陵榨菜 抽奖博文转发数量已达10万条以上，与其平时发布的博文互动量相比，该条博文创下了一个全新纪录。以10箱榨菜礼盒为奖品，吸引了超过10万人参加，此次活动可谓是大获成功。不少网友戏谑，既然买不起，那就只能靠送了。涪陵榨菜的抽奖活动成功抓住热点，以"送"为主题，拉近与网民的距离，成功树立了企业的口碑形象。被说成是"连榨菜都吃不起"的网民，在时事热点的推动下，目光和味蕾被榨菜吸引，"待会，我就去买榨菜"成为不少网民看到此条消息之后的反应。可以预测，近期涪陵榨菜的销量可能将有了保障。

资料来源： 佚名. 股价大跌是因为大陆人吃不起榨菜？涪（fú）陵榨菜笑了，股价反手就涨一波. https://finance.sina.com.cn/stock/relnews/cn/2019-08-09/doc-ihytcitm8091551.shtml，2019-08-09，题目

第八章 公共关系策划

为作者所加

实务演练

1. 请列出涪陵榨菜成功策划这次公共关系活动的原因。
2. 请运用本章所学相关知识全面地为该企业制订一份危机公共关系策划方案。

第九章 公共关系活动实施

【带着问题预习】
1. 公共关系活动最重要的工作程序是什么？
2. 现实生活中，有哪些大型的专题公共关系活动？其实施步骤包括哪些？
3. 公共关系"危机"是"危"还是"机"？

【课堂学习目标】
1. 理解公共关系活动实施的意义与特点。
2. 掌握大型公共关系活动的实施步骤。
3. 理解与把握公共关系危机管理的对策。
4. 了解影响公共关系活动实施的因素。

第一节 公共关系活动实施的原则与过程

公共关系策划阶段的工作结束后，公共关系活动便进入了实施阶段，即真正动手来解决公共关系问题的实战阶段。公共关系活动实施是指组织为了实现既定公共关系目标，依据实际情况、充分利用有利条件，实施公共关系创意策划的方法、手段与策略，以及进行实际操作和管理的过程。对于组织来说，只有通过务实有效的实施工作，才能直接切实、有的放矢地解决公共关系问题。

一、公共关系活动实施的意义与特点

（一）公共关系活动实施的意义

公共关系活动实施是一项创造性工作，决定着组织的公共关系目标最终能否实现。"很多时候有没有新面貌，有没有新气象，并不在于制定一打一打的新规划，喊出一个一个的新口号，而在于结合新的实际，用新的思路、新的举措，脚踏实地把既定的科学目标、好的工作蓝图变为现实"[①]。

1. 公共关系活动实施是实现组织公共关系目标的关键环节

公共关系活动策划过程，是根据组织公共关系目标对组织公共关系状态进行具体分析，并提出问题与制订问题解决方案的过程。如果这一过程不继续向前推进，公共关系活动只是纸上谈兵，组织的公共关系目标不会自动变为现实，再完美的策划方案也只能是空中楼阁。只有准确把握公共关系活动特点，坚持遵循公共关系实施原则，努力将公

---

① 习近平. 习近平谈治国理政. 2014. 第一卷. 北京：外文出版社：400.

共关系策划方案转变为实际的行动,"精彩"的策划方案才具有现实价值与实际意义。

2. 公共关系活动的实施效果决定着公共关系目标的实现程度

在公共关系策划中,策划者都尽可能"完美"地策划方案,然而"完美"是相对的,存在"瑕疵"则是绝对的。因为想象与现实总是存在差距,时间的推移会使此时的环境与彼时的环境大相径庭,时移世易。因而,公共关系实施绝不是"依葫芦画瓢",而是一项极富创造性的操作性工作。实施效果如何直接决定着组织公共关系目标的实现程度。实践也表明,一个原本较为完美的公共关系策划方案有可能被低效的实施损毁,而一个原本存在欠缺的策划方案也可能会因高效的实施而得到完善。

3. 公共关系的实施结果可以为公共关系策划提供参考依据

公共关系活动实施后,不论是否取得成功或成功的程度如何,都会在社会上产生反响,公共关系工作者都应及时地将反馈信息进行收集整理并及时总结。组织的公共关系工作应是持续不断的,此次公共关系策划的实施结果,将为下次的公共关系策划提供依据。有道是前车之覆,后车之鉴。善于总结经验与教训,必定有助于以后公共关系活动的有效开展。

4. 公共关系活动的实施效果是检验策划工作质量的标准

公共关系策划方案只有通过实施才能发现问题,找出方案中的不足以及前期工作的问题,如搜集资料是否全面准确;分析是否科学合理,活动是否具有针对性;策划技巧、方法及策划创意是否新颖有效;策划方案是否具有可操作性;等等。实践是检验真理的唯一标准,通过公共关系活动实施的检验,可以快速检测组织公共关系工作,特别是策划工作的质量,或者公共关系公司的水平,提高组织公共关系工作的能力。

（二）公共关系活动实施的特点

公共关系活动实施是公共关系从业人员在开放的环境下,运用诸多传播方式和手段,面对目标公众有目的地进行的各种直接与间接交往的工作,其特点包括以下三个。

1. 公共关系活动实施的过程是策划方案的再创造的过程

策划方案与活动计划在实施过程中具有重要的指导意义,如果完全丢开或脱离它们,整个活动就会陷入无序混乱状态,难以达到预期目标。由于实施过程是一个动态的协调过程,在事先制订的方案中,不可能穷尽所有的情况、问题与各种突发因素。如果组织公共关系从业人员在实施过程中不能随机应变,而是完全按照既定方案去做,就会脱离实际,影响公共关系活动的效果。因而,实施过程对于公共关系从业人员而言,在执行原定策划方案的同时,又要根据瞬息万变的实际情境,对之进行修改校正,并进行再创造的过程。在制订策划方案时,应当尽量保证策划方案系统、周密,同时还要留有一定的弹性与临时进行调整、变动的余地,不至于因此而造成整个计划与活动的无序,甚至导致各部门、各环节之间在认识与行动上出现分歧。因此,在实施过程中,公共关系工作人员应有较强的全局意识与应变能力、协调能力,以确保活动达到最佳效果为宗旨,既要根据活动实施过程中公众的态度、反应与具体情况的变化及时制定对策、修正计划,适时增添新的内容与项目,微调原定的活动时间、顺序等;还要尽快调配力量,做好各项工作,使整个活动的推进忙而不乱、活而不散。

2. 公共关系活动实施是一个复杂的动态协调的过程

在实施过程中，组织要集中投入一定的人力、物力与财力，尽管是以公共关系工作人员为主，但少不了各相关部门及其人员的参与、支持与配合，还需要有关的政府公众、媒介公众的理解和帮助，以影响更多的目标公众。因此，公共关系活动必然涉及诸多方面，其中难免出现一些事先难以预料的偶发情况，如气候的骤变、社会上某个重大事件的突然发生等，它们都会对活动的进行与实施效果产生很大影响。更何况随着公共关系活动的全面推进，众多因素又并非一成不变，它们总是处在随时都可能发生变化的状态中，有时还会出现某些始料不及的戏剧性场面。所以，实施过程是一个充满变数的复杂的动态过程，需要组织的决策者与富有经验的公共关系工作人员，在整个活动进程中，冷静观测，调度有方，指挥若定，及时根据实际情况，予以积极有效地应对，并做好相应的协调工作，否则就有可能出现混乱与失控局面。

3. 公共关系活动的成功实施是一个能产生广泛影响的增值过程

公共关系活动的实施过程是公共关系活动中组织与公众这两个主体之间进行的大规模信息交流，同公共关系调研、策划与之后的评估相比，实施过程更能在众多方面产生较大影响。影响的大小，是衡量公共关系活动成功与否的主要标准。对于组织而言，一次成功的公共关系活动，可以赢得内部员工的支持，振奋员工精神，增强组织凝聚力，也是对组织文化的一次有力宣传。成功的公共关系活动，可以密切组织与公众之间的关系，有利于提高组织的社会知名度、美誉度。这些都直接使组织的无形资产得到了增值，并为组织进一步改进自身工作注入新的活力。对于目标公众而言，一次成功的公共关系活动，可以大大增进他们对组织的了解，使他们在一定程度上转变认知态度，并通过对组织的认同接受组织的产品与服务。对于整个社会而言，一次成功的公共关系活动，其所传递的有价值的信息、其别致新颖的活动模式，都会较长时间地保存在人们的记忆中，从而对整个社会环境、社会风尚等产生潜移默化的积极影响。

二、公共关系活动实施的原则与要求

（一）公共关系活动实施的原则

1. 正确择机原则

恰当选择公共关系活动实施的时机，是确保公共关系目标得以顺利实现的首要前提。正确选择公共关系活动实施时机就是在了解公众心理特点的基础上，掌握公共关系活动实施的时间与规律，千方百计地清除障碍所带来的消极影响，精心选择与安排适当的时机实施公共关系活动，并使实施过程中传递出的信息为目标公众所理解。例如，若公共关系活动本身与重大节日或事件没有任何联系，则应避开节日，以免使公共关系活动效果被节日或事件气氛冲淡；若公共关系活动与节日或事件有密切联系，则可以利用节日或事件气氛强化公共关系活动效果，造成更大的轰动。另外，要注意避免在较短的时间内同时开展两项重大公共关系活动，以免其效果相互抵消。

2. 目标导向原则

目标导向原则是指在公共关系活动实施过程中，应当遵循公共关系活动不偏离目标的原则。要求公共关系从业人员以目标为导向,对整个活动进行掌控、引导,以把握活动的进程与方向,并通过具体活动使公共关系计划向既定目标迈进。

3. 全面协调原则

全面协调原则是指在公共关系活动实施过程中,使公共关系工作所涉及的各个方面配合恰当,达到统一、互补、和谐,全面协调,注重理顺实施过程中的诸多环节之间、部门之间及实施主体与客体之间的关系,尽量避免各种冲突的产生,并对已经发生的矛盾及时协调、妥善解决。

4. 反馈调整原则

反馈是指组织对发出的信息进行追踪了解,获得信息的一方及时予以回复的过程。对反馈信息进行整理、分析,并以此为依据来调整整体公共关系策划方案,就是反馈调整。反馈调整贯穿于公共关系活动实施的全过程中,在公共关系活动准备阶段,公共关系人员依据所收集到的信息,来调整公共关系策划方案;在活动执行阶段与执行完结后,公共关系人员可以利用反馈信息,对比实施结果同预定目标的差距而调整后续公共关系实施方案及计划。对于制订公共关系实施方案或措施的决策层来说,既要关注那些对方案加以肯定、持积极态度的信息,更要关注那些反映方案实施过程中存在的问题与失误的信息,促使决策层采取措施修正、调整原有方案,以及时减少或消除实施中的偏差,这也是反馈调整的重要价值所在。

(二)公共关系活动实施的要求

公共关系活动实施过程中,难免会遇到制订方案时未考虑到的问题与障碍。因而,在活动实施过程中应针对特点,依照公共关系活动实施原则,有效克服并消除实施过程中的障碍。为了顺利推进公共关系活动,应注意以下四点。

1. 坚定目标,有序推进

公共关系策划方案是在充分调查研究、广泛征求意见的基础上,几经推敲论证而制定的,原则上它所设定的公共关系目标及实现目标的基本步骤,在计划有效期内并不会由于诸多外界环境因素的变化而失去其合理性。所以,在公共关系策划方案实施过程中,既不能随意改变或放弃方案,也不能轻易变动活动实施的既定步骤,而应当在既定方案的指导下,扎实工作,开拓奋进,朝着既定目标步步推进。

2. 坚持原则,控制方向

组织在对公共关系活动实施管理过程中应非常注意控制原则的灵活运用。因为有效的实施控制可以保障组织既定目标的顺利实现,保证活动的基本方向。通过经常性的检测和监管,不仅能防微杜渐,及时发现并解决问题,而且能及时针对客观情势的新变化修订原方案,使方案更加完善,更好地为组织目标服务。

3. 周密安排,精心部署

任何一次成功的公共关系活动,都离不开实施前的周密安排与实施中的精心部署。在实施公共关系活动前,项目负责人应与具体工作人员充分沟通,取得团队对既定目标的一致认同,还应对开展活动的客观环境进一步调查,特别应对变化了的客观环境给予高度重视,要认真分析变化了的环境对目标、步骤的影响,以便及时对方案进行修正与调整，以确保实施方案的实效性。

4. 实事求是，开拓创新

所谓"计划赶不上变化"，再周密的公共关系策划方案也难免会因环境的千变万化而与既定目标发生背离或冲突。在活动实施过程中，组织者应鼓励工作人员发扬勇于创新的精神，以确保方案的顺利实施。一旦方案付诸实施，就应积极支持工作人员在不背离既定目标与不影响大局的前提下，充分发挥主观能动性，勇敢尝试，大胆创新，锐意进取。

三、公共关系活动实施的过程

（一）筹建公共关系团队，确定公共关系人员

公共关系活动将面向多类型、多领域、多层次的媒介与受众，组织的既定目标能否顺利实现，在很大程度上取决于组织与公众分享信息的有效程度。所以，组织在日常公共关系活动中必须做好信息沟通、分享与关系维护等工作，筹建公共关系常设机构，组建公共关系团队，选定公共关系从业人员。这是公共关系活动实施的第一步。

（二）编制经费预算，做好准备工作

任何一项公共关系活动，都需要一定的经费支持。特别是一些大型公共关系活动，所需经费较多。因此，在实施公共关系活动时，要根据公共关系活动的目标、规模，有计划地合理确定经费预算，既应防止浪费现象发生，还应预留必要的机动经费，避免因经费限制而使工作陷于被动。确立经费预算后，应适时进行前期的准备工作，如所需物品材料、宣传资料、领导发言、人员培训、活动设施及场地布置等工作。

（三）选择传播媒介，开展传播活动

传播领域历来要求传务求通，即传播行为应该能达到传播者的预期目的，获得双方的一致认同。在传播沟通过程中，要根据目标公众的接收习惯选择合适的传播媒介，确立如形象大使、权威人士代言等最佳信息源，编制恰当的信息符号，营造良好的传播氛围，娴熟地运用传播沟通方法与技巧，使传播富有感染力。

（四）建立信息反馈系统，制订应急预案

在公共关系实施过程中，组织应设立常规性的反馈预警机构，及时对反馈的信息进行汇总、分析、处置，并根据反馈的信息修正原计划，及时调整方案。如果遇到突发状况，要适时启动应急预案，确保公共关系活动的实施效果。

（五）实施各项管理，控制活动进程

随着公共关系活动的开展，策划方案真正进入到了实质性阶段。为了切实保障整个活动达收到预期效果，在活动进行过程中，应努力做好五个方面的管理工作。

1. 对人员的管理

做好对公共关系从业人员的管理，是确保活动成功的最为关键的因素。应通过制定

工作细则、责任纪律、考核标准、奖惩措施等具体制度，激发全体员工的公共关系意识与责任意识，使其勤勉工作，提高工作效能。

2. 对活动进程的管理

公共关系活动在实施过程中面临的最大困难是其处于动态变化中。公共关系工作人员应坚持目标导向，根据进度与日程安排，加强对活动进程的主动干预和积极调控，掌控好活动节奏，避免脱节与断档。应妥善处理好各种突状况，保证活动有序正常进行。

观点链接

> 在公共关系活动的策划实施中，需要处理的问题纷繁复杂，但是万变不离其宗，如果将其核心问题抽象出来，无论是筹备工作还是现场工作，最关键的实质问题是时间进程与事件进程的划分、协调、整合、统一，即在实施工作过程中如何去合理安排时间和工作，并使各项工作有序推进。我们把它称为时间进程与事件进程的协调技巧。
>
> 如何才能真正做到时间进程与事件进程的划分、协调、整合、统一？实践经验证明，坐标式推展法是一种科学的方法。坐标式推展法是以时间要求为纵坐标，以事件进程为横坐标，根据时间要求和工作进程，策划实施的具体工作计划。此方法的最大优点是以时间决定工作进程，有利于划分事件的轻重缓急、先后顺序，使工作富有节奏感，而不会出现混乱的局面。
>
> 资料来源：方圆.2001.大型公众活动策划.2版.广州：中山大学出版社：209

3. 对信息的管理

在公共关系实施进程中始终存在着信息的双向流动，及时有效、迅速准确地传播组织信息、接受公众反馈信息是每一个公共关系工作人员义不容辞的责任与义务。公共关系工作人员应通过自身的不懈努力，消除与目标公众之间可能存在与出现的各种沟通障碍，针对目标公众在认知、态度与心理承受能力上的变化，在活动的不同阶段因时制宜地传递与恰当处理信息；还应密切关注公众的反应，有意识地主动收集反馈信息并及时上报，以便组织做出相应的政策调整。

4. 对活动现场的管理

公共关系工作人员应做好各种接待工作，使每一位参加活动的公众都感受到热情、周到的服务，使之感到亲切、温馨与被尊重；应维持好现场的秩序，使整个活动始终有条不紊地进行，避免出现混乱或失控局面；还应有效控制现场的气氛，防止出现太大的起伏与波动，而阻碍活动的正常进行。

5. 对物品的管理

公共关系从业人员应本着保证需要、便于使用与尽量节约的原则，加强对活动中各种物品的管理。各种物品特别是贵重器材的保管、发放、使用与回收，都应指定专人负责，登记在册，有账可查。对物品的管理既应保证活动的正常需要，充分发挥其功能，又要尽量避免被损坏、遗失或过快消耗，以免影响其正常使用，造成不应有的浪费，而增加公共关系活动的成本。对那些可以重复使用的物品应尽量回收，循环利用；对不能再使用的物品也应做无害处理，注意环保。

（六）对收尾环节的管理

公共关系活动切忌虎头蛇尾、有始无终，而应该善始善终，给公众留下圆满而美好的整体印象。在活动结束时，组织的最高领导应亲自出面，真诚地感谢出席、参与、关心此次活动的所有公众与相关人员；公共关系从业人员应热情欢送到场嘉宾与公众，让大家乘兴而来、满意而归。组织还应尽快召开总结会议，感谢每一位员工的辛勤努力，表扬活动中表现突出的员工，简要总结此次活动的成功经验和存在的不足，同时提醒大家为活动结束后的评估工作做好充分准备，并分别安排专人撰写有关此次活动的新闻稿件，登门感谢对活动提供方便与支持的单位与个人。至此，公共关系活动实施阶段的工作才算画上了一个完美的句号。

第二节 公共关系策划活动的实施

一、新闻发布会

新闻发布会也称记者招待会或信息发布会，是政府、企业、事业单位、社会团体及个人为发布重大新闻、解释重要方针政策或通报重大事件等，与新闻媒体及公众直接沟通的一种公共关系活动。由于新闻发布会邀请新闻记者参加，并允许记者现场提问，因而是一种权威性高、针对性强、价值性大、传播速度快的公共关系专题活动。它是组织真实、清晰、权威地传播重要信息的有效手段与途径。

（一）召开新闻发布会的基本程序

新闻发布会是组织非常正式的公共关系活动，通常包括以下程序。

（1）签到。在接待时设置签到处，接待工作最好由组织中的重要人物出面迎接来宾，这样可以体现组织方的礼貌与发布会的郑重，也可以通过问候寒暄加强与来宾的接触了解，有利于双方建立感情。

（2）分发资料。在新闻发布会正式开始前，应将准备好的资料袋有序分发下去，让记者对发布会预先有一个大致了解，以便在发言人发布信息时对会议主题有基本的认识与了解。

（3）发布会开始。新闻发布会通常由主持人即新闻发言人说明召开发布会的目的，并对所要发布的信息与有关情况做相关介绍、说明。

（4）发言人与嘉宾讲话。首先，由新闻发言人就需要发布的信息做详细、准确的阐述，然后邀请专门的嘉宾对具体事项做进一步说明。

（5）回答问题。新闻发言人与嘉宾通报有关信息后，则进入新闻媒体记者提问环节，有时该环节可以省略。记者提问环节根据实际情况可长可短。

（6）发布会结束。由发布会主持人宣布此次发布会结束。

（7）送别。新闻发布会结束时，组织领导者应站立门口，微笑相送，感谢记者和嘉宾光临，以便为以后更好的合作打下良好基础。有时，组织领导者或嘉宾可以接受个别媒体的专访。

> **观点链接**
>
> 通常情况下，记者和编辑在拿到企业或公共关系公司提供的新闻稿件时，首先需要对资料进行梳理与提炼，找出具有新闻点的关键信息，并结合社会和行业热点挖掘出具有报道价值的角度与论点，只有这样才能够使报道更具深入性和可读性，提高读者对该条新闻的阅读率。而企业正是通过这样的机会来获得受众的关注、提升自身知名度、确保信息有效传播的。
>
> 资料来源：大龙，王庐霞，尹涛，等.2006.中国式公关.北京：中信出版社：15

（二）召开新闻发布会的要求

新闻发布会的准备工作完成之后，为了成功地开好新闻发布会，应在会前按照新闻发布会的策划方案对准备工作进行一番仔细检查，对发布会中可能出现的情况提出相关要求。

1. 一个新闻发布会只能有一个主题

在新闻发布会上，如果同时发布互不相关的或关联度不大的几个主题信息，容易分散媒体与公众的注意力，影响主题新闻价值的实现。

2. 发布会新闻发言人应充分发挥主持、引导与驾驭发布会的作用

组织的新闻发言人言谈举止要庄重大方，有涵养，有感染力，善于活跃气氛，引导记者踊跃提问。当记者提问远离会议主题时，要善于巧妙地将话题引向主题；当记者提问带有一定敌意时，要善于表明立场，有理有据，不卑不亢；当会议出现意外或气氛紧张时，能及时幽默调侃，善于调节缓和气氛，同时要注意掌握好发布会的节奏，时间不能随意延长。

3. 发布信息与回答问题要准确

发布的信息与回答的问题必须准确无误，如发现错误应及时予以更正。

4. 回答问题时需要沉稳

新闻发言人要掌握好回答问题的"火候"，不应随意打断记者的提问，也不应以各种动作、表情、语言对记者提问表示不满。即使记者提问带有很强烈的偏见，也不能激动发怒，要冷静、大度，用冷静的态度与缓和的语言陈述事实，并予以纠正反驳。对于不能透露的信息与不便发表的意见，应委婉地解释并希望记者理解，切忌吞吞吐吐、词不达意，更不能简单地说"不清楚""不知道""无可奉告"等生硬的话语，以免记者刨根问底或引起记者反感。

5. 新闻发言人应注意精神面貌

举行新闻发布会，新闻发言人应佩戴胸牌，穿戴整洁得体，仪态端庄，精神饱满，充满活力，耐心服务。

二、展览会

随着国内外展览业的蓬勃发展，展览会的重要意义越来越得到广泛认同。展览会的规模不断扩大，因展览会而繁荣的商业活动及其宣传效应也被逐步放大。众多组织开始高度重视并广泛利用这一公共关系活动形式，并开展相应的公共关系活动。

展览会是一种综合运用各种传媒及其手段，以实物、文示、图表、模型、幻灯、录像等形式来展示组织的成果、业绩，示范与推广新产品，树立组织形象的公共关系专题活动，展览会具有直观性、新闻性、复合性、双向性和高效性。成功地举办展览活动，可以以图文并茂的形式、动人的解说、友好的交谈、恰当的音频、生动的造型，给公众以强烈的感官刺激，从而加深组织在公众心目中的良好印象，实现组织与公众的双向沟通，提高组织与产品的声誉。

（一）召开展览会的基本程序

（1）确定展览会领导小组，该小组统一领导与协调展览会的实施工作。

（2）培训工作人员。展览会工作人员的业务素质与工作能力对整个展览会效果将产生重要影响。展览会需要较多的工作人员，特别是接待员、讲解员、服务员及保安员，他们与参展者直接接触的机会最多，因而，组织应对这些人员进行公共关系技能方面的集中培训，并就展览会内容进行必要的专业知识学习，使他们具有较强的服务意识和较强的公共关系交际能力，能从容自如地与来宾交谈，并做到服饰得体、仪表端庄、礼仪规范、态度热情、语言简洁、表达准确。

（3）实地考察展览会的地点。为了保证把展览会成功举办，公共关系人员要精心选择展览会的地点，实地考察展览会举办地周边的环境。首先，组织应结合展览会的性质选择恰当的地点。其次，考虑周围环境是否与展览会主题相得益彰，住宿条件、停车场地等辅助设施等是否完善，展览会地点是否交通便利、容易寻找等。

（4）在展览厅入口处，设置咨询服务台与签到处，并贴出展览会场平面图，作为参观指南。

（5）确定开幕式时间，一般控制在10～15分钟。

（6）安排好开幕式结束后的参观活动，以及会后的善后工作。

（7）提前准备好展览会辅助宣传资料。展览会组织者应事先准备好展览会上所必需的各种辅助宣传资料，如拍摄制作幻灯片、录像带、光碟或图片，编制各种小册子、目录表、指示图、海报、宣传单、卡片，准备彩旗、条幅、气球、广告牌等。

（8）准备展览会的辅助设施，并做好相关服务。举办大规模的展览会，应落实相应的辅助内容。由于展览会具有集中性，大量展品的装卸、大量社会公众的到访，以及周边餐饮服务、道路交通等部门都需要与之配合，这就形成了一定的组织系统。组织者应当事先对此予以充分考虑，并逐一落实。

（9）布置展览厅。根据展览会的主题和内容及策划思路，构思展览会场地的整体布局，画出整体设计图，列出设计要点，必要时应事先制作展区展品、展板小样，然后根据设计图绘制展览图表、摆放实物或模型。应逐一统筹美术、摄影、装修、灯光装饰等工作，实物展品进场后应进行必要的整修，并加强安全保卫工作。在展览厅入口处设置咨询服务台与签到处，并贴出展览会场平面图，以此作为参观指南。展览会布置应考虑角度、方向、背景与光线等综合因素，应使展品展出后整齐、美观、富有艺术色彩，给人以美感。

（10）安排展览会开幕式。首先，确定参加展览会开幕式的嘉宾；其次，向与展览会主题相关的各级各类组织负责人、社会名流、专家学者、评论专家等发出邀请函，同时，还应重点关注有关媒体记者的到会情况。展览会开幕式时间不宜过长，主要内容包括主办者致辞；向协办单位致谢，向所有来宾、与会者表示欢迎与感谢；重要嘉宾讲话表示祝贺；由嘉宾代表、知名人士剪彩揭幕；展览会正式开始。

（二）召开展览会的注意事项

（1）展览前，注意对展览会进行宣传与推广，可以在行业媒体，如一些公众号上发布新闻，甚至做一个虚拟的网上展馆，进行气氛预热，提前造势。

（2）展览期间策划一些特别的活动，增加展览会的趣味性、知识性、生动性。比如，邀请名人出席、进行演示示范，以及开展与主题相关的知识测验、竞赛活动及表演小型文艺节目等，这样做可以有效吸引参展者。公共关系工作人员还可以有针对性地赠送宣传资料与纪念品，恳请与会者留下意见与建议等。

（3）展览会后要进行展后统计。跟进意向客户，做好后续服务，同时要做好展后的宣传工作，以提高组织的知名度与美誉度。

三、开放参观活动

开放参观活动是经常举办的一种重要的公共关系活动。松下幸之助曾深有体会地讲，让人参观工厂是推销产品的最好最快的方法之一。

开放参观活动是指组织为了让公众更好地了解自己、向公众宣传自己、表明组织的真实情况等，邀请新闻媒体和公众代表参观组织的工作环境、工作设施、现实工作场景等的直接沟通活动（如针对危机事件）。开放参观活动可以使新闻媒体和公众近距离了解组织的生产经营状况、发展历史、技术水平、职工队伍情况、工作待遇情况等，身临其境地感受组织的全貌，并了解真实情况，从中获得深刻的印象，从而增进公众对组织的了解，消除某些公众对组织的一些偏见或误解。

（一）开放参观活动的基本程序

（1）明确活动的目的。举办开放参观活动是一项细致而复杂的工作，涉及组织内外的诸多因素，组织接待人员必须要明确活动的目的是什么，解决什么问题，达到什么效果。举办开放参观活动的目的是提高信任度，扩大知名度，增进公众对组织的了解；消除公众对组织的误解、隔阂或疑虑；融洽关系，联络感情，增进理解。只有根据目的来策划和实施，才能举办好开放参观活动，使整个活动井然有序，才能使公众对组织产生兴趣与好感，并给参观者留下深刻的印象。

（2）设立接待筹备机构。开放参观活动，通常应由专门的机构负责，该机构负责落实筹备组织工作，安排具体事项，协调人力、物力，保证热情友好地接待参观者。机构成员应包括组织的负责人、公共关系人员与有关部门人员等，以便协调工作、顺利完成接待的准备工作。开放参观活动应留有较为充分的时间完成准备工作，较大规模的参观开放活动一般需要 2~4 个月的准备时间，更大规模或极为特殊的参观活动则需要更长的时间准备。

（3）培训接待员与导游。开放参观活动需要具有一定素质的接待员与导游专门从事接待工作。组织要专门安排接受过培训的接待员与导游，使他们充分了解组织情况，具备一定的专业知识，同时还应具有较高的公共关系素质，特别是具有较为突出的演讲口才并熟知公共关系礼仪等，如此才可能把开放参观活动办得生动活泼、有声有色，给参观者留下深刻的印象。

（4）规划开放参观活动的内容与路线。开放参观活动并非一种自由随便的活动，不能任由参观者随意参观，而应提前拟定好开放参观路线，制作向导图及标志，标明办公室、休息室、医务室、洗手间等有关方位。如果有保密与安全需要，还应注意防止参观者越过所限范围，以免发生泄密、意外伤亡事故等。开放参观过程中的每一个项目既是独立的，又是参观活动的一部分。所以，设计开放参观路线时应体现它们之间的先后顺序与逻辑联系，如此才能使参观者对组织获得较为系统完整的认知。

（5）做好邀请事宜。组织举办开放参观活动可以通过广告发布信息，还可以专门向有关媒体与公众发送邀请函。邀请对象既应重视媒介公众，也要充分考虑一般社会公众。组织要考虑自身的接待能力，邀请参观的人数不可太多，时间不要太密集，要提前编制来宾名册，组织好参观者的签到、反馈工作，便于事后统计。

（6）做好宣传接待事宜。为了推动开放参观活动的顺利进行，应积极做好传播宣传工作，组织应准备各种相关的宣传材料，如宣传页、组织介绍、产品说明书、画册、纪念册等，尽量配备有关的视听材料，以维持参观活动的持久效应。为了使开放参观活动发挥应有的效果，宣传材料应通俗易懂。在举办开放参观活动之前，可以先放录像片或幻灯片进行介绍，帮助参观者了解组织的概况，然后再由向导陪同参观者沿着参观路线做进一步说明与解释。在参观实物展览时，向导可以对模型、样品等做补充说明。说明词应简明扼要，标注在数字图表、模型样品的下方；没有实物时还可以用珍贵的历史照片来增加展览的形象性，力求给参观者留下深刻、美好的回忆。在参观过程中，通常将参观者分成若干小组，便于组织将信息清楚地传达至每一名参观者。

（7）其他工作安排。安排好开放参观活动不仅是公共关系部门的责任，也是组织内部全体员工义不容辞的义务，除了公共关系部门的准备、联络工作要做好外，组织领导还应让全体员工了解开放参观活动的意义，使其积极配合参观工作，保证各条参观路线畅通，使参观者各方面都感到满意，给参观者留下美好印象。开放参观活动结束后，还可举办一系列的其他公共关系活动，如召开新闻发布会、赠送纪念品、致函向来宾道谢、登报向各界鸣谢、召开公众代表座谈会等，把善后工作做好。

（二）开放参观活动实施过程中的注意事项

开放参观活动尽管繁杂琐碎，但却是一项很好的公共关系活动。为了使开放参观活动收到应有的公共关系效果，在举办开放参观活动时，应注意如下六点。

（1）要精心安排好参观活动的每一个细节，防止出现不必要的失误。

（2）应依据组织的实际情况与参观者的具体要求，安排好参观活动，既要有针对性，又要解决问题，以便实现公共关系目标。

（3）应恰如其分地介绍组织情况，在不泄露组织机密的前提下，使参观者对组织有较为深入的了解。

（4）时间较长的开放参观活动，中间应安排适当的休息时间。

（5）在开放参观过程中，如果参观者提出特殊要求，工作人员应注意先与有关管理人员或负责人商讨后再予答复，以免妨碍正常工作或发生意外情况。

（6）应虚心征求参观者的意见，使开放参观活动收到更好、更为积极的效果。

四、庆典活动

在现实生活中，一个组织经常会利用庆典这一形式开展公共关系活动，以便给公众留下深刻印象。庆典活动是组织为庆祝开业、周年纪念等重大事件而举行的一种公共关系专题活动，也是一种有利于展示组织形象、提高组织美誉度的行为，通过联欢、宴会等庆典活动可以达到联络公众、广交朋友、增进友谊、扩大影响的目的。

（一）庆典活动的实施步骤

1. 成立庆典活动工作领导小组

庆典活动工作领导小组一般由组织主要领导人牵头，公共关系部与其他有关部门负责人参加，这样做有利于保证庆典活动的顺利进行。

2. 拟定程序，分工落实

庆典活动通常都比较盛大，工作任务繁重，需要组织内部有关人员密切配合，协同完成。庆典活动工作领导小组应做到有条不紊、忙而不乱，要事先认真拟定庆典活动程序，并按照庆典规格确定司仪人员，把具体内容落实到人。特别是后勤保障工作与接待工作必须由专人负责，对负责接待、签到、摄影、录像、音响、场景等工作的工作人员应讲清庆典活动的内容，并提出礼节、纪律等方面的具体要求。在典礼活动举行前，一定要仔细检查有关设备与材料的配备情况。庆典活动的一般程序是：主持人宣布庆典活动开始；介绍来宾；由组织的重要领导或来宾代表讲话；安排参观活动；安排座谈或宴会；邀请重要来宾留言或题字。

3. 确定致贺词的来宾人选与剪彩人员

致贺词的来宾应有一定的代表性或者社会地位，参与剪彩的人员应是组织的负责人，并可邀请社会地位较高与有一定声望的知名人士一起参加。选择致辞人和剪彩人时应征得本人同意，致辞人提前拟好贺词。拟定宾客名单后，应将请柬于庆典活动开始前一周送达来宾手中，请柬中应写明活动事由、方式、时间与地点。

4. 安排相关辅助活动

为了活跃庆典主题气氛，庆典活动工作领导小组应有意安排一些辅助活动，如燃放爆竹、舞狮擂鼓、挥舞彩旗、呼喊口号，以及庆典后的歌舞演出、电影放映等。还可以配合庆典活动安排其他一些活动，如联欢活动、茶话会、冷餐会、恳谈会、文艺晚会、参观游览等，也可以组织来宾参观工作现场、历史陈列馆等，借机让上级、同行与公众了解组织、宣传组织，以提高组织的美誉度。另外，还可以通过留言、座谈等方式广泛征求来宾意见，为今后的工作提供原始素材。

（二）庆典活动实施过程中的注意事项

庆典活动的形式并不复杂，时间也不长，但要办得隆重热烈并富有特色，给人以深刻印象，并不容易。庆典活动的组织工作非常繁杂，需要公共关系工作者精心构思、认真策划、用心实施。庆典活动一般时间较短，筹备工作稍有疏漏，便可能造成无法挽回的后果，从而影响公共关系效果，因此，在筹备庆典活动过程中，应细之又细、慎之又慎。是否善于运用活动设计的技巧，往往会直接影响活动效果。公共关系工作者要善于借助庆典活动天时地利人和的良机，广泛吸引公众的眼球，制造一些令人回味无穷的轰动性效应。与众不同、出其不意的安排，往往能给公众留下深刻印象。庆典现场工作人员应沉着冷静，做好充分准备，善于用热情洋溢的举止感染公众，冷静地指挥调度现场，组织庆典节目时应鼓励组织内部员工积极参与，以增强员工的归属感与自豪感。

第三节 公共关系危机管理

一、公共关系危机管理的原则与注意事项

公共关系危机是指组织遭受突然发生的灾难性事件，导致组织的声誉受到严重影响甚至威胁到组织生存的紧急状态。公共关系危机管理包括危机前的预警、危机中的应急处理与危机后的善后。无论哪一个阶段、哪一个环节出现问题，组织都应在时间紧迫、各种资源缺乏与信息不充分的情况下，果断决策并采取自救行动，妥善处理，尽量将危机遏制在萌芽之中，以减少损失、减小负面影响。

（一）公共关系危机管理的原则

公共关系部门在处理危机事件时，绝不能随心所欲，跟着感觉走，而应当按照一定的原则，妥善加以处理，用稳妥的方法赢得公众与舆论的广泛同情、谅解、信任和支持。

1. 及时原则

公共关系危机管理的目的在于处理突发事件，尽最大可能地控制事态的蔓延与恶

化，把因危机造成的损失降低到最低，在最短时间内挽回损失，维护组织形象。就危机事件本身的特点而言，危机事件爆发的突发性与极强的扩散性决定了危机处理必须迅速果断。危机的发生存在酝酿期、爆发期、扩散期与消退期的周期规律性。危机的破坏性往往随着时间的推移而呈非线性爆炸式增长态势。因而，危机发生后，公共关系从业人员要在第一时间做出反应，果断处理，赢得了时间就等于掌握了主动，赢得了理解就等于降低了损失。

2. 积极原则

一旦出现危机，公共关系从业人员就要挺身而出，应以负责任的积极心态，主动投入到调查了解、分析判断的工作中去，寻求最佳的解决方案，争取专家的帮助与公众的支持谅解，这是处理危机的起码态度。任何危机发生后，都不可以回避与被动应付，而应积极地直面危机，有效控制局势，切不可因急于追究责任而任凭事态发展。应积极寻找解决问题的契机，变被动为主动，化"危"为"机"，使不利因素变为有利因素。

3. 责任原则

危机发生后，无论危害有多么严重，最有效的应对办法就是协调好利益关系，虚心接受公众的批评，积极勇敢地承担起相应的责任，做到不推卸、不埋怨、不寻找客观理由，如此才能赢得公众的好感与谅解。气急败坏地矢口否认不但于事无补，反而会"越描越黑"。

4. 坦诚原则

对于公众而言，感觉更胜于事实，因此，公共关系从业人员在处理危机时应秉持诚恳的态度，"精诚所至，金石为开"。危机发生后，组织必须高度重视并做好信息传递工作，应主动诚恳地向公众讲明事实的全部真相，而不必遮掩粉饰；反之，则会引起公众更多的猜测甚至使其反感，延长危机影响时间，增强危机破坏力，更不利于控制局面。

5. 创新原则

引发公共关系危机的事件形形色色，因而处理手段也应多种多样。只有根据具体情况，具体问题具体分析，才能有针对性、灵活性地具体处理。由于危机多是突发性的，不可能有既定不变的应对措施，而应依据实际情况，在充分借鉴成功处理经验的基础上，借助新思维、新信息、新技术，进行大胆创新，灵活处理。

6. 协调原则

危机处理应该冷静、有序、果断，实现指挥协调统一、宣传解释统一、行动步骤统一。若失控、失序、失真、失态，则只能造成更大的混乱，使局势恶化。

7. 善后原则

危机带来的不良社会影响，不可能在一朝一夕消失殆尽，还应妥善处理好危机的善后事宜，包括对公众所造成损害的赔偿与补偿、对社会的歉意、对自身问题的检讨等。

> **资料链接**
>
> **做好危机准备方案**
>
> （1）对危机持一种正确积极的态度。
> （2）使组织的行为与公众的期望保持一致。
> （3）通过一系列对社会负责的行为来维护组织的信誉。
> （4）时刻准备把握危机中的机遇。
> （5）组建一个危机管理小组。
> （6）对组织潜在的危机形态进行分类。
> （7）制定预防危机的方针、对策。
> （8）为处理每一项潜在的危机制定具体的战略和战术。
> （9）组建危机控制和险情审核小组。
> （10）确定可能受到危机影响的公众。
> （11）为最大限度地减少危机对组织声誉造成的影响，应建立有效的传播沟通渠道。
> （12）在制订危机应急计划时，应多倾听外部专家的意见，以免重蹈覆辙。
> （13）写出书面方案。
> （14）对所制订的方案应进行不断的试验性演习。
> （15）为确保处理危机时有一批训练有素的专业人员，平时应对他们进行专门培训。
>
> 资料来源：迈克尔·里杰斯特.1995.危机公关.陈向阳，陈宁，译.上海：复旦大学出版社：131，132

（二）公共关系危机处理注意事项

组织的危机无处不在、无时不有，时刻威胁着组织的健康发展。作为组织领导人，在贯彻制度的同时，还应充分意识到公共关系危机管理对组织的重要性，以及监测在决策、执行中的巨大作用。组织领导人应建立起一套适合组织情况的监测网络体系。"塞翁失马，焉知非福"，出现危机并不可怕，重要的是将危机变为机遇，使之成为组织发展的催化剂。

1. 原则性与灵活性的统一

公共关系从业人员投入工作后，既要忠于既定方案，表现出较强的原则性，又要能够做到随机应变，在忠于既定方案的基础上，适时修正方案，调整措施，以期更加有效地改变公众的消极态度，挽回组织的良好形象。

2. 谨慎性与果断性的统一

公共关系从业人员在公众面前应谨慎从事，以自己稳重、冷静的风范，稳定局势，稳住阵脚；同时遇到具体问题，应表现出坚决果断的工作作风。

3. 主体性与整体性的统一

公共关系从业人员是消除危机影响的主体，从情况调查、制定决策、具体实施到评估总结，在整个运作过程中都发挥着主体作用。但是，仅仅依靠公共关系从业人员的力量消除危机是远远不够的。组织所有员工不应是危机处理的旁观者，而应是参与者。让员工参与处理危机，发挥其宣传作用，可以减轻组织震荡及组织内外部压力。只有实行全员公共关系战略，并在组织内部形成强大的影响力，才能有效消除危机。

4. 务实性与务虚性的统一

公共关系危机处理过程中要做到务虚性与务实性的统一，既要看大局、明大势，系统谋划应对危机的方案，也要脚踏实地处理危机。组织要以实际行动改善组织处境，运用各种传播媒介，主动及时宣传，公布事实真相，告知组织采取的改进措施，从舆论上争取公众的理解与支持。

5. 应急性与长远性的统一

公共关系危机处理应当立足组织长远发展目标，从长远与整体着眼，制定危机处理对策，使组织既能消除危机，又能为未来发展创造良好的发展环境，将一场"灭顶之灾"转变为赢得更高声誉的公共关系活动。

二、公共关系危机管理的程序

有道是"天有不测风云，人有旦夕祸福"，并不是说完善的组织运行机制就不会出现危机。危机是一种客观存在，它不时地出现在组织面前，因此对危机进行有效管理就显得更为迫切。危机管理得较好，那么组织很快就有缓和的余地，甚至出现新机会，转危为机；相反，危机管理得较差，那么组织将面临更严重的危机，并将长时间地处于被动状态，甚至从此一蹶不振。

（一）未雨绸缪，防患于未然

公共关系危机预防是对危机隐患进行监测、防控的危机管理活动。尽管任何组织都可能遇到危机，但这并不意味着危机不可预防。事实上，几乎所有的危机都可以通过预防来化解。一般而言，危机的发生多半与组织自身的行为失当有关。正因为如此，组织才能通过预防措施，减少甚至杜绝危机的发生。预防是公共关系危机管理的重要组成部分，任何组织都应"居安思危"，重视公共关系危机的长效化管理，将公共关系危机管理作为日常工作的重要组成部分。这也是公共关系危机管理中最艰难、最有价值的工作。"防火"胜于"灭火"。公共关系危机管理的真正高手，则是通过事先分析、科学预测，防范"火警"发生的"安全员"。

1. 培育全体员工的忧患观念与危机意识

俗话说"人无远虑，必有近忧"。组织要想更好地生存发展，就必须进行危机预警管理，强化内部管理，打造危机性企业文化，培育全员危机意识，训练员工危机反应能力，让全体员工都了解危机的征兆和危害，激发员工的忧患意识和危机意识，将员工个人发展与组织发展结合起来，使员工认识危机的危害，从思想上做好应对各种危机的准备。只有每个员工思"危",方能保证组织居"安"。

2. 构建符合危机管理要求的保障机制

组织在进行机制设计时,应确保机制内信息通道畅通无阻,确保机制内各个部门及其人员责任清晰、权利明确,不至于发生互相推诿的现象,确保一旦发生任何危机先兆,能得到责任部门的及时关注与妥善处理,不至于引发更严重的危机。合理搭建危机管理组织架构是进行组织公共关系危机管理的重要保证。因此,组织应建立一个适合自身特点的危机管理组织架构。

3. 建立危机预警系统,识别危机预警信号

危机是组织内外环境出现问题造成的,危机爆发前,必然会出现一些预兆信号。组织建立危机预警系统,能够及早识别危机出现早期的信号,将危机控制在萌芽状态,尽快将危机化解,减少组织不必要的损失。

4. 制订危机管理计划

组织应制订一份危机管理计划并每年加以修订完善。预先制订危机管理计划能使组织内部各部门提前做好心理准备,只有这样在危机来临时,组织才能够迅速决策、反应快捷、掌握主动。危机管理计划中包括危机管理目标、组织可能面对的危机类型、危机报备和协调的流程、危机管理小组成员、在危机出现时需要立即采取的措施、紧急情况下需要立即联系的政府单位名单和新闻媒体名单、其他相关公众的联系方式等。危机管理计划制订后不能束之高阁,组织要通过危机模拟训练为应对危机做好准备。一旦发生危机,组织能马上有条不紊地面对危机、解决危机,让组织转危为安。

5. 应有充足的资源准备

组织的资源准备包括人力资源与财力资源两部分,其中,最为关键的是人力资源准备。人力资源既包括组织内部的人力资源,也包括社会上的人力资源。由于公共关系危机处理对参与人员的素质要求很高,这些人员必须随时做好准备,以备招之即来,来之能战,战之能胜。

（二）积极进行危机处理

危机一旦出现,组织应马上启动危机管理系统,各部门及其专兼职人员全部到位,危机处理机制立即运转。危机处理关键是要严格遵守处理程序,按部就班,融积极性与规范性于一体。

1. 深入现场,了解事实

危机的发生往往十分突然而且来势汹汹,但组织最高领导者要时刻保持冷静。危机一旦发生,组织领导应亲自出马,亲赴一线,给人一种敢于负责,有能力、有诚意解决危机的印象。组织领导直接面对危机,要比一般人员更容易达到事半功倍的效果。组织领导应马上召集高层听取一线员工的汇报。汇报应力求准确全面、详尽客观,不能因开脱责任而对危机的重要细节隐而不报。听完汇报、弄清事实后,组织领导应在最短的时间内对危机的发生过程、可能造成的后果、能够和可以采取的应对措施以及危机处理方针、人员调度、资源保障等做出初步的评估与决策。

2. 迅速隔离危险境地，控制危机蔓延态势

危机发生后，组织要采取各种果断措施迅速切断危机源，力争将危机造成的损失降到最低。危机境地的隔离应重点做好公众的隔离与财产的隔离两个方面。不管危机性质如何、破坏力大小、损失多少、责任在谁，都要无条件地先救人，再救财救物。这也是危机过后有可能迅速恢复组织形象的基础。另外，应立即采取措施，限制危机波及范围，缩短危机持续时间，阻止危机蔓延，避免危机恶化。

3. 查明危机真相，发布相关信息

危机发生后，如果没有人能负责任地站出来说些什么，那么谣言听多了，也就成了"真实"的。因而，危机出现后，组织的最高领导者应及时组织人员，深入公众了解危机的相关情况，搜集危机的相关信息，查明危机真相，对危机进行评估，并形成初步的调查报告，以便为危机处理提供基本依据，并应择机发布准确的信息，以消除各种猜测与流言，稳定公众情绪。

4. 分析研究，确定对策

公共关系危机处理人员提交危机专项调查报告之后，应及时会同有关职能部门，进行分析、决策，针对不同公众确立相应的对策，制订公共关系方案，将危机尽快妥善处理。

（三）分析总结，吸取教训

危机解决方案的制订与实施，并不意味着危机处理过程的结束。对于组织而言，更为重要的是认真分析危机的前因后果，总结经验教训，惩前毖后。这个环节之所以重要，是因为组织可以从这个环节中发现组织管理中存在的问题与不足，并且有针对性地进行改进，避免类似事件的重演。成功的危机管理不但能消除危险，而且能把危机看做"变好的转折点"，成为组织创造机遇、和谐关系、争取更广阔的生存空间和更美好的生存环境的新起点。

三、公共关系危机处理的公众对策

危机发生后，会不同程度地影响各类公众的利益，同时会引起各类公众的关注。对待不同的公众，组织要采取不同的对策，妥善处理好与各类公众的关系。

（一）针对内部员工

面对危机，组织应把危机情况及组织准备采取的对策如实地告知全体员工，认真倾听大家的合理建议，组织的决策要赢得全体员工的真心支持和理解，一旦形成决定，全体员工要听从安排、统一行动。要使员工与组织齐心协力、共渡难关。如果组织内部员工有伤亡，应立即通知其家人，采取有力措施进行救护并做好善后工作，应妥善安抚相关人员，并提供条件满足家属探视、吊唁的要求。组织应提供周到的医疗服务与做好抚恤工作，这样做可以大大缓解矛盾，充分体现组织"以人为本"的理念，强化组织的良好形象。针对有功人员，危机过后，组织应给予奖励，这样做有利于增强组织

的凝聚力。

（二）针对受害者

危机发生后，组织应详细查实公众的受损情况，对受害者在最短时间内予以救助。如果危机的发生来自组织自身，组织应向受害者诚恳道歉，表示同情，给予安慰，实事求是地承担责任，这样做能够有效缓解受害者的抱怨情绪；同时，公共关系危机处理者应冷静地听取受害者的诉求，做好后续赔偿安抚工作。在这一过程中，避免发生不必要的争执，即使受害者有一定的过错与责任，也不应现场追究。在进行这些工作时应谨慎、冷静、耐心、富有爱心、同情心，应派经验丰富的员工去完成。

（三）针对媒体

在通信技术发达的今天，组织一旦发生危机，新闻媒体就必然会闻讯介入。而新闻媒体对组织的影响可谓是一把"双刃剑"，既可能帮助组织度过危机、重塑形象，也可能瓦解组织声誉，使组织雪上加霜。因而，要针对媒体采取相应对策。

1. 设立信息控制中心

危机发生后，应以最快的速度设立危机信息控制中心，为公众提供准确信息，为媒体提供新闻线索，同时设立信息咨询部适时回答咨询与质询。组织应调配训练有素的专业员工，负责处理热线电话，以便实施危机控制与管理计划。

2. 争取主动，及时报道

危机产生后，各种流言就会伴随而来甚至呈泛滥之势，这势必使公共关系危机处理面临更多困难。此时组织一定要掌握对外报道的主动权，善于利用新闻媒体进行良性传播沟通，以此控制流言泛滥势头，以组织为第一信息发布源。此外，还应争取获得新闻媒体的理解与支持，主动及时地报道有关情况，使新闻媒体公正客观地评价危机事件，向公众正确地传达组织处理危机的态度与采取的弥补措施，这既可以引导舆论，又可以消除谣言与猜测，以赢取更多公众的理解与支持。

3. 注意措辞，统一口径

当危机发生后，组织应统一对外发布的渠道与内容，指定专门的新闻发言人，避免不同声音的出现，以免使外界产生更多的猜疑。由于组织内部员工也是新闻媒体捕捉的目标，此时应及时告知员工如何应对新闻媒体提问，应注意统一口径，这既可以显示组织的团队精神，又不会让人在言词差异中找到破绽，由此产生疑虑与猜测。

4. 实事求是，加强沟通

危机发生时，组织应设置临时记者接待处，主动向新闻媒体提供事实真相与相关信息，如对外宣布发生了什么危机，组织正在采取哪些补救措施等，并表明组织的态度。在事实没有明朗之前，不要信口开河，盲目加以评论。另外，应与新闻媒体保持密切合作，并表现出主动与诚挚的态度；以客观公正的态度表明看法，不带有主观情绪；借助相关媒体表达歉意，并向公众做出相应解释。还应邀请公正、权威的专家、机构来帮助解决危机，以赢得公众对组织的信任。

（四）针对消费者

组织要以尊重消费者权益为前提，来制定处理危机事件的所有对策、措施。迅速查明受到危机事件影响的消费者类型、特征、数量、分布情况等；以真诚的态度认真听取消费者对事故处理的意见和诉求，回答他们的询问、质询；通过新闻媒体向消费者公布事故的经过、处理方法、与消费者团体达成的一致意见以及告知今后将采取的预防性措施。

（五）针对上级主管部门

危机发生后，应及时向上级主管部门汇报，不能文过饰非，更不能歪曲真相、混淆视听。在危机处理过程中，定期将事态的发展、处理、控制的情况及善后的情况向上级主管部门领导汇报。危机结束后，应将事件的处理经过、采取的解决办法和今后将采取的预防性措施形成报告，汇报给上级主管部门。

（六）针对其他社会公众

当今社会，信息快速传播，危机发生后，可能会迅速在网上形成热点，不知详情的公众（也被称为"吃瓜群众"）往往表现出如下特征：第一，强烈关注，捕风捉影；第二，非常情绪化，对于谣言的信任度远高于对组织的信任度；第三，有罪推定，往往有"宁愿信其有，不愿信其无"的心态。所以，不论谁是谁非，组织都应最先站出来承担责任，即使其他涉事方在危机事件中也有一定责任，组织也不应先追究其责任，否则双方可能会各执己见，加深矛盾，引起公众反感，不利于问题的解决。另外，组织应换位思考，站在公众的立场上对受害者表示同情与安慰，并通过新闻媒体向公众致歉，解决公众深层次的心理、情感问题，从而赢得公众的理解与信任。

观点链接

> 危机事件的平息，并不意味着危机管理的终结——作为管理体系中的重要范畴，如何快速恢复管理成为危机事件后摆在组织面前的首要任务。同危机预警、计划实施一样，是否能快速恢复管理也决定着整个危机管理的成败。
>
> 然而，"恢复"是复杂的。无论是常态运营秩序的恢复，还是品牌形象和价值系统的重建，都需要组织像早前化解危机事态一样付出艰苦的努力。谓之艰苦，是因为恢复管理大多是在组织人困马乏、弹尽粮绝的情境下开展的——人财物资源已于前期被极大消耗。"待从头，收拾旧山河"的豪情壮志，可能面临着无米之炊的窘境。
>
> 这一切都要求组织整合现有可用的资源，集中力量解决主要问题。换言之，组织首先要明确恢复管理的任务框架，设计合理的恢复管理程序，而后渐次推进，于恢复中寻求重生和超越的机会。
>
> 资料来源：胡百精. 2009. 危机传播管理——流派、范式与路径. 北京：中国人民大学出版社：227，228

第四节　影响公共关系的因素

公共关系活动实施过程中，总会遇到一些难以预见的阻碍，虽然组织对此做了周密部署，但是，公共关系活动的实施注定不会一帆风顺，不确定因素总会出现，实施过程往往一波三折。影响公共关系实施的因素很多，既有方案本身的问题，也可能在实施中遇到许多新问题。所以，在实施之前或实施过程中，都应随时对实施过程中出现的问题进行分析，并想方设法排除化解这些不利因素，尽力推进公共关系活动顺利实施，使公共关系活动达到预期效果。

一、来自组织自身的障碍

公共关系活动要达到预期的目标，不但要求公共关系从业人员努力工作，还需要组织其他部门的整体配合。然而，在现实生活中，由于指导思想、工作方式、运行机制等运作不当或设计失误，组织内部往往做不到协调统一，可能造成公共关系活动实施的失效。

（一）领导者的因素

如果组织领导在态度和行为上对公共关系缺乏必要的关心与足够的支持，或者只是口头上支持，在行动上却总是推三阻四，那么面对这样口惠而实不至的上级，就应首先提高领导对公共关系活动实施意义的认识，增强公共关系意识，变障碍因素为有利因素。

（二）组织内部缺乏默契

公共关系活动的实施需要组织内各部门的精诚合作，一致行动，而在实施过程中，往往会出现组织内各部门相互独立、各自为营，缺乏有效沟通与配合的情况，这给公共关系活动的顺利实施增加了困难。所以，组织应开展团队教育与合作培训，努力协调组织内各部门的工作关系，为公共关系活动的顺利实施创造良好的组织内部环境。

（三）机构臃肿，信息传递失真

一般来说，信息经过多次传递后就有可能失真，信息传递的中间环节越多，失真的可能性就越大。一条信息若要经过多层级传递，信息的传递与沟通速度也会变得缓慢。组织内条块分割，而造成信息通道的断裂，使信息受阻；沟通渠道单一，而造成信息量不足或因传递渠道狭窄而无法做到信息充分传播与沟通。所以，组织在机构设置上应减少层级，减少信息传递的中间环节，尽量保证信息内容能准确无误、尽快地传递到接收人手中。

二、公共关系实施方案的不完善

（一）目标障碍

所谓目标障碍，是指在公共关系中由于所拟定的公共关系目标不正确或者不明确、不具体等而给实施带来的障碍。公共关系实施过程中，公共关系工作人员应积极发挥主观能动性，推进公共关系活动方案的有序实施，但是，如果公共关系活动策划方案本身存在策划目标不正确、不明确、不具体等问题，那么尽管公共关系从业人员尽心尽力，但是也不会达到预期效果。所以，在制订方案时应尽可能地把目标制定得具体、清楚，具有可行性。正确、明确、具体的方案目标是公共关系从业人员行动的依据，也是对方案实施控制、监督和评估的基础。

（二）客观环境的变化导致公共关系方案局部或全部出现问题

尽管公共关系活动方案的制订经过了反复推敲，然而主观的分析与客观的存在之间总会存在差距，因而，方案的设计难免会有疏漏，即方案本身客观上会存在缺陷。加之公共关系方案的策划有一定的时间周期，尤其是大型公共关系活动策划的时间周期更长，而客观环境却是瞬息万变的，公共关系活动方案相对于环境的变化总是滞后的。于是，就有可能出现公共关系方案局部或全部出现问题的情况，在这种情况下就需要组织重新审视策划方案，对之进行进一步的修正与完善。

三、方案实施过程中的沟通障碍

公共关系活动方案实施过程，事实上就是传播与沟通的过程。传播与沟通不畅就会影响公共关系活动实施的效果。因而，消除传播与沟通中的障碍，是保证公共关系活动顺利进行的重要保证。

（一）利益因素

在公共关系活动中，组织不能强迫公众去接受自己所传播的信息，只有当公众真正感受到这种信息对自己利好，有利于实现自己利益、满足自己切身需要时，才会比较积极主动地欢迎并接受这种信息。所以，组织在向公众传播信息时，首先应尽可能地从公众利益与需要的角度出发，去选择与传播信息；相反，如果仅着眼于组织自身利益与需要，无论花多大力气进行狂轰滥炸，公众也会无动于衷。

（二）语言因素

语言是人类进行思想交流的沟通工具，与人的思维紧密相连，人们借助语言能更方便地向外界传播一定的信息。但语言的运用又是一个异常复杂的问题。因此，组织公共关系人员在传播沟通时，应注意语言的运用技巧，如修辞、语气、音调等，否则面对某些特定的公众会产生词不达意、语义不明、模棱两可等问题。因语言运用不当造成沟通不畅的现象，在日常生活与工作中并不鲜见。而在公共关系活动实施过程中，如果语言运用不当，那么不仅容易使组织无法和公众沟通，还会造成负面影响，甚至使公共关系工作陷入被动局面。要消除语言运用不当造成的障碍，公共关系从业人员必须不断地提高自身的语言表达能力，提升沟通技巧。

（三）观念因素

观念是在一定社会条件下人们接受、信奉并用以指导自己行动的观点与理念。观念对沟通效果影响较大，如果沟通双方观念相似或相同会极大地促进沟通的顺利进行，并会取得良好的沟通效果，观念不同则容易造成沟通障碍。因沟通一方持封闭观念与极端观念造成的沟通不畅比比皆是，有时沟通双方还可能因此不欢而散，导致信息受阻、沟通失败。对观念障碍的理性认识有助于在传播沟通中消除这种障碍。

1. 封闭观念造成的沟通障碍

封闭观念主要源于传统自给自足的小农意识。当时人们从事简单的体力劳动，不需要分工协作，也没有广泛的社会联系，久而久之，就形成了一种排外观念或自我封闭观念，以致信息传播受阻。

2. 极端观念破坏沟通

因固执地坚持某一极端的观点或立场也容易造成沟通不畅。例如，在对某一有争议的事件做出最终判断时，由于争论双方只强调沟通过程中的某一环节、方面，各执一端、彼此排斥，各自无法听取对方的意见，结果往往会闹得各方不欢而散。

（四）风俗习惯因素

风俗习惯是指在一定的民族文化、宗教、信仰等历史背景下形成的、具有固定特点的、具有调节人际关系功能的社会因素，如道德习俗、礼节、审美观等。风俗习惯是世代相传的一种习俗，不仅不同国家、不同民族的风俗习惯不同，有时同一国家、同一民族的风俗习惯也会因距离的差异而有所不同。所以，公共关系从业人员应不断提升自身修养与素质，深入了解目标公众的文化风情与风俗禁忌，帮助不同的目标群体克服与消除由于文化差异而造成的障碍。中国的古话"入境而问禁，入国而问俗，入门而问讳"是有一定道理的。

（五）心理因素

常言道："话不投机半句多。"这里是指沟通双方有心理距离、存在心理障碍。心理障碍是指因人在认识、情感、态度等方面存在差异而对沟通造成的障碍。例如，由于人们认识程度存在差异，在说服受教育程度较低的公众时，只提供所述论点的有利方面比利弊俱陈更为有效，而对受教育程度较高的公众，晓以利害则更为恰当。同认识程度一样，信息的传播往往受人们情感的影响。例如，对一件可引起争论的事件做出裁决后，人们总是非常乐意去探寻那些自己偏好的信息，即使对那些无可置疑的事件也会表现出这样的特点。了解、认识并掌握在传播沟通中的公众心理障碍，研究公众的心理因素，找到心理差距何在，关键点是什么，然后运用语言技巧缩短差距，及时排除障碍，才能达到公共关系的预期效果。

（六）信息传播技术因素

信息传播离不开一定的符号系统。如果这些符号使用不当，会使公众在接受与理解信息时出现障碍。对于同一语言系统来说，不仅处于不同文化背景中的人们会形成迥然不同的认识，即便是在同一文化背景下生活的人，由于文化程度的差异，也会对同一表达方式有不同的理解。因此，在向公众传播信息时，应尽可能地考虑目标公众的文化程度与理解能力，多用通俗易懂、准确无误的语言，以免使相同的信息在公众中因理解上的不同而产生歧义。另外，还应注意传播方式是否恰当，传播渠道是否畅通。如果方式选择不当、渠道不畅通，再好的信息也只能是"传而不通"，难以被目标公众接受。

公关链接

> 在使信息得到清晰明了的理解方面，传者和受者之间同样存在着障碍。正如李普曼所指出的，我们每个人都生活在他（她）自己编织的蚕茧保护壳里。这种茧壳把个人同强度正在不断增加的喋喋不休的传播隔离开来，有来自社会的障碍、年龄的障碍、语言或词汇的障碍、政治及经济的障碍，也有种族方面的障碍。在美国这个多元文化的社会中，有碍传播的某些障碍和失真，在种族间和少数民族群体之间可以明显地看到，即使是在各个群体内部也存在着认同的压力，在其中"现实"得到了共同的认识和解释。此外，还有一种障碍经常被忽视，那就是公众吸收信息的能力。最后，在喧闹的公共舞台上总是有着此起彼伏的吼叫声，它们会干扰人们的注意力。
>
> 资料来源：卡特里普，森特，布鲁姆. 2002. 有效的公共关系. 8 版. 明安香，译. 北京：华夏出版社：348

（七）环境因素

影响公共关系传播效果的因素，还有时间与空间条件不同，以及在同一时空条件下其他事件、信息的存在。研究表明，由于受生命周期与生物节律的影响，在不同时空条件下，人们的心理状态存在明显差异，对信息的敏感程度也有所不同。在相对整洁安静的环境里与精力旺盛的早晨，人们大多会拥有好心情，并对接收的信息产生的印象与记忆较为深刻。而在混乱嘈杂的环境里与临近傍晚身体疲惫时，人们的心理往往比较紧张，容易产生排斥心理。而且，在同一时空条件下，如果各种不同的信息纷至沓来，也会令人无所适从，很难将注意力集中于某一类信息上。在公众舆论与群体心理变化的不同阶段，公众对信息的需求、敏感程度与接受效果也存在较大差异。所以，在公共关系活动实施阶段应注意环境因素的影响，努力创造有利于信息传播的时空条件，科学地掌握向目标公众传播信息的最佳时间与时机。在活动安排上应尽量避开重大节日、事件或邻近组织的公共关系活动，以免因不同信息过于集中而使公众目不暇接，分散注意力，从而影响传播效果。

四、方案实施中突发事件的影响

公共关系策划实施过程中，最大的干扰因素莫过于突发事件。突发事件主要有两种：一是人为的纠纷危机，如公众投诉、媒介批评、舆论冲击等；二是自然因素引起的不可抗拒的突发事件，如地震、海啸、火灾、水患、空难、疫病等。这些突发事件往往出乎意料，让人措手不及，危害影响范围大，后果严重。面对突发事件，组织一定要头脑冷静，准确认识和判断危机类型，认真剖析前因后果，切中要害，对症下药，积极善后，平息风波，挽回损失。组织如果不能正确地对待突发事件，不善于风险管理，那么就会给公共关系活动的实施带来毁灭性打击，甚至会影响到组织的生死存亡。

职场观摩

西安奔驰女车主哭诉维权事件

2019年4月11日，一则"女车主坐在奔驰车引擎盖上哭诉"的视频广为流传。车主在视频中称，她在西安利之星奔驰4S店首付20多万元购买了一辆新车，不料还没开出4S店就出现发动机漏油的情况。此后，车主与4S店多次沟通，却被告知无法退款也不能换车，只能更换发动机。车还没开，却要换个"心脏"，被逼无奈的车主只好到店内通过"哭闹"的方式维权。

这段视频被发布在互联网上并引发热议。西安利之星汽车有限公司与奔驰中国陷入舆论漩涡。最早跟进此次事件的媒体是陕西地方媒体，在视频经过网络发酵之后，中央媒体、地方媒体、商业网站、自媒体纷纷予以关注。

4月11日下午，利之星奔驰4S店回应表示：已和客户私下达成和解。4月12日，女车主接受采访声称并未和解。西安当地成立由工商、质监、物价部门组成的联合调查组，调查涉事门店汽车质量问题。4月13日，市场监管部门再次责成利之星奔驰4S店尽快落实退款退车事宜，约谈女车主，并听取了其提出的八项诉求。当天下午，女车主在监管部门的陪同下，和利之星奔驰4S店负责人进行数小时沟通会谈，但最终未达成和解。女车主首次提出，在自己不知情的情况下，被西安利之星奔驰4S店收取金融服务手续费，且未拿到发票。

4月13日，维权的奔驰女车主称，"坐机盖"一事发酵后，利之星奔驰4S店员工打电话给自己，希望其不要接受媒体采访，且要与4S店"口径一致"，并称会"保护你"。

4月13日，北京梅赛德斯-奔驰销售服务有限公司发布声明，表示已派专门工作小组前往西安，将尽快与客户直接沟通，力求在平等沟通的基础上达成多方满意的解决方案。4月14日，西安市场监管部门公布"奔驰女车主维权"处理最新进展，市场监管部门已对利之星奔驰4S店立案调查，责成其尽快退车退款。4月14日下午，北京梅赛德斯-奔驰销售服务有限公司再次发声称，不再向经销商和客户收取任何金融服务手续费。

4月16日，西安市场监管部门成立专案组，同时税务机关已进入现场，对所有收据进行核实。当天，北京梅赛德斯-奔驰销售服务有限公司再次发布声明称，将立即暂停该授权店的销售运营，并对相关经销商的经营合规性展开调查，如存在不合法、不合规的经营行为，将终止其销售运营授权。4月16日深夜，涉事4S店发布声明称，经与客户友好沟通，现已取得客户谅解并达成共识。

第九章　公共关系活动实施

5月27日，西安高新区市场监管部门通报有关涉嫌违法案件调查处理结果：西安利之星汽车有限公司存在销售不符合保障人身、财产安全要求的商品，夸大、隐瞒与消费者有重大利害关系的信息以致误导消费者两项违法行为，被依法处以合计100万元罚款。2019年9月11日，奔驰汽车金融公司因外包管理违规，被罚80万元。

2020年1月13日，中消协联合人民网舆情数据中心发布了2019年十大消费维权舆情热点，"奔驰女车主哭诉维权引起各界反思"以80.5的社会影响力成为舆情热点之首。

资料来源：根据多家媒体报道综合整理而成

二 实务演练

1. 讨论西安利之星奔驰4S店在这起危机事件处理中的对策优劣。
2. 请为西安利之星奔驰4S店策划最佳的公共关系危机解决方案。
3. 如果你是北京梅赛德斯-奔驰销售服务有限公司请来的公共关系从业人员，你该如何应对这一危机事件？

第十章 公共关系效果评估

【带着问题预习】
1. 评估是公共关系活动的结束吗？
2. 怎样进行公共关系效果评估？
3. 公共关系效果评估报告是什么样子的？

【课堂学习目标】
1. 了解公共关系活动评估的内容与程序。
2. 掌握公共关系活动评估的标准与方法。
3. 学会撰写公共关系评估报告。

第一节 公共关系评估的内容和程序

公共关系评估是根据特定标准，对公共关系策划、实施过程、实施效果进行检查分析与总结的一种活动。公共关系评估虽是公共关系工作程序的最后一个阶段，但其内容不但贯穿在公共关系活动的各个阶段、各个步骤之中，而且贯穿在公共关系计划实施的始终，因此，公共关系评估在整个公共关系计划中占有重要地位，起着重要作用，其目的是取得关于公共关系工作过程、工作效益和工作效率的信息，以便为今后进一步开展公共关系活动提供参考。

一、公共关系效果评估的重要意义

1. 公共关系效果评估有利于公共关系工作的不断完善

公共关系评估工作，可以有效检查与发现公共关系工作中存在的不足。如果说组织的公共关系工作在总体上是成功的、值得肯定的，但是不完善的地方、缺点与不足也在所难免，组织不能因为这次的公共关系活动取得一定成就，就忽略其中存在的问题，这是不利于后续公共关系工作开展的。组织的公共关系工作永无止境，必然随着组织发展而发展，只要组织生命没有终结，组织的公共关系工作就要进行。从这个意义上讲，通过积极评估与认真反思去发现公共关系活动中存在的问题，研究问题产生的原因与采取的对策，充分总结经验与教训，对后续的工作具有借鉴价值，使今后的公共关系工作少走弯路，规避风险，提高效率。

2. 公共关系效果评估能为组织决策层的其他决策提供依据

组织的其他决策，无不与组织的公共关系状态密切相关。组织领导层对组织的发展战略进行决策时，其依据的往往是组织内外环境的实际状况。内部环境的重点是员工的整体素质，即员工的业务素质、员工对组织的认同感与组织文化，也就是组织内部公关系状态。外部环境是指公众的知晓度与信任度，即公众对组织的了解与赞同的程度，也就是外部公共关系状态。组织在进行战略决策时，必须要依据内部员工对组织的信任度与外部公众对组织的支持程度来进行，公共关系效果评估可以及时提供如实而恰当的研究报告，以便为组织的各种决策提供参考，这十分有利于组织的发展。

3. 公共关系效果评估可以鼓舞与激励员工工作热情

组织通过公共关系效果评估工作，把组织所取得的这些成就客观地向员工宣讲，使员工了解到组织所拥有的良好社会声誉及在社会中的地位，这无疑能鼓舞士气，增强员工的荣誉感与自信心，从而增强组织的内部凝聚力。对组织工作的如实评价，不仅不会让员工泄气，反而十分有利于组织团结一心、奋起直追，因为信任是员工最大的工作动力，高质量的公共关系效果评估工作，可以成为激发员工斗志的发动机。

二、公共关系评估的内容

在开展公共关系评估时，组织应注意从全局的高度把握评估的内容，既反对挂一漏万，也反对面面俱到、事无巨细、吹毛求疵。在对公共关系评估工作进行研究的基础上，根据公共关系评估过程的不同阶段，公共关系评估可分为以下三个阶段。

（一）准备过程的评估

1. 背景材料的充分性

评估的主要任务是检查之前工作中利用资料是否充分以及分析判断是否精准，重点是及时发现在环境分析中被遗漏的对项目有影响的因素。

2. 信息提供与项目战略的合理性

整个评估过程应紧紧围绕公共关系活动是否是适应形势要求而开展的，评析公共关系活动中准备的资料是否符合目标公众及媒介的要求，沟通活动是否在时间、地点、方式上符合目标公众的要求，是否存在与沟通信息相对抗的行为，是否制造事件或采取其他行动配合此次活动，人员及预算是否充分，资金超支的原因何在，等等。

3. 信息与项目的有效性

评估时要检查信息传递资料及宣传品设计是否合理、新颖，能否引人注目，其中主要包括文字语言的运用、图表设计、图片及其展示方式的选择等。

4. 调研工作的全面性

公共关系调查过程评估主要评析：公共关系调研设计是否合理，能否据此广泛搜集到充分的相关信息；公共关系调研方法选择是否恰当，能否据此获得普遍的、深层次的信息资料；公共关系调研工作实施得是否科学、合理；公共关系调研结论是否符合逻辑。

5. 计划制订的科学性

公共关系活动计划制订过程的评估，应着重评估公共关系活动计划的目标是否准确；总体计划是否可行、合理；公共关系战略构思是否科学；目标公众圈定是否合理，有无遗漏；媒介选择及媒介应对策略是否恰当。

（二）活动实施过程的评估

多数评估都发生在公共关系活动的实施过程中，其作用在于发现哪些决策是正确的，哪些是错误的和错在哪里，哪些不利于增进公众对组织的信任，以及如何发现决策执行过程中的偏差，等等。

1. 发给媒介的信息数量

这一阶段的评估从检查公共关系人员向互联网、广播、电视、报刊及其他媒介发送信息的数量开始。这一过程主要是为了掌握信息资料的制作情况及其他相关活动的进展情况，一旦完成这项工作，公共关系活动在实施过程中的一些弱点便会从这些数据中反映出来。

2. 信息被媒体采用的数量

向外发送的信息，只有通过媒体，才能将信息较广泛地传达给公众，使他们受到影响。因此，统计活动信息被媒体使用的数量及频率，可以一定程度上反映组织开展公共关系活动的努力程度。

3. 接收到信息的目标公众的数量

评估应将收到信息的所有公众进行分类统计，从中找出目标公众的数量。对于评估效果而言，收到信息的公众的绝对数量并不太重要，主要的是公众的结构。信息点击率和报刊发行量可以作为评估组织信息传播效果的参数。不过这些数据只反映了信息的理论接受人数，还不是实际接受人数。

4. 注意到信息的公众数量

通过对浏览、阅读、收看、收听的公众范围进行调查，掌握有关点击率、收视率、收听率、阅读率等方面的数据，可以了解公众对不同媒介和信息集中注意程度。例如，阅读调查可以明确哪些人在关注组织发出的信息，他们的数量是多少，他们读到了哪些内容，这可为公共关系评估提供指导性意见。

（三）实施效果的评估

实施效果的评估是一种总结性评估。这种总结性评估不仅在此次活动实施过程中发挥着重要作用，而且可对下一个计划的实施提供借鉴与指导。

1. 了解信息内容、改变态度与行为的公众数量

这是评估实施效果的一个更高层次。主要运用了解信息内容的公众数量、改变态度的公众数量，以及实施和重复期望行为的公众数量这几条标准进行的效果评估。公共关系活动是为了增进目标公众对组织的认识、了解，公众掌握与组织有关的信息，会影响到他们对组织的态度与行为，从而影响他们与组织的关系。假如要评估公众在公共关系活动前后对组织的认识、了解程度与行为是否发生变化，应就相关问题对这些公众进行重复测评与比较。

2. 达到的目标与解决的问题

就组织而言，实现公共关系预期目标并解决所需解决的问题，是评价公共关系效果的最高标准。公共关系目标的实现，可以表现为社会舆论的广泛支持或者企业市场占有率的提升等，尽管有时结果与目标并不完全一致，但如果结果是积极的，那么可以认为是达到预期目标的其他表现方式。

3. 对社会与文化发展产生的影响

公共关系活动是否对社会与文化发展产生积极影响，是公共关系效果评估内容的最后部分。这种影响同其他因素共同发挥作用，并可能在一定时期、甚至更长时间内以复杂的、综合的形式表现出来。

三、公共关系评估的程序

公共关系评估是一个动态的过程，评估内容不同，评估结果也不同，许多因素只能定性而难以量化，但是，不管目标、内容、方法如何不同，其评估过程中所体现的活动规律还是可以研究分析的。一般来讲，公共关系评估的程序，主要包括以下六个环节。

1. 确定评估目标

确定评估目标，是公共关系评估的第一步。评估工作一开始，就必须将评估目标确定下来，否则评估就没有了方向，具体操作时就无的放矢。公共关系的评估目标必须确定合理、可量化的指标，否则实施的效果就无法评价。如果确定了评估目标，可进一步将目标具体化，这不仅有助于评估资料收集工作的明确化，将有关问题以评估重点或提要的方式写成书面材料，而且还有助于保证评估工作的正确方向。

2. 组建评估机构

评估工作是一项细致而又复杂的工作，因此很有必要组建一个评估机构或临时性、专项性评估工作班子，确定专职和兼职的评估人员。评估人员的面要广，既要有专职的公共关系人员，又要聘请有关的兼职人员，如同行专家、外部公众代表、内部公众代表等。

3. 制定合理的评估标准

进行公共关系评估，应有一套相对合理的标准与指标体系。它们必须和每次公共关系活动的主题、目标、任务与侧重点相契合，并且考虑到各种可变因素的影响而留有余地，并保持弹性。因此，制定公共关系评估标准与指标体系应充分考虑多方面的因素与要求。例如，公共关系工作的总体目标和战略任务，某个阶段的公共关系工作、某一次公共关系活动的具体任务和战略目标，公共关系活动预期效果和实际效果之间的差距，以及各种主客观因素的影响，等等。只有如此，才能制定出符合实际、公正、客观、科学的评估标准。这些要求又大多集中于公共关系策划方案之中，因而策划方案又是制定评估标准的主要依据，评估标准应紧扣策划方案中的活动内容、主题、目标、任务与侧重点。

4. 收集评估所需的资料、信息

要进行科学评估，组织先要收集所需的资料、信息，准确记录公共关系活动自始至终的整个过程，以及各个环节中公共关系从业人员的感受、公众的反应和评价。只有通过这些可靠的细节资料和大量的信息，评估时才有可能对公共关系活动进行逐日、逐项、逐事、逐个环节的评析，总结公共关系活动的优点和不足及其产生的具体原因，得出最有价值的结论。这里需要特别强调，要注意选择收集评估资料的最佳途径。应该说，收集评估资料可供选择的途径很多，所谓的最佳途径也是相对而言的。

5. 开展评估

通过各种途径和方法收集的大量资料，要根据评估的目的和内容，经过系统地整理分析，有利于获得活动结果的准确情况，才能作为评估的材料和依据。在此基础上，再把公共关系的活动情况及结果与公共关系目标进行对比分析，才能确定公共关系目标完成和实现的程度，从而对整个公共关系活动过程及其结果进行全面准确的评估。

6. 撰写评估报告，上交评估报告

公共关系评估的信息资料搜集、整理、分析完成以后，评估人员在充分统一评估意见后，应根据相关记录，客观公正地撰写评估报告，并将报告上交给组织决策层。这样做可以保证组织管理层及时掌握情况，为组织的决策与公共关系目标、计划、措施的修订、完善提供依据。

观点链接

你怎样评估你的活动带来的效果？

在开始公关(即公共关系)活动之前，最关键的就是要做一定形式的定性研究，以此来判断特定的受众的看法，可以通过组建焦点小组来完成这项工作。接下来可以通过问卷调查的形式进行更多的定量研究。开展一段时间的活动后，组织可以来检验受众的态度是否发生了改变。这样的调查可能会花费很多预算，但是对于公关活动的主要部分来说，调查能够获取大量的信息，同时能够在日后帮助公关活动抓住工作重点，从而节约本来可能会被浪费掉的资源。

....

在评估公司的公关活动时，有若干种方法可供选择。其中，包括在较高层面上，声誉良好的调查公司进行的对行业中的佼佼者的综合性调查，着重市场营销效果的部门性的调查，或者对特定的商业受众的决策层进行的预约调查，此类调查的时间和频率都由客户来决定。

资料来源：安妮·格里高利. 2008. 公共关系实践. 2版. 张婧，幸培瑜，王嘉，等，译. 北京：大学出版社：85

第二节　公共关系评估的标准与方法

一、公共关系评估的标准

公共关系效果评估是一种总结性评估，是对公共关系活动成效的一次全面结论式的评判，确立正确的评估体系，是确保评估客观性与有效性的前提。评估标准是开展公共关系评估的基本依据，这一标准只能有一个，即公共关系所要达到的目标。而这一标准的制定，又依据公共关系活动的目的、实施方式、对象等差异而有所不同，必须区别对待，也需要经得起时间的考验。习近平同志说得好："历史和现实都告诉我们，一场社会革命要取得最终胜利,往往需要一个漫长的历史过程。只有回看走过的路、比较别人的路、远眺前行的路,弄清楚我们从哪儿来、往哪儿去,很多问题才能看得深、把得准。"[①]

1. 定性标准

定性标准不是用统计数据来衡量的,而是对评估对象进行性质描述,如"这个企业的整体形象很好""企业富有社会责任感""知道我们组织的人很多、很广""这次活动的影响很大"等。但这些描述与组织的形象级别应是统一的。

2. 定量标准

定量标准是对评估标准给予特定的数量化,可用百分比或具体数据来衡量。数量可分为绝对值与相对值两种,如"一周之内接待 20 万人次的展览会参观者"属于绝对值标准。"危机的妥善处理,使企业的损失降低 50%"属于相对值标准。

3. 客观标准

客观标准以公共关系所产生的社会效果为标准。用这一标准,既可以判断组织在公共关系策划中制定的目标是否符合实际,又可以判断组织的公共关系活动是否对公众产生积极影响,以及影响的程度如何。这是一种全面的公共关系效果评估,是一个具体的、比较全面、客观的标准。

是否有利于组织的发展是评估时考虑一切问题的出发点与检验一切工作的根本标准。组织之所以投入一定的人力、物力开展公共关系工作或策划专项公共关系活动,是因为它们都有其追求的价值目标,即是否有利于营造良好的组织发展的内外环境,这是公共关系评估的最直接的客观标准。因为公共关系的一个重要任务就是通过卓有成效的公共关系活动,优化组织生存与发展的环境。

4. 主观标准

主观标准是指以公共关系专项活动策划时制定的目标为标准。目标的制定是经过深入的公共关系调查,以及多次反复推敲、遴选后确定的,是公共关系活动的出发点与归宿点。组织用既定的活动目标作为公共关系效果的评价标准,具有较强的目的性,但是,以目标作为评估依据,有时存在一定的局限性。有的大型公共关系活动时间周期长,原定的公共关系目标随着时间的流逝会存在不妥或欠缺之处。所以,可以将实际修订后的目标作为评估的依据或标准。

> **观点链接**
>
> 一旦沟通被认为是达到某种目标的恰当手段、一种实现某些期望结果的工具,公共关系从业人员就必须认真关注公共关系活动的实施效果。在奉行目标管理的组织中,公共关系经理必须为所开展的活动设定目标和具体目的。
>
> 目标是活动所期望实现的、概念化的结果,通常太抽象而不能直接加以测定。活动的目的则较为具体,通过实现与活动目标具有逻辑联系的目的,某一目标的实现就可从特定目的的实现中引申出来。

[①] 中共中央党史和文献研究院,中央"不忘初心、牢记使命"主题教育领导小组办公室.2019.习近平关于"不忘初心、牢记使命"重要论述选编.北京:中央文献出版社,党建读物出版社:295.

资料来源：詹姆斯·格鲁尼格，等. 2008. 卓越公共关系与传播管理. 卫五名，等，译. 北京：北京大学出版社：126

二、公共关系评估的方法

开展公共关系评估的方法很多，可以开展与同类组织的情况相比较的横向评估，也可以开展与组织自己的历史情况相比较的纵向评估。公共关系效果评估由于针对的具体目标不同，其评估方法也有很大差别。多采用几种方法，评估效果会更好一些。

1. 自我检测法

这是一种最简便、最迅速、最常用的自评方法，主要是公共关系人员在举行各种会议与有较大事件发生时，对目标公众的态度与行为进行现场直接观察。例如，就某些特定主题，观察目标公众的日常行为变化，当实施一场针对产品宣传的公共关系活动时，公共关系人员可以直接在现场观察公众的反应，包括他们是否增加了对该产品的了解、好感，对该产品的主要性能、特点、价格能否接受，还需要做哪些改进，等等。这种评价方法可在公共关系活动过程中经常不断地、随时随地地使用，可以使公共关系人员直接感受到消费者的情绪与反应，有利于其向组织决策层提供准确建议。但缺点是容易被现场情绪左右，常常受到一些主观因素的影响，难以确定出活动的长期效果，需要公共关系从业人员具有较高的调研技巧与分析能力。

2. 公众调查法

这里主要是指一些比较严格的抽样调查法，即通过问卷调查，与公众代表进行对话交流等多种形式，广泛征询公众意见与建议，由公众对公共关系活动效果进行打分评判，了解他们对一些问题的意见、态度，再加以分析、统计及说明，借以表示公共关系活动的效果。这项工作多在公共关系活动结束后进行，难度较大，需要足够的经费与时间来建立一个比较科学的抽样框架，再进行严格抽样与实证调查，测定目标公众的行为，公共关系人员在去掉一些人为因素之后，再进行数据处理与分析，最后形成一个较为科学的报告。一些有长期发展战略的公司或社会机构，一般倾向于逐年开展较为科学的调查研究，以积累资料数据，形成定期的研析报告，为组织的长期发展提供依据。

3. 新闻舆论检测法

新闻舆论检测主要是指通过大众传播媒介传递的相关信息以了解公众的反应。例如，评价媒体对某项公共关系活动的报道情况，包括报道深度、报道数量、各界反应等，这些统计数据能够大致反映各界公众的意见倾向。一般来说，从量上判断，报道篇幅越长、次数越多，公众关注程度越高；从质上分析，对组织成就、发展情况报道得越多，组织形象就越容易树立；从新闻媒介的层次与重要性上去分析，发行量大、覆盖面广、有权威性、影响力大的新闻媒介，对组织美誉度的提高更有利；从新闻资料的使用方法上分析，是正面报道还是负面报道，是全面报道还是摘要报道，是重点报道还是一般报道，是醒目版面还是次要版面；从时机上分析，是否及时适时，是否引起社会强烈反响，是否能与社会热点对接；从新闻工作者的反应分析，是否满意、是否重视；等等。

4. 专家评估法

组织聘请有关组织外的相关学科、领域的专家，面对面地向他们提出疑问，进行讨论，然后背靠背地写出各自意见，公共关系从业人员最后对专家的意见进行归纳整理，形成相对统一的权威性评估结论。评估专家以局外人、第三者的立场与态度来观测、评价组织公共关系活动的成效，这样所得到的结论更具有客观性。但由于评价专家对公共关系过程了解较少，评价结果有时欠准确。

5. 报告法

公共关系活动评估者以当事人的身份亲自参加公共关系活动，通过直接观察来估量评价效果。其将一定时间内的公共关系活动以口头或文字的形式，向有关部门报告。报告分正式报告与非正式报告。正式报告通过正式传播渠道来评估活动效果，如备忘录、集体会议、汇报会、年度报告会；非正式报告通过各种非正式途径来报告活动成果，如自由座谈、书信、电话、网调、走访、简短的书面汇报等。

6. 访谈法

访谈法是指通过对公众的访谈评估公共关系活动效果，分个别访谈与集体座谈两种。个别访谈的优点是谈话深入，受外界干扰小，缺点是费时费力；集体座谈节省时间，信息来源广，涉及范围较大，但座谈者往往因为从众心理易受他人观点的影响。

7. 实验法

用前面几种方法可以了解公共关系活动是否产生了效果，但不能证明如果没有这些活动，这种效果还能不能产生。要解决这个问题，就需要使用实验法。在公共关系效果评估实验中，常采用对比组数据测量和条件控制等方法。

8. 效益检测法

效益检测法主要针对企业，是通过企业销售额与利润等数据，来直接评估公共关系效果的一种方法。例如，美誉度、知名度低的企业，虽然有优质产品，但销路仍受到限制，一旦加强公共关系活动之后，企业的销售额迅速上升，经济效益提高，这时可用一定时期的销售额、利润率说明公共关系活动的效果。

以上评估方法，可以综合运用，通过几种方法相互比较、相互印证，得到比较全面综合的评估结论。通过检测与评价活动效果，可以得出三种结论：效果好、效果一般、没有效果。如果公共关系活动效果好，要及时总结，找出成功的关键所在，并进一步推广与使用；如果效果一般，就要对每一个环节进行认真分析，积极排除不当因素，通过调整计划做补救工作；如果没有成效，就应深入反省，是环境不佳、情况有变，还是目标不适宜、措施不得当，是公共关系从事人员不努力，还是工作出现偏差。通过总结教训，应找出改进方法，有意识地调整组织决策，改进公共关系工作。

第三节 公共关系评估报告

一、公共关系评估报告的内容

公共关系评估应力求科学、准确、客观，通过必要的专题调研，充分了解公众、舆论、组织与同行专家的意见和看法，从不同的角度搜集信息与数据，进行合理的对比研究与定性、定量分析，以得出真正符合实际、具有事实根据的结论，形成科学的公共关系评估报告。评估报告应尽可能地把公共关系活动中取得的成绩、存在的问题，还有公众态度、组织环境、组织形象等得到改善的程度，尤其是公众反馈的各种新信息体现在报告里。评估报告最重要的是要说明"做得怎么样，为什么会这样"。它应当准确地描述整个公共关系活动过程，简洁地概括活动所取得的主要成果及其存在的不足，科学预测尚未解决的一些问题在今后的发展趋势，并提出相应的解决办法，以便为决策层做出战略决策提供充分的信息依据。

常规的评估报告主要包括以下八方面的内容。

1. 评估目的、依据与范围

评估目的、依据与范围是指为什么要进行公共关系评估，通过评估解决什么问题，以及评估所依据的文件或相关会议精神等。公共关系活动涉及方方面面，为了突出重点、缩短篇幅、便于运用，报告应明确公共关系评估的范围。

2. 评估标准、方法与过程

在评估报告中，应说明评估的标准及评估过程所采用的方法。应简要说明评估过程是如何进行的，分哪些阶段，清晰阐述评估是否系统科学、完整规范等。

3. 评估对象的基本情况

在公共关系评估报告中，应明确评估对象本身的情况，包括活动或项目名称、开展时间、实施的具体情况与特点等。

4. 内容评估、分析与结论

在评估报告中应写明被评估的公共关系活动或项目的内容，对其运行与执行情况，以及产生的效果、效益进行分析，从而得出客观公正的结论。

5. 问题与建议

评估人员根据掌握的实际材料、相关情况，有针对性地提出问题，并提出有利于解决问题的建设性意见。

6. 附件

附件主要包括附表、附图、附文三部分，即为支持和说明评估事实所提供的汇总表格、调查表格、活动照片以及发言稿、通信报道等。

7. 评估人员情况

评估人员情况主要包括评估负责人、评估人员的姓名、职业、职务、职称等。有时为了有利于咨询，评估人员还需要把联系方式、通信地址、邮政编码、电子邮箱等也写明。

8. 评估时间

公共关系活动处于动态变化之中，不同时间评估所得出的结论会不同。所以，评估报告应写明评估时间或评估工作开展的时间段。

二、公共关系评估报告的格式

公共关系评估报告没有固定的格式，"文无定法"。按照评估的目的与要求，评估报告的结构可以采用不同的格式，灵活安排。结构需满足于内容表达的需要。公共关系评估报告的格式如下。

1. 封面

封面主要内容包括评估报告或项目的题目、评估时间、评估单位，以及保密程度、报告编号、完成日期。题目应反映出评估的范围与对象。排版应醒目、美观。

2. 评估成员

评估成员反映哪些人参加了评估工作，以及评估负责人的基本情况。

3. 目录

目录应是列出报告中各项主要内容的完整的一览表，但不必过分详细。

4. 摘要

摘要可以说是评估报告极其重要的一部分，它也许是唯一被阅读的部分，应当用清楚、简洁而概括的手法，扼要地说明评估的主要结果，同时也应写出关键词。

5. 前言

前言反映评估任务或工作的来源、根据，评估的方法、过程，以及其他特别需要说明的问题。也有的评估报告把方法、过程等写进前言。

6. 正文

正文是公共关系评估报告中最重要、最主要的部分，也是评估报告的主体。它应包括评估的方法、范围、分析、结论、存在的问题与建议等。

7. 附件

附件是对正文内容的详细说明与资料补充，是正文的证明材料。

8. 后记

后记主要说明一些相关的问题。例如，评估报告传播的范围、致谢、参加人员及相关单位等。

三、撰写公共关系评估报告应注意的问题

公共关系评估报告不同于纯理论文章，也不同于一般的工作总结。公共关系评估报告的写作是有相当难度的。撰写出一份具有说服力的评估报告，是卓有成效地进行公共关系评估的一个不容忽视的方面。如果评估报告撰写得不得要领，即使前面的工作做得再好，整个评估也不会令人满意。在撰写过程中，既要求执笔人员客观公正、全面准确，又要求报告可读可信、简明扼要、有的放矢。为此，除格式方面的要求外，在撰写过程中，还应注意以下事项。

1. 定量与定性相结合

通常，公共关系评估结论是定性的，但必须用定量的指标进行说明。注意定量与定性的密切结合。

2. 语言准确、精炼

尽量用最少的文字、篇幅来说明问题，提出建议。切忌太多的学术词汇，避免让公共关系评估报告的阅读者难以理解。

3. 针对性要强

应有明确的涉及范围，针对具体问题而写作。

4. 建议与策略具有可操作性

只有切合实际情况的建议才具有可操作性。

5. 结论具体、客观

公共关系评估结论应客观、真实，既要看到成绩、效益，又要指出缺点与不足。在结论中，要避免使用"可能""大概""也许"等模糊词语，所有的结论都要有相应的材料做证明。

职 场 观 摩

刘国梁率队出席会员联赛总决赛 全民乒乓大 Party

（2019 年）12 月 11 日，2019 年"李宁红双喜杯"中国乒协会员联赛总决赛在郑州奥体中心体育馆正式开幕。中国乒协主席刘国梁、国际乒联主席托马斯·维克特等嘉宾，携手中国乒乓球队前来参加国际乒联总决赛的 18 名运动员以及教练员重磅出席会员联赛总决赛。

本次会员联赛总决赛前期通过了 16 站分站赛，从 7000 余名业余高手中选拔出 1300 余名运动员来参加总决赛。年龄跨度为 21～83 岁，比赛奖金高达 50 万元。国际乒联主席托马斯·维克特在开幕式致辞中兴奋地说："很高兴受刘国梁主席的邀请，参加 2019 年中国乒协会员联赛总决赛。刚刚听介绍，看到这么多人热爱乒乓球、积极参加乒乓球运动，作为国际乒联主席，我感到非常激动和兴奋。我相信在新中国乒协带领下，中国乒乓球在大众普及方面，将得到进一步的提升。国际乒联也将继续加强和中国乒协的合作，共同为全世界的乒乓球爱好者做出我们应有的贡献。"

中国乒协主席刘国梁带领参加国际乒联总决赛的所有教练员、运动员来到现场为参加会员联赛总决赛的乒乓球爱好者加油，"我很高兴地看到，这次会员联赛总决赛有 321 支队伍、1362 名选手、2328 人次参赛，将在 50 张球台上展开千余场比赛的竞争，这是中国乒协会员联赛总决赛历史上参与人数最多的一次。不管是我们国家队的运动员，还是各位乒乓球的爱好者、参与者，我们都是乒乓球这个大家庭的成员。

"中国乒乓球运动的长盛不衰离不开雄厚的群众基础。国乒在赛场上奋力拼搏让国旗升起时，是广大球迷为我们呐喊助威；当我们经历低谷时，是你们的支持陪伴着我们。再次感谢大家一路以来的陪伴。"

资料来源：佚名. 刘国梁率队出席会员联赛总决赛 全民乒乓大 Party. http://www.ctta.cn/fitness/news/2019/1212/351623.html，2019-12-12，有改动

实务演练

1. 根据案例，思考2019年中国乒协会员联赛总决赛的活动其公共关系的意义何在？
2. 如何评估这次公共关系活动的效果？
3. 同学们可否策划一次类似的公共关系活动，并且事后评估其效果？

第十一章 组织公共关系举要

【带着问题预习】
1. 企业公共关系有哪些类型？
2. 政府公共关系的职能是什么？

【课堂学习目标】
1. 了解不同组织公共关系的内容。
2. 明确不同类型的组织公共关系的作用。

第一节 企业公共关系

一、企业公共关系的含义和特征

公共关系是一种内求团结、外求发展的经营管理艺术，它运用合理的原则和方法，通过有计划而持久的努力，协调和改善组织机构对内、对外关系，使组织的各项政策和活动符合于广大公众的需求，为组织发展营造良好的生存与发展环境，以谋求公众对组织的了解、信任、好感，并获得共同利益。

企业公共关系，是指企业在生产运营过程中与公众之间产生的、需要面对和处理的一种沟通关系。由于企业有别于其他组织，企业公共关系也必然具有自己的特征。又由于企业种类繁多，既有共同的特征，又存在着各自的特点。其独有的特征，即利益性、协作性和互动性。

1. 利益性

企业是独立经营、独立核算的经济组织，企业要维护自己合法的经济权益，要谋求盈利，不仅合理，而且必要。我国企业体制改革中所涉及的国家、企业和职工及顾客之间的利益关系，其实质就是企业公共关系的利益性。企业公共关系的利益性是指在利益均衡的前提下，协调企业与公众之间的利益矛盾，使其共同发展、互利互惠。

2. 协作性

企业公共关系的协作性，是指通过企业与公众之间的沟通和协调，尽可能减少各种摩擦，在企业内部和外部，建立良好的协作关系。

就企业而言，协作关系表现在企业的外部环境要求和内部环境要求两个方面。外部环境要求，是指社会生产的整体性要求企业之间的协调一致，有计划、按比例进行生产，以适应社会经济稳定发展的需要；内部环境要求，是指企业内部专业分工细密，员工之间同心协力，只有这样才能使企业机体正常运转，以实现企业经营目标。由于企业员工来自社会的不同阶层,每个员工都有不同的经历,思想和行为上也存在着差异。只有调节这些差异,才能使企业员工之间协调合作。

3. 互动性

互动性是心理学的一个概念,是指人们通过不断地交换意见、交换对情境的感受,以逐步达到相互理解的过程。企业是一个开放的系统,其运行机制要求,无论从企业内部来讲,还是从企业外部来讲,都希望实现互动。企业开展公共关系活动时,既要有信息输出,又要有信息输入和反馈。从企业与公众互动的角度看,信息输入和反馈较信息输出,具有更重要的意义和价值。

公共关系的互动性,是指通过企业与公众的信息沟通,以实现企业与公众的相互了解、理解。企业内部互动可以增强企业的凝聚力,促使企业子系统进行协调,以实现生产要素的优化组合,提高企业的经济效益;企业外部互动可以赢得外部公众的理解、支持和信任,形成良好的外部环境。企业最佳的公共关系状态,也就是企业内部和外部互动均达到理想的状态。

二、企业公共关系的职能和内容

公共关系作为现代企业的重要管理内容,具有五项主要职能。

1. 营造良好的社会环境

公共关系是一个企业在竞争中得以立足的基本工作。在企业公共关系战略思想指导下,通过科学的、有计划、有步骤的公共关系活动,在社会各界公众心目中传播组织信誉,以赢得用户公众对企业的理解和支持,这是公共关系的主要职能。企业信誉不仅是企业产品的信誉,更是企业总体文化的集中表现,是企业内在精神和外观形象的综合反映。因此,要营造良好的生存与发展环境,必须结合企业自身的独特性质,对公共关系进行科学的规划和设计,以确保企业良好声誉得到不断传播。

2. 协调沟通职能

协调与目标公众的关系是公共关系工作的一项重要职能。现代企业不是孤立存在的,而是处于立体化、错综复杂的社会关系之中。由于企业与公众之间具体利益的冲突,彼此关系中充满了各种矛盾,纠纷在所难免,能否正确、妥善地处理这些纠纷就成为企业求得人和境界、获得快速发展的关键,其必须借助公共关系工作来完成。企业的运营会面对错综复杂的社会、经济环境,因此,建立一种有效的协调沟通机制,是企业公共关系的一项最基本的职能。企业利用公共关系可以起到减少矛盾、调解冲突、疏通沟通渠道等诸多作用,帮助其达到内求团结、外求和谐的良好生存状态。

3. 提高经济效益

提高企业的经济效益也是公共关系的重要职能之一。在现代社会中,信息的扩散与传播往往影响着企业的决策。无论是销售决策还是投资决策都离不开信息服务,因此,从沟通信息的意义上说,公共关系是企业与企业之间、企业与社会之间信息传递的重要纽带。公共关系服务越全面,信息越灵通,经营决策也就越正确,企业自身的经济效益也就越容易提高。

4. 参与经营决策

在现代企业竞争中，企业的经营决策关系到企业的生死存亡。首先，从决策目标的确定来看，要想制定正确的决策目标，就必须调查民意，了解社会环境及市场状况；其次，从决策方案的实施来看，由于企业总是处于一定的政策环境和社会环境之中，国家的有关政策法令、公众的意见往往关系到企业经营决策方案能否得以实施，这就要求企业公共关系从业人员深入调查，准确收集信息，促使组织领导者及时修正决策方案在实施过程中的偏差，使决策更加科学；最后，从方案的评价与反馈来看，通过公共关系可以收集社会各界公众的意见、了解企业经营情况，以此来衡量和评价决策方案的实施效果，可以为今后的工作积累足够多的经验。

5. 应对公共关系危机

对于企业而言，应对公共关系危机并非常规的公共关系工作内容，它是组织发生危机事件时才存在的，但却是每一个企业公共关系人员必须要认真对待的，一旦危机出现，企业必须迅速反应并做出适当的应对策略，而这些都必须建立在具有良好的公共关系危机应对体系基础上。企业公共关系危机的处理环节，包括危机预测、危机处理、企业形象修复等，具体可参考本书公共关系危机管理部分的相关内容。

三、企业公共关系类型

公共关系是企业生产经营管理的重要职能。根据企业自身的性质和活动方式来确定公共关系的具体内容，并运用各种行之有效的方法，有重点地开展公共关系，这是企业维持自身生存和发展的重要保证。

（一）工商企业公共关系

1. 工业企业公共关系

工业企业泛指一切从事商品生产活动的企业。工业企业是社会物质财富的创造者，是现代社会存在的基础，决定社会经济生活的状况，也决定着商品流通的快慢、分配的多少和消费水平的高低，在社会再生产过程中起着决定性作用。

工业企业公共关系的任务主要包括四点。

（1）提高产品质量和服务，奠定工业企业良好公共关系的基础。工业企业的组织声誉主要由产品质量、员工精神面貌、厂容、机器设备、销售服务等一系列因素综合构成。其中，产品质量和服务是企业声誉的基础。产品质量优异的名牌企业和为顾客提供满意服务的企业，其在公众心目中的声誉必然优于生产非名牌产品的企业和提供劣质服务的企业。

（2）做好产品促销工作，构建和谐的顾客公共关系。促销的主要任务是将商品和服务的信息传递给顾客，以达到扩大销售、提高效益的目的。作为一种沟通活动，促销所采用的信息传递方式有两种：单向传递和双向传递。其中，后者具有公共关系的功能，所以运用公共关系推动产品促销对于工业企业来说具有重要意义。

（3）主动协调同行间关系，建立稳定的专业协作机构。工业企业通过主动协调同行业之间的关系，同时建立专业化的协作机构，可以帮助企业在原材料购买方面获得数量、质量、价格和时间上的保障，并获得有关市场、商品、价格、消费趋向和其他商业动态等方面有价值的信息，使工业企业的再生产得到维持。

（4）沟通信息，建立良好的产—供—销链条关系。工业企业可以通过加强和经销商之间的信息交流、为经销商提供适销对路的产品、帮助经销商促销等方式来完成产—供—销链条关系的构建，同时采用适当的激励措施，提高经销商的销售服务能力，保证工业企业的稳定发展。

2. 商业企业公共关系

商业企业是从事商品流通、产品购销的经济实体。商业企业是联结生产与销售、销售与消费之间的纽带，是实现产品从生产者向消费者流通的桥梁。国民经济的各个生产部门或行业，都是通过商业企业这个社会经济的"中间人"联系的。作为社会再生产的中间环节，商业企业的经营环境特别复杂，任何一种关系处理不当，都会对商业企业的生存和发展带来不利影响。

因此，商业企业公共关系任务，主要有三点。

（1）信息互通，加强联系，协调商业企业与供应商之间的关系，以便共担风险，化解矛盾。供应商是商业企业的经营伙伴，是商业企业在现代化分工条件下生存的必要依靠。商业企业主动处理好与供应商之间的关系有助于企业的经营发展，由此满足顾客对各种商品的需求，同时通过公共关系，有助于保持与供应商之间的信息沟通，以便及时化解矛盾。

（2）提供优质服务，协调商业企业与顾客公众的关系。顾客是各类企业最重要的公共关系对象之一，商业企业也不例外。在售前、售中、售后全程为顾客提供优质服务是商业企业制胜法宝，其能帮助企业增加顾客的安全感，赢得消费者的信任，从而使得企业得以壮大和发展。商业企业的公共关系要做到从顾客利益出发，保证企业各部门都能为顾客提供优质产品和满意的服务。

（3）实施 CIS 战略，缔造商业企业声誉。当今社会市场竞争激烈，如何在竞争中取胜，靠的是信誉，而商业企业信誉的传播要依靠科学的 CIS 策划与实施。通过理念识别系统、行为识别系统和视觉识别系统来反映企业精神及其经营管理理念，并将其传播给企业的公众，才能使其对商业企业产生认同感，并形成统一的价值观。

3. 企业伙伴公共关系

在企业公共关系实践中，通常会强调其与目标公众的联系，如消费者、股东、媒介、社区等，而忽略与企业本身发展有着最直接联系的伙伴——中间商和同行。其实，处理好与中间商、同行之间的关系也具有重要的意义。

（1）中间商公共关系。

中间商不仅是企业产品的重要销售者，而且是企业与消费者之间的重要中介。它们比企业更接近顾客，因此常常被认为是企业形象的体现者。中间商不一定直接投资于企业，但企业的正常运作和健康发展离不开中间商。中间商是连接生产和消费的桥梁，企业通过中间商，可以建立横向经济联合体，把整个国民经济的各部门、各行业及各个企业连接成一个整体。利用中间商的媒介作用，沟通最终产品的生产厂家与原材料、半成品生产厂家的关系，沟通工业与农业的关系，沟通企业与科研单位的关系，从而建立起企业之间、工商之间、工农之间、农工商之间、企业与科研单位之间的横向联合体。

因此，在企业公共关系实践中，处理与中间商的关系也需要一定的艺术。

1）增强企业吸引力。企业的名誉是最好的无形资产，良好的声誉和形象可以为企业的产品销售提供一种消费可能，有利于为产品的流通寻求到有利的营销渠道。因此，企业可以通过增强知名度，如举办展览会、展销会，以及利用权威、名人、新闻舆论的客观评价等为产品造声势，从而影响中间商的合作决策行为。同时，还可以通过争创优质名牌产品、降低产品价格、努力开发新产品、设计新包装等手段，增强产品的市场竞争力，吸引更多的中间商与其保持稳定合作关系，以谋求共同发展。

2）提升服务质量。要争取中间商的友好合作，还要重视为中间商提供各种便利条件和服务，主要包括技术服务、销售服务、管理服务、售后服务、广告服务等。例如，企业应定期为中间商举办产品使用、维修技术培训班，使它们了解和掌握产品性能及基本构造、零部件更换等知识。同时，让中间商了解企业的市场营销战略、产品或商标形象等，这样做能促使中间商掌握推销产品的战略和方式，更好地推动企业发展。企业应帮助中间商建立、改建商店、仓库，改进产品的运输方式，传授商品的储存方法，提高销售管理水平，以增加盈利。企业要保证定期定量为中间商提供一定的备件和配件，使用户在产品出现问题时能及时得到维修，并组织专业技术力量及时解决维修中出现的疑难问题。此外，企业还应同中间商联合做广告，争取顾客，开拓市场，以提高商品的市场占有率。

3）加强与中间商的相互理解。促进和巩固与中间商之间的交流和了解，最有效的方法就是信息交流，可通过如下手段来进行有效的信息沟通。第一，销售商期刊（或企业简报）。这是企业与中间商之间进行沟通的主要工具，内容为介绍企业产品性能、企业经营决策、科研成果、新产品试制及企业供货政策等。第二，小册子。企业可不定期地向中间商发行小册子，内容为市场信息、新产品通告、生产动态、商品物资价格等。第三，年度报告。重点介绍双方一年来生产、经营、销售、盈利情况。第四，直接接触。举行招待会、意见听取会、联谊会、协作会等，促进双方情感交流。第五，产品展览。举办新产品展销会，向中间商展示和推销最新成果。

（2）同行公共关系。"同行如敌国"，这个似乎是传统商业活动中的固有观念，但在新时代的商业竞争中，"协作和共赢"的新型互助共荣的竞赛伙伴关系越来越受到现代社会的欢迎。市场竞争是企业发展的动力，企业间的竞争是客观存在的。当产品供不应求时，企业间争夺货源；当产品供过于求时，企业间又争夺顾客。组织在处理这样的同行公共关系时，一定要保持高度冷静，要在技术、产品、质量和管理上下功夫，而不能破坏全社会共同遵守的道德标准。倾轧拆台、造谣惑众等恶劣手段只能导致企业身败名裂。良好的竞争者关系既表现为相互的矛盾和竞争，又表现为相互的理解和支持。双方都应为建设良好的竞争环境而努力。在处理同行公共关系中，要注重应用如下三种艺术手段。

1）变对手关系为伙伴关系。对手并不等于敌人。在竞争的过程中，可能出现"你消我长、你枯我荣"的竞争关系，也可能出现配合互助、相得益彰的合作关系。从总的趋势来看，竞争肯定是优胜劣汰，但如果在竞争的过程中，同行业之间真诚合作、共谋发展，却能成倍地提高双方的效益。

2）遵循竞争道德。竞争应该遵循一定的道德规范，应该是质量、技术、效益上的比赛，而不是权术、诡计、手脚上的较量。竞争要讲道德，要寻找对手的长处，弥补自身的差距，任何形式的诋毁谩骂、拆台破坏到最后只会损害自身的声誉。因此，要严格遵循竞争道德规范。

3）妥善处理竞争纠纷。企业之间激烈的竞争往往会产生各种纠纷。当竞争中发生纠纷时，首先要冷静分析，然后再考虑对策，要尽可能地使矛盾缓和并最终平息，彻底解决纠纷，千万不可使纠纷激化，使事情朝着更恶劣的方向发展。

（二）旅游企业公共关系

旅游业是以旅游资源为基础、以旅游设施为条件，组织安排旅游活动，向旅游者提供旅行服务并收取一定费用的行业。作为一种服务性行业，如旅游宾馆、饭店、旅行社、旅游风景区、旅游行业协会等都迫切需要运用公共关系手段来为自己营造良好的生存与发展环境，以达到争取客源、扩大经营、增加收入的目的。尤其是在国际旅游业竞争日益激烈的今天，能否不断提高旅游接待工作的服务质量，能否成功地开展旅游服务公共关系活动，更是直接地影响着一个国家或地区旅游业的兴衰。

1. 旅游业公共关系的特点

旅游业公共关系是指旅游业运用传播沟通手段，有目的地影响相关公众的心理和行为，形成有利于旅游业生存和发展的内外环境，并为旅游组织树立良好的形象。世界上第一家旅行社起源于 19 世纪的英国，标志着近代旅游业的开端，之后逐步形成现代旅游业公共关系工作体系，其主要职能包括组装和销售旅游产品、设计和出售旅游线路、分配和协调各部门关系、提供信息咨询等。由于旅游业涉及的主体类型多样，根据工作职能及工作内容，大致可以分为如下几种。第一类主体主要包含各类旅游组织：旅游业行政管理部门（文化和旅游局及其派出机构）、旅游相关部门（园林局、交通局、民族宗教局、商业局、涉外事务管理机关）、旅游企业（旅行社、饭店、旅游交通企业、景区、旅游商店、旅游开发区和度假区等）及旅游社会团体等；第二类主体是旅游组织内的全体成员；第三类主体包括专门从事旅游公共关系工作的组织或人员、旅游企业或旅游组织内部的公共关系部门、相对独立的公关公司等。

旅游业公共关系的特点体现在三个方面。

（1）公众关系的复杂性。旅游业面对的公众不仅有内部员工、旅游者、政府和新闻媒介等，还有许多其他必须高度依靠的经营伙伴。同时，公众的复杂性必然导致彼此关系的相对复杂。旅游业公共关系要协调好各方面的利益关系是其首要任务。

（2）公共关系的全员性。旅游业的信誉需要专门的公共关系人员用创造性、艺术性的辛勤劳动来树立,更需要旅游组织的全体成员通过各自的工作来树立。个人表现是整个旅游企业的缩影,直接影响企业在公众心目中的印象。因此,在整个旅游组织中,上至最高领导、下至每一个成员都是公共关系从业人员。

(3)信息沟通的情感性。旅游的每一个环节都离不开面对面的交流,人际交流在旅游业公共关系中的占比较大,是旅游公共关系中最独特的方面,旅游公共关系人员在提供服务、传播信息的同时也在传播感情、交流感情,通过彼此的沟通交流,建立良好的关系,以获得公众对旅游组织的了解、理解和支持,并将之作为最终目标。

2. 旅行社公共关系

自旅游成为世界性的社会活动以来,旅行社一直是旅游业发展的支柱,它对旅游行业中的其他行业组织起着带动或制约作用。旅行社一般有两个特征:第一,对社会旅游设施和条件的依赖性;第二,提供旅游服务,旅行社的主要任务是招待并组织游客到自己选择的目的地进行旅游。旅行社的特征,决定了它的生产和发展必须依靠大量的公共关系工作。

旅行社公共关系,是指各旅行社从旅游公众的需求和利益出发,利用各种传播手段,协调、沟通与旅游公众的关系,从而为组织顺利发展构建良好环境的有计划、有系统的社会活动。其公共关系具有如下特点。

(1)广泛性。旅游公众包括与旅游过程有关的各个部门(如交通、旅游点、娱乐场所、商店等)、国内外旅游销售商、团体或个人游客、其他旅行社、政府部门及旅行社内部员工等,内容十分广泛。

(2)全面性。全面性体现在整个旅游过程之中,如接站、订购车船票、参观各风景区、联系食宿、陪同游客购物、做好安全保卫工作、满足个别游客的特殊要求等。为游客提供优质服务是旅行社建立声誉的根本。

(3)多样性。旅行社本身的特征决定了它所运用的公共关系手段的多样性,它既要与有关部门进行关系的协调,又要通过广泛的宣传与耐心的沟通,获得公众的认同。

旅行社公共关系的任务主要包括积极配合有关部门,使旅游地在游客心目中留下良好的印象,以吸引国内外游客。主要采用的手段包括利用电视、广播、报纸等大众传播工具进行广告宣传;编印散发各种印刷品、宣传小册子;参加国际旅游博览会;派出宣传小组去国外巡回宣传;邀请记者来访和摄制录像、电影等,并可将之提供给驻外大使馆、驻外旅游办事处、旅游经销商或国外电视台。另外,还需要提供满意的导游服务,努力使游客身心愉悦,与旅游地居民搞好关系,不断提高旅行社的口碑。

此外,旅行社公共关系也要针对内部员工做好工作,目的是营造良好的企业文化氛围,构建和谐的员工关系,保障旅行社的稳健发展。

资料链接

心目欢乐汇:2020"盲界春晚"在中青旅大厦欢乐上演

(2020年)1月18日,被誉为"盲界春晚"的2020年心目欢乐汇在中青旅大厦如约欢乐上演。正值南方小年，150 余名视障朋友及来自中青旅、红丹丹、星巴克的 120 余位志愿者提前欢度新春佳节，中青旅已连续 6 年助力心目欢乐汇年度大联欢。

以心为目看世界，今年联欢活动以最受期待的"心目影院"拉开帷幕。此次志愿者讲述了一部合家欢喜剧电影。在黑暗中，电影讲述人通过绘声绘色的语言不断的提示画面，让视障朋友了解电影屏幕上的内容，将快乐传递；视障朋友则完全沉浸其中，随着剧情发展，笑声不停，他们全方位感受电影中"声与美"的艺术魅力。多才多艺的志愿者和视障者通过歌唱、诗朗诵、手风琴演奏、吉他独奏、快板、歌剧等一系列精彩纷呈的表演内容，将现场气氛推向高潮。正如视障表演者李爱军在诗朗诵中提到的"我是被上帝咬过的苹果，注定拥有不同凡响的生活"，精彩节目将广大视障人群对生活的无限热爱表现得淋漓尽致！

快乐的时光总是短暂的，这是一年一度盲人朋友用声音、才艺展示自我的舞台。希望大家将这份欢乐祥和的美好气氛和祝愿传递至新的一年，明年会更好！

资料来源：佚名. 心目欢乐汇：2020 "盲届春晚"在中青旅大厦欢乐上演. http://www.cyts.com/csr/GetDetail?id=2529，2020-01-20，有改动

3. 旅游酒店公共关系

旅游酒店与一般的工商企业不同，它主要不是销售商品，而是提供服务，它是一种特殊的服务销售。消费者花钱买的不是货物，而是一种特殊的生活方式。改革开放以来，各类交往活动变得越来越频繁，这使旅游饭店业获得迅速发展。旅游业中，旅游酒店为争取客源、增加收入进行着激烈的竞争。竞争的重要手段之一是开展各种公共关系活动。

对于旅游酒店公关的内涵，常见的有几种误区：一种是认为酒店公关就是公关小姐或公关先生搞好酒店的"表面礼仪"的工作；还有人认为，酒店公关就是酒店公关部门的人员到外"攻关"——请客、送礼来走后门、拉客户；也有人认为酒店公关就是宣传促销、促销商品等。事实上，旅游酒店公共关系是在为旅游者提供吃、住、行、娱、购等服务过程中开展的公共关系活动，它的根本目的是打造良好的口碑，以吸引、扩大宾客来源。在具体开展公共关系活动时，旅游酒店必须根据自身的特点，有重点地选择特定的目标公众，制定有效的公共关系对策。旅游酒店公共关系的任务主要包括开展各种公共关系沟通宣传活动，提高声誉，并努力保持酒店"产品"的地方或民族特色；搜集信息，为经营决策者提供决策依据；树立宾客第一的信念，提供一流的服务等。

从旅游酒店公共关系的基本职能来看，酒店公共关系具有传播性职能，主要体现在：采集信息，监测环境；组织宣传，营造气氛；交往沟通，协调关系；教育引导，服务社会；等等。其次是酒店公共关系具有决策性职能，主要体现在：咨询建议，决策参谋；发现问题，加强管理；防患未然，危机处理；创造效益，寻求发展；等等。具体来说，包括以下几点。

（1）旅游酒店在针对顾客开展外部公共关系活动时，重点为构建良好的宾客关系、营造和谐的社区关系等，通过宾客参与、赞助公益等活动达到塑造良好形象的目的。

（2）处理好旅游酒店的媒介关系，是重要的公共关系内容。旅游酒店可以选择具有"媒体（指新闻报道）效应"的公共关系活动，利用"名人效应"或新闻事件进行公共关系传播，已达到事半功倍的效果。

（3）旅游酒店公共关系中，注重公益性是极为重要的，特别是在当前文化与旅游融合的背景下，构建企业文化、形成具有当地特色的旅游酒店文化类型，积极参加各类公益性活动，可以有效提升旅游酒店的社会声誉。

（三）金融企业公共关系

金融企业公共关系是指金融企业运用各种传播媒介与公众沟通，以便为组织营造良好的生存与发展环境，赢得社会公众的理解、信任和支持，使其乐于接受以金融服务为目的的活动。

由于影响金融业信誉的主要因素是员工的服务态度和服务质量，金融业的服务地点主要集中于社区，这就决定了金融业与公众的沟通更多采用的是直接接触的方式。金融企业公共关系的主要任务是：通过新闻媒体传播企业信息；积极参与和支持社会公益活动；与客户保持联系，相互增进了解。金融企业公共关系可以细分以下两个方面。

1. 银行公共关系

银行是经营货币信用业务的特殊机构。现代银行的主要业务是：吸收存款、发放贷款、办理汇兑和转账结算等。随着我国金融体制改革的深入，银行与其他组织及公众的依存关系更密切，银行之间的竞争也趋于激烈。开展公共关系工作，提高银行的知名度和美誉度，树立良好的口碑，有利于顺利开展业务，提高经济效益。银行公共关系的主要任务包括四点。

（1）坚持信誉第一。今天，无论是国有银行还是民营银行，都必须把信誉放在企业经营的第一位。只有恪守诚信经营的原则，才能赢得公众的信任。

（2）提高服务品质。随着社会的进步，银行服务理念的成熟，银行公共关系需要突破原有的、常规的工作范围，把服务公众放在银行经营的首位，以获得公众的认可。

（3）搞好社区关系。如今，越来越多的银行从全新的视角审视新时代的召唤，主动走进社区，走入寻常百姓中开展公共关系活动。如邮储银行依托传统品牌的优势，构建平民化、家园型服务模式，深入社区，开展各类邮储代办业务，并在激烈的行业竞争中逐渐站稳脚跟。

（4）处理好与同行之间的关系。银行公共关系也要注意开展与同行之间的沟通和交流，以便为自己的生存与发展营造适宜的环境。

2. 保险公共关系

保险业是金融业的重要组成部分。长期以来，由于中国人民保险公司、中国人寿保险公司、平安保险公司和太平洋保险公司占据了较大的市场份额，保险业竞争较为激烈。为了取得有利的竞争地位，保险企业除了在产品创新、服务质量提高、保险资本扩大、经营管理水平提高、人才培养等方面下工夫外，采取措施，强有力地树立保险业的良好声誉才是重中之重。做到这一点，主要是依靠保险公共关系工作的开展。

保险公共关系是指保险企业运用各种媒介与公众沟通，以达到营造良好的社会环境，赢得公众的理解、信任和支持，使其乐于接受保险产品和服务的活动。保险公共关系的主要任务有四点：①加大宣传与信息沟通力度；②提供优质、周到服务；③协调与客户之间的关系；④协调与银行业的关系。

随着我国商业保险体系的日益完善，保险品种更新加速发展，保险业的服务质量和水平也大幅度提升，在保险品种的设计、客户服务方面都充分结合公共关系视角，如以户外家庭活动分享、亲子运动会等形式开展的常态化客户沟通交流会。同时，保险企业还要注意履行社会责任，近年来各大保险公司都纷纷设立贫困助学、农产品精准扶贫等项目，逐渐拓展保险企业的公共关系工作范围，提升保险行业的形象。此外，在新产品的开发上，各大保险公司也紧跟社会需求，不断创新保险产品，为企业赢得了良好声誉。

第二节　政府公共关系

一、政府公共关系的含义和目标

政府公共关系对组织而言有着极为重要的意义，正确理解政府公共关系的含义和目标有助于实践政府公共关系。

（一）政府公共关系的含义

政府公共关系，指政府通过各种信息传播手段，在行使其职能过程中与社会公众进行平等的交流沟通，不断争取达成共识，努力创造和谐社会环境的一种活动。

（二）政府公共关系的目标

政府公共关系既具有公共关系的一般属性，又具有有别于其他类型组织公共关系的特殊属性。主体的权威性、客体的复杂性、传播的优越性及过程的民主性使得政府公共关系的目标具有特殊性。[①]

（1）促进公众的认知是政府公共关系的首要目标。政府的路线、方针、政策等主要依靠政府强制性权力来贯彻实施，易使广大公众对政府的内部运作状况和决策过程缺乏了解，导致政府决策制定和执行的困难。政府公共关系如果能提高政府管理的透明度，影响公众的看法和意见，就会为政府营造一种开放适宜的公众环境，树立良好的政府形象。

（2）提高政府的知名度和美誉度是政府公共关系的基本目标。这是就中央政府的层面而言的，政府需要提高国际知名度，从而更好地吸引外资，推动国家经济的发展。

---

① 廖为建. 2002. 公共关系学. 北京：高等教育出版社：337，340.

（3）提高社会效益是其最终目标。政府的价值追求表现为公共利益取向，而企业和其他许多组织一般都是以本组织的利益为取向的，由此可见，政府公共关系以提高社会效益为最终目标。

（三）政府公共关系目标的建设

从公共性角度审视政府公共关系的目标，应该以公众性为原则。

（1）政府公共关系旨在填补政府与公众之间沟通的鸿沟，促进双方的互相认知：公众参与政府的决策制定，政府的政策及各类公众所需要的信息能被及时传递。这种双向平衡（对称）沟通模式是公共关系的最优模式，目前的信访制度、市长电话、专项热线、市长专邮、行政首长接待日等专访接待制度，能够起到政府与公众的一般性信息沟通和交流的作用，但无法从根本上解决公众参政议政的需求。协商对话和公众议政活动的开展是有效实现政府与公众双向沟通的手段。协商对话除特邀的会议外，还可采用宽松的公众咨询对话的方式，以吸引更多的公众参政议政。此外，政府还应重视议政活动的开展，利用报纸、杂志、广播、电视等大众媒介，围绕公众关心的热点问题促进政府公共关系活动的顺利开展。

（2）政府应树立一种有效的公共关系文化精神，与社会各界团结合作，共同建立一种"求同存异"的公共性文化。公共生活是在相互交往中形成的社会、个人、国家间的互动场域。社会的发展与进步需要政府机关之间、政府与社会之间、政府与企业之间、公职人员之间的通力协作，政府公共关系强调新闻媒介的作用，通过新闻媒介可以向民众传递信息。

（3）政府公共关系应提倡职业道德文化建设，树立平等的职业意识，去除"官本位"意识，从根本上重新定位人与人之间、政府与社会之间的关系，提高政府服务的意识与质量。

政府工作人员要在公共关系方面有所作为，不仅要重视信息沟通，依照规划进行经济、文化建设，发展社会福利事业，开展社会公益活动，更重要的是要提升自己的职业素质，树立真正的尊重公众的意识。

二、政府公共关系的职能和内容

政府公共关系以树立政府的良好声誉为工作目标，围绕这一目标所开展的具体活动便形成了其职能范围和工作内容。

（一）信息交流

在知识经济时代，传递信息作为社会普遍联系的起点，广泛地渗透于人类生活的各个领域，信息交流无疑成为政府公共关系的一项重要职能，其主要体现在三个方面：组织信息的交流、政策信息的交流，以及机构工作程序和办事流程的信息交流。在政府公共关系中，组织由广大公务人员组成，政府公务人员的组织、运筹、决策、协调和管理等都属于信息交流的内容。对于政府工作人员来说，及时、全面、准确地了解政策信息、高效率地开展沟通工作是非常重要的。

（二）咨询建议

政府公共关系咨询建议，是指政府公共关系人员向政府领导者提供有关社会公众方面的可靠情况、反馈意见。其主要包括公众的一般情况咨询、公众的专门情况咨询建议，以及公众心理变化趋势咨询。公众的一般情况咨询主要提供政府与公众关系状态的一般情况，如政府公务人员的归属感、社会公众对政府的评价、媒介的舆论导向等。专门情况咨询建议是政府举办某个专题活动，公共关系人员提供与该活动相关情况的说明和意见，以使活动更有效地开展，如政府举办记者招待会等。公众心理变化趋势咨询是在长期观察和经验积累的基础上形成的、对公众心理变化和趋势分析的意见，政府公共关系人员要善于提供这三方面的信息内容，做好决策咨询工作。

（三）沟通协调

沟通是组织与组织、组织与人、人与人之间的信息传递与分享，是把某种思想、消息与态度从某个组织、团体或个人传递至其他组织或公众（含个人），给对方留下良好的印象。政府与公众的沟通是指政府作为公共关系主体与公众之间通过多种途径和方式进行的思想与信息的交流过程，沟通的目的就是促进政府与公众之间的相互了解和彼此信任，从而为政府治理创造更有利的环境和条件。这种沟通的意义在于它是民主政治的需要，是增加政府的透明度的需要，是增强政府职能的需要。

（四）社会环境营造

政府面对公众，要传递的信息包括三个方面。一是社会主流价值观。社会主流价值观是政府的行为准则和精神动力，渗透在政府的宗旨、发展目标及其行为等方面。二是政府的行为，包括政府的管理水平、服务水平、办事效率、工作态度以及廉洁奉公情况等。三是只有社会发展目标向社会公众渗透、传播，才能形成一种认同和支持政府的社会环境，顺利实现社会治理。因此，政府要营造自己良好的发展环境，最直接的表现是获得公众的认可。习近平指出："要把为民造福作为最重要的政绩。中国共产党把为民办事、为民造福作为最重要的政绩，把为老百姓做了多少好事实事作为检验政绩的重要标准。党员、干部特别是领导干部要清醒认识到，自己手中的权力、所处的岗位，是党和人民赋予的，是为党和人民做事用的，只能用来为民谋利。"[①]

三、政府公共关系危机管理

（一）政府公共关系危机的概念

政府面对的公共关系危机是指由于行政管理机构自身或外部因素引发的、对其正常的行政职能行使造成破坏、对其公信力造成影响，甚至危及社会公众利益、需要在特定

---

① 习近平. 2022. 习近平谈治国理政，第四卷. 北京：外文出版社：55.

时间内和不确定性的情况下做出决策的重大突发公共事件。政府在社会治理中，经常遭遇各种公共关系危机，这些公共关系危机往往对政府执政与行使社会管理职能构成威胁。政府在危机处理过程中需要借助公共关系渡过难关。政府公共关系在整个公共危机管理过程中发挥着重要的传播沟通公共信息、纾解政府声誉危机等作用。

（二）政府公共关系危机的特征

（1）突发性。突发性是危机最为明显的特征。政府公共关系危机同样具有此特征，主要表现在决策者毫无心理准备和面临着巨大的心理压力。

（2）"连锁"破坏性。政府公共关系危机会产生一种"连锁"破坏性，它具体表现为一系列的反应。通常来说，政府公共关系管理呈现危急状态时，政府如果不能及时发布有效的公共信息，公众就会因获取不到足够的信息而产生猜疑、恐惧、不满情绪，并通过口头传播等形式散布流言、谣言，造成舆论危机。在这种舆论的压力下，政府的公共关系危机状态会更加恶劣，而公众的不满情绪也会随之转化为对政府的不信任，造成政府的信任危机，这样发展下去最终会导致政府管理的安全性危机。

（3）"溢出效应"性。当政府出现公共关系危机时，由于面对极为广泛的公众，危机带来的恐慌或危害往往不是封闭式而是发散式地传播。因此，政府需要密切关注传播内容与后果，及早把危机控制在可以掌控的范围内。

（4）广覆性。首先，表现在影响的公众广泛，它所涉及的对象是政府需要提供公众服务与公共产品的所有市民，涉及的范围显然远大于一般组织；其次，表现在影响的内容广泛，政府向公众提供的公共产品及公共服务涉及内容广泛，如公共安全、公共交通、能源供给、福利救济等。这些内容影响社会生活的方方面面。

（5）政府主控传播性。政府公共关系的基本准则在于建立一种双向沟通机制。我国政府拥有至高的权威性与主控性。在公共治理体系的改革中，政府正通过多种形式逐步拓宽与公众的双向沟通渠道。在这种逐步开放的双向交流中，政府掌握着传播的主动权。这种主控传播所引发的双向非对称传播需要逐步向双向平衡传播转变。

（三）政府公共关系危机的类型

政府公共关系危机的类型划分可以有不同的角度。从一般的分类方法看，共有三种。

1. 从危机的性质划分

按照政府公共关系危机的性质可以划分为两种，即行政性危机和政治性危机。政府作为公共权力的行使者而存在，它所履行的公共服务职能就是公共行政活动，最常见的行政性危机有自然灾害、公共卫生危机、环境污染危机、恐怖袭击等。行政性危机得不到有效解决就可能引发政治性危机，政治性危机对社会体系的稳定性与政府存在的合法性等将直接构成巨大威胁，这种危机一般需要通过政治手段来解决。

2. 从危机爆发的源头划分

政府公共关系危机依据源头可划分为三种：一般公务员引发的危机、职能部门引发的危机和领导人引发的危机。一般公务员引发的危机主要是由于公务员责任心、能力或

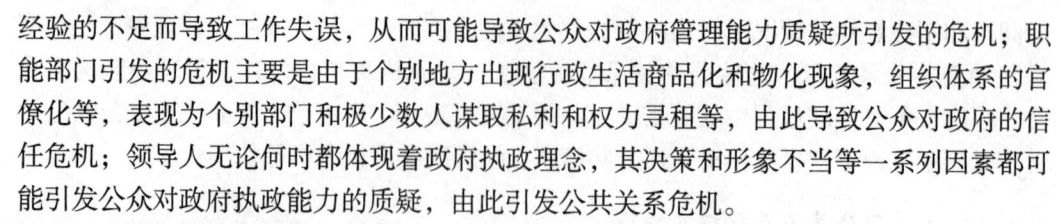

经验的不足而导致工作失误，从而可能导致公众对政府管理能力质疑所引发的危机；职能部门引发的危机主要是由于个别地方出现行政生活商品化和物化现象，组织体系的官僚化等，表现为个别部门和极少数人谋取私利和权力寻租等，由此导致公众对政府的信任危机；领导人无论何时都体现着政府执政理念，其决策和形象不当等一系列因素都可能引发公众对政府执政能力的质疑，由此引发公共关系危机。

3. 从危机的内容划分

依据政府公共关系危机的内容可以划分为四种：舆论危机、公共信息危机、信誉危机和形象危机。舆论危机是指负面消息、非官方的小道消息阻塞传播通道、引发社会心理恐慌。公共信息危机是指以散布威胁社会稳定、制造社会动乱等不良信息而引发的危机。由政府诚信问题引发的危机是信誉危机。信誉是任何组织存在的基石，对于政府而言信誉不但意味着政府是"服务政府、责任政府、公平政府"，还是"诚信政府"。形象危机是针对政府对内、对外留给社会公众的不良印象而引发的危机。政府公共关系的目标是在公众中树立良好的形象，政府的形象面临危机，意味着政府的民主理念与公共行政精神遭到了一定程度的破坏。各级政府必须高度重视公共关系危机，提前做好公共关系危机管理工作，居安思危，未雨绸缪，以扎实有效的工作赢得公众的信赖，保证国家长治久安。

第三节　医院、学校等组织的公共关系

一、医院公共关系

（一）医院公共关系的含义

医院公共关系是指医院在进行医疗活动中，通过信息的传播，使医院内外公众（包括职工和患者）相互了解、相互信任，使职工认真地履行医护工作职责，更好地为患者诊治服务，患者积极主动地配合医疗活动，达到医院和患者双方满意的目标，进而增进社会公众对医院的理解和支持，促进医院更好地发展。

一般而言，医院公共关系主体包括两类：一是公共关系的构建者和承担者，即医院及其内部的公共关系部门；二是公共关系机构，即专业从事公共关系的组织机构、为医院的公共关系活动进行策划的部门，其实质是公共关系的实施主体，包括公共关系公司、组织内部的公共关系部门、公共关系协会，以及实施公共关系活动的人员。

医院公共关系的客体主要是指医院公众，主要包括内部公众——员工（投资者、管理者、医护人员、后勤人员等）；外部公众——患者及其家属、媒介公众、政府公众、社区公众等。

（二）医院内部公共关系

医院内部公共关系包括职工关系和医护关系。

1. 职工关系

医院内部公共关系包括领导、中层干部、职工三个层次之间的相互关系，可以归纳为职工关系。建立良好的职工关系必须做到如下三个方面。

（1）尊重和关心医院职工。医院应该重视、尊重职工，关心职工的期待和需求，妥善解决职工的问题，激发职工的主人翁精神，提升其积极性和创造性。

（2）创造令职工满意的良好工作氛围。医院是个大家庭，安全、舒适、轻松的工作氛围是员工愉快工作的基础，要形成医院大家庭的氛围，就要以之为感情纽带团结每一位职工，从而增强医院的凝聚力。

（3）经常征求职工的管理意见，促进管理部门和职工之间的双向沟通。医院可以通过举办各种文体娱乐活动、组建各类兴趣小组来活跃员工生活。通过编辑内部刊物、报纸、公众订阅号和黑板报，设定"领导接待日"，定期召开职工大会等方式来鼓励员工提出合理化建议。

2. 医护关系

医护关系是在对病人开展医疗和护理的活动中医生与护士建立起来的同事关系。医生最为关注的是如何正确诊断和治疗，在治疗上负有主要责任；护士的工作是执行医嘱，在完整的护理过程中进行护理治疗，制订护理计划，实行具体护理效果评价等专业性步骤。尽管分工不同，但最终的目标都是为了患者的康复，因此要密切关注医护之间的关系。

建立良好的医护关系必须做到如下三个方面。

（1）医护之间应相互信任、理解和尊重。医护双方应该相互理解，充分认识到对方的作用，承认对方工作的独立性和重要性，医护工作既有区别又有联系，医护人员在为病人服务时只是分工不同，要处理好协作与分工的关系。

（2）加强医护沟通，掌握沟通技巧。不论是口头的还是书面的，医护之间都要进行交流和沟通。在沟通过程中要注意信息的准确性和可靠性，学会分析信息的来源、时间和内容。

（3）提高医护人员的自身素质。医护人员要注意培养自身积极向上的人格和稳定的情绪，努力矫正个性弱点，培养高尚的医德医风。

（三）医院外部公共关系

医院外部公共关系主要包括四个方面的内容：医患关系、政府关系、媒体关系和社区关系。

1. 医患关系

医患关系从宏观上来讲是指整个医疗机构及其医务人员与社会的关系。从微观上来讲，专指医生（护士）和患者的关系。其可分为两大部分。一部分是技术性的，指医患之间针对诊断、治疗、护理及预防保健的具体方法，在进行沟通与交往时所结成的关系。它可分为主动-被动型医患关系、指导合作型医患关系、相互参与型医患关系三种类型。另一部分是非技术性的，即求医过程中医生与患者所建立的社会交往、心理方面的关系，亦即通常所说的服务态度、医德、医疗作风等，尤其是服务质量和伦理道德等方面。

构建和谐的医患关系，从公共关系的角度来说必须做好以下三个方面的工作。

（1）完善制度设计，建立健全医疗保障体系，减少医护人员及患者的后顾之忧。

（2）加强医患之间的沟通交流。通过医方和患方的交流沟通，使医务人员调整自己或患者的医学观念，有助于双方的相互理解，减少信息不对称带来的医患矛盾。

（3）提高医学科研的透明度，提高社会公众对医学技术进步的认识。医患关系的产生常常是由医疗质量引起的，因此，提高现代医疗技术的透明度，可以增进社会公众对医疗知识的了解，了解医疗技术的局限性，增进彼此的信任，减少医患之间的矛盾。

资料链接

护士谈与 2 岁小患者相互致礼：爷爷叫他谢我们，他突然鞠躬

照片中的这位护士，她是浙江省绍兴市中心医院的感染三病区护士长曹玲玲。而照片中的小男孩名叫泽泽（化名），（2020 年）2 月 19 日，刚满 2 周岁的泽泽因发烧被送到绍兴市中心医院，经核酸检测为阴性，是普通的感冒，在医院住院治疗。

受新冠疫情影响，绍兴市中心医院对陪护人员进行了限制，小泽泽来到陌生的环境既紧张又害怕，一直哭闹不停。面对哭闹的泽泽，曹玲玲和感染三病区的护士们温柔的安抚和鼓励，很快获得了泽泽的信任。经过医护团队的细心治疗，泽泽的各项指标很快恢复了正常，4 天后便顺利出院了。

2 月 22 日下午，曹玲玲送泽泽出院时，泽泽好几次对精心照顾他的"护士妈妈们"表示了感谢。但分别前，泽泽突然对曹玲玲鞠了一躬，曹玲玲也被孩子的可爱和真诚感动，随即也弯下腰来，鞠躬答谢。而这感人的一幕刚好被路过的同事记录了下来。

资料来源：佚名. 护士谈与 2 岁小患者相互致礼：爷爷叫他谢我们，他突然鞠躬. https://ishare.ifeng.com/c/s/v002GLmDQIXCP-_QpX199NU8pMh-_2q-_pi7Lxz2HCKcq-_zRRo__，2020-02-24，有改动

2. 政府关系

政府作为社会的管理者和执法者对医院有一定的行政和运营管理权力。医院是在各级政府管辖范围内运行的，如医院的建设与发展规划、财政拨款、人事安排、资源调

配、环境保护等都会受到政府的干预。

医院与政府搞好关系，应做到如下三个方面的工作。

（1）把国家的利益放在首位。医院作为独立核算的经营单位，遇到医院利益与国家利益发生冲突时，要以国家利益为重。

（2）服从政府的统一管理。医院应当将政府赋予的任务——防病治病、保护公众健康，作为一切工作的出发点和归宿。

（3）及时、真实地向政府汇报情况。医院要通过呈送工作总结、工作简报，通过邀请政府领导和职能部门负责人到医院视察工作、参加医院重大事件的决策等方式做好与政府部门的沟通工作。

3. 媒体关系

医院工作一直以来是新闻媒介关注的热点，尤其医疗纠纷更是"新闻眼"。因此，处理好与媒体的关系是医院营造外部社会环境的重要途径。

（1）建立新闻发言人制度。面对不断增加的医患矛盾，医院不应消极应对，而应选择专业技术过硬、具有一定社交和沟通能力的高层人员担任医院的新闻发言人，制定相关的规章制度，有组织、有计划地通过召开新闻发布会、记者招待会等形式向媒体及广大社会公众通报医院的发展情况，以及医院在为人民健康服务和与疾病的抗争中采取的新举措、取得的新进展，积极为医院构建一个与民众和媒体交流的良好环境。

（2）增加医院相关人员与媒体的直接联系。医院应抓住一切机会增加与新闻媒体人士的交往，与他们交朋友，让他们了解医院及医护人员的工作情况，及时传递医院的新信息。

（3）与新闻媒体携手传播医学科普知识。医院可以尝试定期组织相关医学专家，利用媒体的宣传网络，对一些常见病、多发病的发生、发展、治疗、预后，甚至于一些疑难病的国内外治疗进展等进行介绍和传播，为媒体工作人员和民众举行专题讲座，以此使新闻工作者能够客观公正地报道医疗纠纷事件。

4. 社区关系

医院的社区关系是指医院与所在区域的其他组织（如街道居民委员会、企事业单位、社会团体、新闻单位等）之间的睦邻关系。良好的社区关系，有助于医院各项工作的顺利进行，也有助于医院的建设与发展。因此，医院要尽力满足社区的期望和要求，不断改善与社区的关系。

（1）为社区的发展做贡献，主要指为社会共同利益而承担义务，包括建设社区、繁荣社区、参加公益事业等。

（2）利用自身优势为社区居民服务。医院根据社区居民的需要，扩大医疗服务范围，增加医疗技术项目，为社区公众提供医学知识、卫生保健咨询及义诊等医疗服务。

（3）医院应积极承担社区责任，认真遵守社区规则，虚心听取社区群众意见，自觉维护社区秩序，同时接受社区群众监督，不断改进工作方法，通过社区的广泛支持来推动医院各项工作的进一步发展，为人民群众的身心健康做出应有的贡献。

二、学校公共关系

（一）学校公共关系的含义

学校公共关系是学校行政的一部分，通过制订学校公共关系计划，了解内部与外部公众的态度，针对公众的利益，开展恰当的沟通活动，赢得公众的了解与支持，以促进学校教育目标的实现。学校公共关系主要是指通过媒体沟通、教育服务及其他活动与公众建立相互了解的信任关系，以获得公众的支持与协助，为学校的发展营造良好的社会环境。

（二）学校内部公共关系

学校内部公共关系是学校公共关系人员主动运用沟通、服务或其他方式，与学校内部成员建立相互了解、相互认同的关系，其目的是赢得内部全体成员的支持与配合，营造和谐运作、关系顺畅的工作氛围。在全员公共关系理念下，学校的行政人员承担着公共关系工作的主要任务。

不论是小学、中学，还是大学，学校最大的内部公众是教师与学生。因此，学校内部公共关系可分成两大类：教师关系和学生关系。

1. 教师关系

教师是学校最重要的核心力量，教师作用的发挥直接决定了学校的教学质量与水平，因此，处理好与教师的关系，是学校公共关系的重要内容。

（1）及时沟通信息，做好教学服务。教师往往是埋头教学、潜心学术的人员，对学校一些政策或制度不是很关注，因此，学校在管理过程中，一方面要主动与教师沟通信息，把学校的一些新政策、新规定向教师讲清、讲透，保持和教师之间通畅的联系渠道，做到相互了解、理解，赢得教师对学校工作的真正支持；另一方面，学校要站在教师的角度，了解教师情况，及时为其排忧解难，高效处理教师工作中遇到的问题，做好后勤服务工作，让教师心情愉快、无牵无挂地投入工作。

（2）主动交流情感，凝聚教师力量。教师工作具有很强的独立性，这使教师养成了独立思考、自尊自爱的职业个性，因而为教师之间的合作增加了一些难度。学校在开展公共关系活动时，可以把与教师交流情感作为重点，主动上门与教师座谈，坦诚交心，与教师拉近距离；同时，在教师之间积极创造条件，给他们增加彼此了解与交流的机会，逐渐形成相对稳定、真诚合作的教师团队，以此增强学校的凝聚力与竞争力。

2. 学生关系

学生关系是指学校针对学生开展的沟通交流活动。学生是学校全部工作的对象，也是学校公共关系中最大的内部公众。做好学生公共关系工作，不仅有利于学校教学工作的顺利进行，有利于学生的身心健康，更对社会发展与国家未来有着积极而深远的意义。

开展学生公共关系，具体手段包括以下两种。

（1）利用各种沟通渠道，做好学生的教育工作。学生来到学校，不仅是为了学习文化、增长见识，这一过程还是人格形成、观念确立的过程。他们在学习过程中不仅会与老师发生教与学的关系，还会与学校的一些职能部门发生各种联系。因此，学校要利用多种沟通渠道，积极主动地做好学生的教育工作，如在教室里，教师要循循善诱，通过课堂教学活动向学生传递知识，同时尊重学生人格，培养学生的自主与创新精神；在教室外，教学管理人员、后勤服务人员要对学生进行耐心细致的指导与帮助，使学生在学校里感受温暖、增强自信，健康快乐地成长。

（2）建立学生帮扶通道，及时处理各种意外情况。学生在学校期间，会遇到各种各样的问题，因此，学校要建立学生帮扶通道，在学生希望寻求帮手时，有专门的机构及时伸出援手。平时，学校要重点关注问题学生，主动与学生交流感情，发现问题，及时防范、解决可能发生的危机；教师在日常生活和教学活动中，也要加强对问题学生的帮扶，经常找其谈心，掌握其心理动态，亦可通过建立心理工作室的方式，以专业知识帮助问题学生解决相关问题，以达到全体学生共同进步的目的。

（三）学校外部公共关系

学校外部公共关系是指学校主动采取信息沟通、人际交流等方式，与外部公众开展的相互了解、加深认同、为学校发展营造良好社会环境的工作。

外部公共关系对象主要包括学生家长、社区、同行学校、上级机关，以及媒体等。其中，家长关系、社区关系、媒体关系是学校公共关系的主要内容。

1. 家长关系

学校对家长开展的公共关系，是学校外部公共关系的重要内容。家长是学校最需要赢得支持的公众。因此，在对家长开展公共关系活动时，主要做好以下四个方面的工作。

（1）建立与家长联系的长效机制，主要包括定期召开家长会、学生情况汇报会等，借此及时让家长了解学生在校情况，通过家校合作为学生成长构建良好的环境。

（2）建立稳定的家长信息传播机制。学校主要通过网站、校报、电话、微信朋友圈等形式，及时与家长沟通联系，让家长对学校发展的情况及时关注，并予以指导，促进学校健康、顺利地发展。

（3）建立突发事件的家长联络通道。学校对学生的管理需要家长的全力配合，对于个别学生的情况，学校可及时通报家长，在发生一些突发事件时，能够通过专门的联络渠道，获得家长的积极配合，使学生管理工作顺利进行。

（4）建立对外宣传的家长支持渠道。学校在发展过程中，非常需要公众口碑的传递，家长是学校的义务宣传员。学校的育人成就通过家长可以及时、真实地传播至社会，对学校的发展会起到一般媒体难以起到的广告宣传效果，因此，学校一定要充分做好家长的公共关系工作，为学校的健康成长营造适宜的社会环境。

2. 社区关系

学校属于社区功能体系的一个重要环节。由于学校多设在社区中，尤其是中小学，学生通常来自社区的家庭，社区是学校的外部环境，不仅提供学生校外生活的空间，也是实现学校价值的场所。因此，社区的类型、背景、人口结构、文化等均影响到学校的学生构成及其未来发展。

因此，要和社区建立良好的关系，主要途径有四种。

（1）通过直接接触，增强社区对学校的了解。例如，通过社区调查、拜访社区内知名人士、家庭访问、参加社区活动、开展社区教学、实地参访社区等，让家长及社区了解学校。

（2）通过各种媒体，增进社区对学校的认识。例如，通过学校网站、学校刊物、简讯、家庭联络簿、公众订阅号等形式，让社区公众对学校有全面和比较深入的感知。

（3）通过现场对话，增强社区对学校的信任感。例如，通过校务会、教评会、课程研讨会、家长会或班会等，邀请家长和社区代表来到学校，指导学校工作，增强对学校的好感与信任。

（4）通过提供社区服务，赢得社区的支持。例如，提供社区教育、学生参与社区服务、开放学校场地等，造福社区居民，赢得社区对学校工作的支持。

3. 媒体关系

学校与新闻媒体需要建立良好的关系。一般来说，外部公众对学校的了解很多都来自媒体。一些学校面对媒体的心情是矛盾的，既期待又担心，期待的是媒体能及时报道真实的情况，让社会了解学校发展的情况，传播学校在公众中的良好名声；担心的是，如果媒体报道负面消息，会让学校声誉受到很大影响，所以一些学校会选择尽量不和媒体接触。

但是，良好的媒体关系，对学校的发展会起到十分积极的作用。因此，学校在处理和媒体的关系时，应做到如下四点。

（1）联系当地新闻界和记者，主动提供重要的教育信息、新闻线索。

（2）主动邀请新闻媒体参加学校重要活动。

（3）指定专人负责新闻发布，真诚而坦率地给新闻界提供真实的消息。

（4）不论发生什么样的事情，都应以积极的态度对待媒体记者。

职 场 观 摩

中国企业赞助巴西文化遗产修复及保护

新华社里约热内卢（2019年）9月17日电 中国国家电网巴西控股（简称国网巴控）公司与巴西国家文物局合作，17日正式启动巴西里约热内卢市中心地区的瓦隆古码头考古遗址保护项目。

国网巴控公司对这一项目投资后，遗址将按照联合国教科文组织对世界遗产的要求，在这一地区建立安保系统和永久标识，收集考古物品，援建博物馆场地和照明系统，建设参观者支持中心，并针对周围社区的11所中学和大学开展历史教育，促进遗产的保护和历史传承。

国网巴控公司董事长蔡鸿贤介绍，国家电网公司对投资巴西的文化公益事业始终十分重视，所以参与保护这一遗址的工作。

参加项目启动仪式的中国驻里约副总领事陈永灿认为，在巴西的中资机构热心公益，积极参与巴西的文化保护和社会各项事务发展，将在巴西取得的收益反馈给当地社会，帮助当地民生项目的发展。

里约州黑人权益委员会主席爱德华多·内格罗贡对遗址的保护得到资助非常感激。他说："虽然当年黑人是作为奴隶来到巴西的，但他们也参与创建了这个国家，作为非洲人后裔我们很自豪，我们也愿意共同保护国家的历史。中国是一个有着悠久历史和灿烂文化的国家，中国人更知道保护历史的重要性，非常感谢中国企业对我们的帮助。"

瓦隆古码头始建于18世纪末，用于当时的奴隶贸易，是非洲黑奴登陆巴西的主要地点之一，1811~1831年上百万个黑奴在瓦隆古码头登陆进入巴西。2011年，里约市在为迎接奥运会进行市政建设时重新发现瓦隆古码头。2017年，瓦隆古码头被联合国教科文组织授予"人类文化遗产"称号。

资料来源：佚名.中国企业赞助巴西文化遗产修复及保护. http://www.gov.cn/xinwen/2019-09/18/content_5430990.htm，2019-09-18，有改动

实务演练

1. 根据上述案例内容，讨论案例中所涉及的组织公共关系的要点及带来的启示。

2. 这些年，越来越多的中国企业走出国门服务于其他国家，请查阅相关资料，了解这些企业在公共关系方面采取了哪些措施。